Der Tempel

MännerschwarmVerlag

STEPHEN SPENDER

DER TEMPEL

Roman

Aus dem Englischen
von Sylvia List-Beisler

Männerschwarm Verlag
Hamburg 2012

Die Originalausgabe erschien 1988 unter dem Titel
The Temple bei Faber and Faber Limited, London.
© by the Estate of Stephen Spender, 1988

Bibliografische Information der Deutschen Bibliothek
Die Deutsche Bibliothek verzeichnet die Publikation in der
Deutschen Nationalbibliografie; detaillierte bibliografische
Daten sind im Internet über http://dnb.ddb.de abrufbar.

Stephen Spender
Der Tempel
Roman
Aus dem Englischen von Sylvia List-Beisler

© Männerschwarm Verlag, Hamburg 2012
© der Übersetzung: Piper Verlag GmbH, München 1991
© der verwendeten Fotografien: Herbert List Estate,
M. Scheler, Hamburg

Umschlaggestaltung: Carsten Kudlik, Bremen, unter
Verwendung der Fotografie *Franz Büchner am Rhein 1929*
von Herbert List

Druck: Finidr s.r.o., Tschechien
1. Auflage 2012
ISBN 978-3-86300-119-3

Männerschwarm Verlag
Lange Reihe 102 – 20099 Hamburg
www.maennerschwarm.de

Kam Sommer wie ein Schwall, dem gierigsten Gärtner
　　Gelang nie reicherer Flor:
Sonntag hieß Baden im See, gebräuntere Körper,
　　Schönheit durch Brand:
Weit draußen im Wasser besprachen zwei Köpfe die Lage,
Aus dem Ried schoss erpelgleich der entkleidete Deutsche,
Und von den Dünen signalisierte Stephen wie ein hölzerner Irrer
　　«Zerstört diesen Tempel».

Dieser fiel. Der schnelle Hase erlag dem heißen Atem der Hunde.
　　Die Jüdin floh Südwärts.

　　　　　　　　W. H. Auden: Sechs Oden (Januar 1931)

*Das ursprüngliche Manuskript von 1930 war W. H. Auden
und Christopher Isherwood gewidmet.
Nun füge ich hinzu: «Zur Erinnerung an Herbert List.»*

INHALT

Englisches Vorspiel	9
Erster Teil: Die Kinder der Sonne	41
Im Hause Stockmann	43
Das Wochenende an der Ostsee	123
Bei Alerichs	150
Die Rheinwanderung	157
Zweiter Teil: Dunklen Zeiten entgegen	191
Epilog: 1929	293
Nachbemerkung des Autors	295
Editorische Notiz	301

ENGLISCHES VORSPIEL

Was Paul an Marston liebte, war seine (wie er leidenschaftlich glaubte) offensichtliche Unschuld. Er hatte diese Eigenschaft gleich bemerkt, als er ihn zu Beginn ihres ersten gemeinsamen Trimesters in Oxford zum ersten Mal sah.

Eines Nachmittags stand Marston im Collegehof ein paar Meter entfernt von seinen Kameraden aus dem Footballteam. Diese gaben sich einer ihrer nachmahlzeitlichen Orgien hin, rannten wie die Wahnsinnigen im Kreis herum und warfen sich einen Brotlaib zu, den sie in der Küche gestohlen hatten, um ihn als Football zu benutzen. Mit dem Ruf «Fass ihn!» stürzten immer wieder zwei oder drei gebückt aufeinander los und griffen sich in die Geschlechtsteile. Marston schien sich nicht klar zu sein, ob er bei diesem Spiel mitmachen sollte oder nicht. Er stand am Rand und sah mit einem kaum wahrnehmbaren Lächeln zu. Sein Schädel war rund, kurzgeschnittene Haar saß wie ein Helm über seinen ru- Zügen. Er hatte das leicht verwirrte Aussehen desjeer sich unter seinen Kameraden verloren vorkommt vermutlich selbst die Schuld dafür gibt, sich nicht u können.

Paul, der diese Szene von der Vorhalle aus beobachtete, durchbrach die Barrieren seiner eigenen Schüchternheit und lud Marston zu einem Drink auf sein Zimmer ein. Bei einem Bier fragte er ihn aus. Marston antwortete freimütig. Er erzählte Paul, sein Vater sei ein erfolgreicher Chirurg, habe ein Leberleiden und sei deshalb oft wütend auf seinen Sohn. Paul konnte sich nicht vorstellen, dass irgendwer unter irgendwelchen Umständen wütend auf Marston werden konnte. Dr. Marston hatte gewünscht, dass sein Sohn dem Boxklub der Universität beiträte. Also hatte er sich aus sanftmütiger Fügsamkeit, seinem Vater zu gefallen (dachte Paul), zum Mitglied der Wettkampfriege hochgeboxt. Trotzdem, wie er Paul ziemlich munter erzählte, versetze ihn jeder Kampf in Angst und Schrecken. «Vorher wird mir übel, und ich sehe die ganze Zeit über ziemlich grün aus, alter Knabe.» Paul fragte ihn, was er vom Kapitän des College-Achters halte, der bei seinen Freunden Hell Trigger hieß. Vom Hof herauf war seine Stimme zu hören, die deftige Flüche ausstieß. «Er scheint ein ganz anständiger Kerl zu sein, aber ich glaube kaum, dass ich ihn sehen oder mit ihm gesehen werden will, sobald das Tor der Uni sich hinter mir geschlossen hat.»

Paul entwickelte sich zu einem reichlich aufdringlichen Vertrauten Marstons. Er stellte ihm Fragen und bekam ehrliche Antworten. Paul war sich nie sicher, ob es Marston gefiel, so viel von sich zu erzählen.

Einmal sagte Marston, sein größtes Vergnügen sei es, alleine zu segeln; vielleicht sei es sogar noch schöner, alleine zu fliegen. Er gehörte dem Fliegerklub der Universität an und hatte den Ehrgeiz, Pilot zu werden. Er unternahm auch gern lange, einsame Wanderungen in den ländlichen Gegenden Englands, die er für die schönsten der Welt hielt.

(Er war einmal in Jugoslawien gewesen und einmal zum Skifahren in den Alpen.) Er liebte den Westen Englands. Zögernd schlug Paul vor, in den Osterferien eine gemeinsame Wanderung zu unternehmen. Marston war begeistert. Schon immer habe er die Wye entlangwandern wollen, sagte er. Er zog Karten hervor. Sie legten einen Tag fest – den 26. März –, an dem sie den Bus von London nach Ross-on-Wye nehmen wollten.

Die Wanderung dauerte fünf Tage und ging restlos daneben. Paul glaubte, Lyrik würde Marston langweilen, und hatte in der Woche, bevor sie loszogen, Bücher über Segeln, Flugzeuge und Boxen durchgeackert. Nach einer Tasse Kaffee in Ross-on-Wye folgten sie dem Treidelpfad am Flussufer entlang. Kaum waren sie aufgebrochen, begann Paul von neuen Flugzeugtypen zu reden. Marston gab sich zwar höflich, doch er schien gelangweilt, und als Paul das Thema wechselte und von Segelbooten anfing, schien ihn das fast ebenso wenig zu interessieren. Als sie am Morgen des zweiten Tages durch eine Gegend wanderten, wo die Blätter wie Flämmchen an den Zweigspitzen züngelten, sagte Marston, er habe Magenschmerzen. Wenn Marston Schmerzen eingestand, konnte das nach Pauls Meinung nur heißen, dass er Qualen litt. Die nächste Stunde beobachtete er ihn, sagte aber nichts, weil er befürchtete, das Antworten könnte ihn zu sehr anstrengen. Endlich fragte er ihn ängstlich: «Hast du noch immer Schmerzen? Sollen wir in ein Dorf gehen und versuchen, einen Arzt aufzutreiben?» – «Ach, halt doch die Klappe», sagte Marston. «Du machst ein Getue um mich wie eine alte Glucke! Na», fügte er hinzu, «ich glaube, ich scheiß' mal unter die Bäume da», und ging weg.

Am dritten Tag gab es eine Ablenkung durch einen Hund, der sich an sie hängte und ihnen den ganzen Tag durch grün

11

sprießende Felder nachlief, bis sein Besitzer, ein Bauer, sie bei Einbruch der Dämmerung einholte und schrie, sie hätten seinen Hund gestohlen, er werde sie wegen Diebstahls anzeigen. Er schrieb ihre Namen und Anschriften auf. Das war eine Aufregung, die ihnen für zwei Stunden die Langeweile vertrieb.

Die Nacht verbrachten sie in einer Pension, in der sie das Bett miteinander teilen mussten. Keiner von beiden schlief. Am anderen Morgen sagte Marston beim Aufstehen: «Zu zweit in diesem Bett zu schlafen hat mir ein ziemlich grausiges Bild von der Ehe vermittelt, mein Alter.» Schweigend aßen sie ihr Frühstück.

Später machte Paul, der seine Brownie-Boxkamera mitgenommen hatte, eine Aufnahme von Marston, wie er am Flussufer saß und über einer Landkarte brütete, die auf seinen Knien ausgebreitet war.

Als sie wieder in London ankamen, sprang Marston als erster aus dem Bus auf den Bürgersteig. Ohne sich noch einmal umzudrehen oder sich zu verabschieden, ging er rasch fort. Paul schaute noch auf Marstons Rücken, als er ihn eine Melodie aus dem amerikanischen Musical *Good News* pfeifen hörte.

Die Fotografie war blass: graugetönte Felder, knospende Weidenruten wie Peitschenschnüre, die sich schwarz abhoben gegen den schimmernden Fluss mit den Tigerstreifen kleiner Wellen. Ein neunzehnjähriger Junge in alter grauer Flanelljacke und -hose saß auf einer grasbewachsenen Uferböschung und beugte sich über eine Landkarte, die ihr Glück hätte bedeuten sollen. Er sah aus wie ein englischer Flieger aus dem Ersten Weltkrieg, der auf französischem Boden eine Karte der Westfront studierte. Außer dem helmförmigen Hinterkopf waren nur die Wangenlinie und das

Profil der Nase von ihm zu sehen. Er schien merkwürdig allein. Für Paul war das Foto ein Brennglas, in dem sich das Unvergessliche jenes englischen Frühlingsmorgens konzentrierte. Es war ein ganz gewöhnlicher Schnappschuss, so simpel in seinen drei oder vier Elementen, dass er die Teile später jederzeit im Gedächtnis zusammensetzen konnte.

Im Sommertrimester nach dieser Wanderung lernte Paul einen neuen Freund kennen, dessen Persönlichkeit sich vollkommen von der Marstons unterschied. Es war der Dichter Simon Wilmot, Sohn eines Arztes, der auch Psychoanalytiker war. Während Marston völlig unschuldig wirkte, wusste Wilmot alles über Freudsche Schuldkomplexe bei sich und anderen – Schuldgefühle, die durch die Überwindung von Hemmungen bewältigt werden mussten, wie er mit Nachdruck vertrat. Man dürfe nichts verdrängen. Verdrängung führe zu Krebs.

Wilmot war am Christ Church, dem College derer von Geblüt, von Vermögen und von Adel, denen er sich jedoch nur bei der Andacht und zu den Mahlzeiten anschloss. Außerhalb seines Colleges galt er als exzentrisches «Genie». Andere Dichter der Universität waren seine Freunde. Sie suchten ihn in seinen Räumen auf, jeder einzeln, zu einem verabredeten Zeitpunkt. Wilmot war zwar furchtbar schlampig in seinem Äußeren, in der Ordnung seiner Bücher und Papiere und auch mit den Mahlzeiten, aber geradezu pingelig in seiner Zeiteinteilung.

Paul hatte Wilmot auf einem Gartenfest des New College kennengelernt. Wilmot, dem Pauls Ruf, verrückt zu sein, gerüchteweise zu Ohren gekommen war, warf ihm aus Augen, die vielleicht ein wenig zu eng beieinander standen, einen kurzen, prüfenden Blick zu und lud ihn für den folgenden Nachmittag um halb vier zu sich in seine Räume am Peckwater Quadrangle ein.

Am nächsten Tag klopfte Paul um zwanzig vor vier an Wilmots Tür. Wilmot machte auf und sagte: «Ach, du bist es. Du kommst zehn Minuten zu spät. Na gut, komm rein.»

Es war noch heller Nachmittag, doch die Vorhänge in Wilmots Wohnzimmer waren zugezogen. Wilmot saß in einem Lehnstuhl, hinter sich eine Stehlampe. Er bedeutete Paul, auf dem Stuhl gegenüber Platz zu nehmen. Paul setzte sich und beobachtete Wilmot. Licht schien auf sein sandfarbenes Haar über der Stirn, deren Haut ihm so glatt vorkam wie unbeschriebenes Pergament. Mit seinen engstehenden rosagerändterten Augen war er fast ein Albino. Sobald Paul etwas sagte, das als neurotisch gedeutet werden konnte, sah Simon zu Boden, als notierte er es auf dem Teppich.

Wilmot bombardierte Paul mit Fragen, und dieser versuchte, geheimnisvoll klingende Antworten zu geben. Er wollte als interessanter Fall erscheinen. «Ach was», sagte Wilmot, als Paul ihm erzählte, dass er mit elf Jahren seine Mutter und mit sechzehn seinen Vater verloren hatte, dass sein Bruder, seine Schwester und er hauptsächlich von ihrer Köchin Kate und deren Schwester Frieda, dem Hausmädchen, großgezogen worden waren und dass sie im Haus ihrer Großmutter in Kensington gewohnt hatten. Symptomatisch.

Simon sah zu Boden und fragte: «Was hast du vor, wenn du von Oxford abgehst?»

Paul sagte, er wolle Dichter werden. Simon fragte ihn, welche modernen Dichter er bewundere. Paul geriet in Verlegenheit. Dann sagte er auf gut Glück, ihm gefielen die Kriegsgedichte von Siegfried Sassoon.

«Siggy TAUGT NICHTS. Seine Kriegsgedichte HAUEN NICHT HIN.»

Wilmot betonte bestimmte Worte mit fast absurdem Nachdruck, als wären sie aus der Heiligen Schrift.

«Zählen Sassoons Gedichte nicht zur modernen Lyrik?», fragte Paul.

«Siggy VERKÜNDET WAHRHEITEN. Er VERTRITT MEINUNGEN. Ein Gedicht über die Kämpfe an der Westfront schließt bei ihm mit der Zeile: ‹O Jesus, lass es enden!› Das KANN ein Dichter nicht sagen.»

«Was hätte er dann schreiben sollen?»

«Alles, was ein Dichter tun kann, ist, die GELEGENHEIT zu ERGREIFEN, die die Situation ihm bietet, um ein KUNSTWERK AUS WORTEN zu schaffen. Der Krieg ist einfach Material für seine Kunst. Ein DICHTER kann den KRIEG NICHT BEENDEN. Alles, was er tun kann, ist ein Gedicht zu machen aus dem MATERIAL, das er ihm liefert. Wilfred hat geschrieben: ‹Alles, was ein Dichter heute tun kann, ist warnen.›»

«Wilfred?»

«Wilfred Owen, der einzige Dichter, der eine EIGENE SPRACHE der Westfront geschaffen hat. Wilfred sagt nicht: ‹O Jesus, lass es enden!›»

Mit eisiger, vollkommen leidenschaftsloser Stimme, jedes Wort vom folgenden trennend, als löste er es aus dem Gedicht und hielte es hoch, um es zu mustern, rezitierte er:

Lächelnd notierten sie die Lüge; Alter: neunzehn.
Die Deutschen – er dachte kaum an sie. All ihre Schuld
Und Österreichs berührte ihn nicht. Noch war die Angst
Vor Ängsten nicht in ihm. Er dachte an verzierte Griffe
Von Dolchen in karierten Socken; forsches Salutieren;

An Waffenpflege; Urlaub; Soldrückstände;
Esprit de corps; an Rat für die Rekruten;
Und bald zog man ihn ein mit Trommeln und Hurra.

Wilmot sprach die Zeilen, als wären sie bar jeder Emotion, ja, bar jeder Bedeutung; die Worte preisgegeben, dachte Paul, wie Felsen bei abgelaufener Flut, auf messingfarbenem Sand nackt unter der dörrenden Sonne. Wenn Wilmots Stimme irgendeinen Ausdruck verriet, dann den eines distanzierten, klinischen Interesses an dieser Liste soldatischer Attribute – DOLCHE IN KARIERTEN STRÜMPFEN, SOLDRÜCKSTÄNDE, FORSCHES SALUTIEREN.

Unvermittelt sagte Wilmot: «Zeig mir deine Gedichte.» Paul, der seine Gedichte bei sich trug wie ein Reisender im Ausland seine Papiere, zog zwölf abscheulich getippte Seiten aus der Jackentasche. Wilmot nahm sie ihm mit einer Geste leichter Bestürzung ab. «Welch eine Energie!», murmelte er. Er blätterte sie rasend schnell durch, stieß ab und zu ein Grunzen der Billigung oder häufiger der Missbilligung aus. An einer Stelle wieherte er los und rief: «Aber das GEHT doch nicht!»

In fünf Minuten hatte er die zwölf Seiten gelesen. Paul hob sie Seite für Seite vom Fußboden auf, wohin Simon sie hatte fallen lassen.

«Was hältst du davon?»

«Lass diese Shelley-MASCHE.»

«Sie gefallen dir also nicht?»

«Wir BRAUCHEN dich für die DICHTKUNST.»

Paul kam sich vor wie ein Auserwählter.

«Du musst jetzt gehen. Ich muss arbeiten», sagte Wilmot abrupt und schob die Unterlippe vor.

Paul lud Wilmot zu einem Gegenbesuch in seine Räume

im University College ein. Wilmot kniff kurzsichtig die Augen zusammen, spähte in seinen Notizkalender und sagte, es würde ihm in acht Tagen passen. Er brachte Paul an die Tür und machte sie fest hinter ihm zu.

Eine Woche später aßen sie bei Paul Sandwiches und tranken Bier. Simon aß neun von den zwölf vorhandenen Sandwiches und sagte dann mit gespielter Entrüstung: «War das schon alles? Ich mag die mit Roastbeef.»

Paul rannte in die Collegeküche hinunter, wo er nur zwei winzige Schweinspasteten auftreiben konnte. Als er in sein Zimmer zurückkam, fand er Wilmot am Schreibtisch sitzen und in seinem Notizbuch lesen. Wilmot sah sich um, nicht im geringsten verlegen über Pauls Rückkehr, und fragte lediglich: «Wer ist Marston?»

Paul war klar, dass es keinen Sinn hatte, gegen Wilmots Benehmen zu protestieren. Entweder man akzeptierte es widerspruchslos, oder man war für immer aus seinem Leben gestrichen. Paul sagte: «Marston ist ein Freund von mir.»

«Das ist klar. Was noch?»

Paul schilderte ihre Wanderung.

Simon sah zu Boden, knurrte und zitierte aus dem eben gelesenen Notizbuch Pauls Beschreibung der Szene, wie Marston am Fluss saß.

«Die Landkarte des Glücks, das wir versäumten.» Er trug die Zeile vor, als würden die Worte auf dem Mond gesprochen. Für Paul klangen sie, als wären sie nicht von ihm, sondern von Wilmot. «Das ist Dichtung.» Und dann, abwägend: «Vielleicht solltest du immer Tagebuch schreiben.» Und er fuhr fort: «Was ist denn so bemerkenswert an diesem jungen Mann?»

«Nichts.»

Wilmot schrie vor Lachen: «Mach dich nicht lächerlich,

Schoner! Es muss etwas Bemerkenswertes an ihm sein! Zunächst einmal, warum hast du ihn den anderen vorgezogen? Warum hast du ihn ausgewählt? Sieht er UMWERFEND AUS?»

«Die anderen Herzchen tun so, als wären sie ganz normal und anständig. Und in Wirklichkeit sind sie laut, vulgär und angeberisch. Marston ist völlig anders als sie, ohne es zu merken. Er ist sanft und anspruchslos, und er liebt die englische Landschaft. Er ist jemand, der, wo immer er hingeht, eine Insel um sich herum schafft, auf der er allein ist. Er ist unschuldig.»

«Oh, du hältst ihn für vollkommen?» Wilmot schaute mit zusammengekniffenen Augen auf den Teppich.

«Ich glaube schon.»

«Niemand ist vollkommen.» Wilmot hob ruckartig den Kopf und sah Paul direkt ins Gesicht. «Du meinst, er ist ein EINZELGÄNGER.»

«Er ist Flieger.»

«Flieger?» Wilmot zeigte Interesse. «Ja, das wäre SYMPTOMATISCH. Alle Flieger wollen ENGEL sein.»

Paul spürte ein Triumphgefühl. Er hatte Marston als Neurotiker dargestellt. Er hatte ihm Symptome angehängt. Simon fragte: «Übrigens, bist du noch JUNGMANN?»

«Was?»

«Bist du Jungfrau?»

Paul wurde rot vor Wut: «Ich nehme es an.»

«Du müsstest schon wissen, ob ja oder nein.»

«Also: Ja. Und du?»

«Es ist nicht gut möglich, nach Berlin zu gehen (wohin meine Eltern mich aufgrund irgendeiner unbegreiflichen Verirrung geschickt haben – sie müssen völlig übergeschnappt gewesen sein –, ich war siebzehn) und noch Jungfrau zu sein. Deutschland ist der EINZIGE ORT für Sex. England TAUGT NICHTS.»

Paul wusste nicht, was er sagen sollte. Er fragte: «Sollen wir zu Blackwell gehen? Ich möchte mir *The Sacred Wood* kaufen.» Simon hatte ihm gesagt, das einzige seit dem Krieg veröffentlichte literaturkritische Buch, das man in die Hand nehmen könne, sei T. S. Eliots *The Sacred Wood*. Als sie eine Stunde später aus der Buchhandlung kamen, liefen sie in der Broad Street Marston über den Weg. Paul machte Marston mit Simon bekannt, der ihn mit unverhohlener Neugier anstarrte. «Paul hat mir von dir erzählt», sagte er. «Oh!» brachte Marston, leicht verdattert, heraus. «Bis nächste Woche, Paul», sagte Wilmot und ging.

Als Paul das nächste Mal zu Simon kam, fragte er ihn nach seiner Meinung über Marston. Wilmot schielte an seiner Nase entlang und sagte: «Der BEHELMTE FLIEGER.»

«Wie fandest du ihn?»

«Er schien SEHR NETT zu sein», sagte Wilmot eisig. «Natürlich, es ist ganz offensichtlich, warum du dich zu ihm hingezogen fühlst.»

«Warum denn?»

«Dir ist klar, dass er sich nur dreitausend Meter über dem Erdboden wohl fühlt. Du und er, ihr seid euch sehr ähnlich», fügte er geheimnisvoll hinzu.

«Wieso? Ich habe immer das Gefühl, dass wir restlos verschieden sind.»

«Ihr seid beide HIMMELSTÜRMER. Deswegen bist du auch so groß. Du willst weg von deinen EIERN. Du magst ihn, weil du ihm gleichgültig bist. Für dich ist GLEICHGÜLTIGKEIT IMMER ANZIEHEND. UNWIDERSTEHLICH. Du hast Angst vor körperlicher Berührung und verliebst dich deshalb in Leute, bei denen du dich SICHER fühlst.»

«Du meinst, Marston mag mich nicht?»

«Ich könnte mir denken, dass er dich liebt, weil du ihn INTERESSANT findest. Das würden schließlich nicht viele von uns tun.»

«Na schön, was soll ich machen?»

«Du musst ihm sagen, was du empfindest, darum kommst du nicht herum.» Wilmot starrte mit zusammengekniffenen Augen auf den Teppich, seine Miene war die eines Wissenschaftlers, der eine Probe untersucht.

Mit dem Gefühl, dass es das letzte Mal war, lud Paul Marston zu einem Spaziergang im Oxford Park ein. Marston zögerte, sah ihn misstrauisch an und sagte dann mit entschlossener Fröhlichkeit: «In Ordnung, alter Junge.»

Sie gingen zu dem schmalen Flusslauf der Cherwell hinunter und ließen sich an der Böschung nieder. Marston wandte sich Paul zu und sah ihm direkt ins Gesicht. «Warum hast du mich gebeten, mit dir spazieren zu gehen? Wolltest du mich etwas fragen?» Seit damals war er nie wieder auf die Wanderung zu sprechen gekommen.

«Wir sollten uns vielleicht nicht mehr treffen.»

«Warum?» Marston sah verwirrt aus, doch er wartete geduldig, als sei es Pauls Sache, über ihr Verhältnis zu bestimmen.

«Na ja, unsere Wanderung war ein totaler Reinfall, oder nicht?»

«Ich glaube schon.» Er sah in die Ferne. Dann lächelte er auf eine hinreißende Weise und sagte mit seiner munteren Stimme: «Ja, das war sie.»

«Ich habe dich fünf Tage lang ununterbrochen gelangweilt.»

«Ja, das stimmt schon, Alter. Aber ...»

«Was, aber?»

«Vielleicht hättest du mich nicht so gelangweilt, wenn du dir nicht so verzweifelte Mühe gegeben hättest, mich zu unterhalten.»

«Wie?»

«Indem du ständig auf Sachen herumgeritten bist, von denen du meintest, dass sie mich interessieren würden, und in den fünf Tagen nicht einen Augenblick von etwas anderem quatschen konntest. So war's doch, oder, mein Alter?», fragte er und sah Paul wieder ganz direkt an.

«Worüber hätte ich denn reden sollen?»

«Du hättest von Dingen reden können, die dich und nicht mich interessieren.»

«Lyrik! Das hätte dich zu Tode gelangweilt.»

«Ja», er lachte. Dann trafen seine Blicke plötzlich die Blicke Pauls. Er brach wieder in Lachen aus, hielt sich dann die Hand vor den Mund und tat so, als erstickte er ein Gähnen. «Wir hätten vielleicht ein Thema finden können, das uns beide interessiert.»

Es war an der Zeit, der Wahrheit ins Gesicht sehen. Was, dachte Paul, verbindet uns außer meiner Zuneigung für ihn? Ich hätte von ihm sprechen sollen. Ich hätte ihm klinische Fragen stellen sollen – bist du noch Jungmann? –, wie Wilmot sie mir stellt. Er sah es deutlich vor Augen – es hätte funktionieren können. Aber während er das dachte, sank ihm das Herz. Er begriff, dass die einzig mögliche Grundlage einer echten Beziehung gegenseitiges Interesse sein musste. Grundlage. Abgrund. Sie hatten keine gemeinsamen Interessen, außer sich selbst. Marston, der wirklich nicht vulgär, der unschuldig, aufrichtig, kühn und gutaussehend war – all das, was Paul Wilmot gegenüber in seiner marktschreierischen Art behauptet hatte –, würde ihn langweilen. Und er langweile Marston natürlich längst. Er sagte: «Ich glaube, wir sollten uns entschließen, einander nicht mehr zu treffen.»

«Wie du willst.» Marston sah weg auf ein leuchtend grünes Spielfeld – Bühnenbild für die Sportler, die sich dort tummelten. Dann sagte er: «Aber ist das nicht ziemlich schwierig, wo wir doch beide am selben relativ kleinen College sind?»

«Wir werden uns sehen, aber nicht mehr miteinander reden.»

«Von mir aus, alter Knabe, wenn du es so haben willst.» Er zögerte, als warte er darauf, dass Paul noch etwas sagte.

«Also dann, leb wohl», sagte Marston, stand von der Böschung auf und ging in Richtung der Sportler. Aber dann drehte er sich noch einmal um und fragte: «Geht das übrigens auf deinen Freund Wilmot zurück, dass du dich nicht mehr mit mir treffen willst?»

«Nein, er hat nichts dergleichen gesagt, ganz im Gegenteil.»

«Ach so, das wollte ich nur wissen. Tut mir leid.» Dann setzte er hinzu: «Um ganz ehrlich zu sein, dies war das erste Gespräch zwischen uns, das mich nicht gelangweilt hat. Dieser Nachmittag hat mich überhaupt nicht gelangweilt.»

Wieder im College, zog Paul seinen Talar über und ging zum Dekan, um die Erlaubnis zu erbitten, nicht im Speisesaal essen zu müssen. Dekan Close war erst fünfundzwanzig. Er machte den Eindruck, als habe das College sich ihn «geschnappt», weil er so jung war und ein frischfröhlicher Typ, ganz im Gegensatz zum Rest des Lehrkörpers mit seiner Aura von staubiger Entrücktheit. Dekan Close trug graue Flanellhosen, die noch abgetragener wirkten als die «Oxfordsäcke» der meisten Studenten. Paul konnte nicht umhin, ihn für einen Spion zu halten, der von den Alten ins Feindesland der Jungen entsandt worden war. Seltsamerweise rief gerade das in Paul den Wunsch hervor, sich ihm anzuvertrauen, ihm Dinge zu beichten.

Er klopfte an die Tür. Sie wurde unmittelbar darauf vom Dekan geöffnet, der seinen Kopf heraussteckte und laut und herzlich sagte: «Komm herein, mein Lieber! Was kann ich für dich tun?» Mit rotem Gesicht erklärte Paul in wenigen stockenden Sätzen, dass er von ihm die Erlaubnis haben wolle, für den Rest des Trimesters nicht im Speisesaal zu essen. Dekan Close lachte und fragte ihn nach dem Grund dieser exzentrischen Bitte. «Weil ich Marston nicht begegnen möchte.» – «Warum denn nicht?», fragte der Dekan. «Ich verstehe nicht viel davon, aber es hat mich immer gewundert, dass ihr beide, Marston und du, Freunde wart. Ich habe mich oft gefragt, welche gemeinsamen Interessen ihr zwei Burschen wohl haben könntet.» – «Ich bin in ihn verliebt, und wir haben vereinbart, dass wir uns für den Rest des Trimesters nicht mehr treffen. Danach ist Sommer, und da sehen wir uns sowieso nicht mehr», sagte Paul. Dekan Close wurde fürchterlich rot, zögerte und sagte dann herzlich: «Wir sind etwas in der Bredouille. Ich muss meine Kollegen von deiner Bitte in Kenntnis setzen, aber ich nehme an, dass sie nichts dagegen haben werden, dass du nicht im Speisesaal isst. Das Trimester ist ja bald vorbei. Ich muss ihnen keinen Grund nennen.» Und in einem Ausbruch ungestümer Offenheit: «Unter uns, alter Junge, bist du sicher, dass das die richtige Entscheidung ist? Solltest du es nicht lieber durchstehen?» – «Absolut sicher», sagte Paul und zog ein Gedicht aus seiner Jackentasche, ein Bekenntnis seiner Empfindungen für Marston. Dekan Close nahm es und las es aufmerksam:

Beim Wachliegen in der Nacht
Zeigt sich wieder der Unterschied
Zwischen meiner Schuld und seiner Unschuld.
Ich schwöre, lichtgeboren war er,
Und das Dunkel schloss nach und
Nach ihm die Augen,
Er wachte, er schläft – so natürlich.

So, naturgeboren, unter Menschen göttlich,
War er das Abbild der Sonne, sie selbst.
Sein Gemüt war Donner
Im Zorn,
Doch meistens gelassen, englisch.

Dekan Close las das Gedicht zweimal durch, sagte: «Kann ich das behalten? Hast du noch ein Exemplar?» Und steckte es ein.

Seit Paul nun nicht mehr im Speisesaal aß, kochte er sich zu den Mahlzeiten ein Ei oder machte Würstchen auf einem Gaskocher heiß, den das College ihm zur Verfügung gestellt hatte, oder er aß auswärts, oft mit Wilmot. Sie unternahmen lange Spaziergänge in der ländlichen Umgebung Oxfords, nahmen sich Sandwiches mit, die Wilmot so gern mochte, und aßen sie in den Feldern. Paul lernte Wilmot als jemanden kennen, der die Szenen eines Stücks ausprobierte, in dem er eine Hauptrolle in einem Ensemble von Schriftstellern spielte. Wilmot hielt nicht viel von denen, die zurzeit auftraten. Auch wenn das Ganze etwas absurd war, so hatten doch die Texte, die er für seine Rolle geschrieben hatte – seine Gedichte – eine Feierlichkeit des Tons, etwas seltsam Unpersönliches, fast Entrücktes, jedenfalls waren sie ganz und gar ernsthaft. Als er eines seiner Gedichte rezitiert hatte – er kannte sein gesamtes Werk auswendig –, sagte er: «Sie warten nur auf JEMANDEN.» Er war dieser JEMAND. Aber noch höher als sich selbst stufte er einen früheren Schulfreund ein, William Bradshaw, den ROMANSCHRIFTSTELLER VON MORGEN. «Alles, was ich schreibe, schicke ich Bradshaw. Ich akzeptiere sein Urteil BEDINGUNGSLOS. Wenn er ein Gedicht gut findet, behalte ich es, wenn ihm eins nicht gefällt, werfe ich es augenblicklich weg. Bradshaw kann sich NICHT IRREN. Er ist der ROMANSCHRIFTSTELLER DER ZUKUNFT.»

«Was macht er zurzeit?»

«Er studiert Medizin am University College Hospital in London. Er ist der Ansicht, ein SCHRIFTSTELLER müsse heutzutage nicht nur die Psychologie, sondern auch die Physiologie der Personen kennen. Sein Interesse für VERHALTENSWEISEN ist KLINISCHER NATUR.»

Simon hielt Briefeschreiben für ein Sich-Gehenlassen, da jeder Schreiber seine Briefe nicht an den Briefpartner, sondern an sich selbst richte. Dementsprechend beschränkte er seine Mitteilungen auf das absolute Minimum. In der letzten Trimester-Woche schickte er Paul per Collegeboten einen Zweizeilenbrief. In seiner mikroskopisch kleinen Handschrift beanspruchte er eine Fläche von Größe und Form einer Briefmarke in der Mitte eines Blattes. Die Zeilen lauteten:

Lieber P., muss alle Verabredungen mit Oxforder Freunden diese Woche absagen. Bradshaw hier. Simon

Eine Stunde später folgte ein zweiter Brief:

25

Liebster P., bitte komm morgen um drei. Bradshaw möchte dich kennenlernen. Herzlich, Simon

Paul erschien um fünf vor drei. Ein entrüsteter Wilmot öffnete die Tür und sagte: «Du kommst zu früh. Wir sind noch beim Arbeiten.» Er schien ihn gar nicht anzusehen. Bradshaw, der an dem mit Typoskriptseiten bedeckten Tisch saß, blickte auf und zeigte ein strahlendes Lächeln. Er war klein und gepflegt, hatte einen sehr großen Kopf mit leuchtenden Augen, die mit einem Ausdruck über den Tisch hinweg sahen, als wollten sie sagen: Achte nicht auf Simon! Wilmot reichte Bradshaw eine getippte Seite. Bradshaw las sie durch, was mindestens drei Minuten völliger Totenstille zu beanspruchen schien. «Also, was hältst du davon?», fragte Wilmot etwas ungeduldig. «Wie soll ich mich konzentrieren, Simon, wenn du dasitzt und mir die Pistole auf die Brust setzt?» Simon wurde rot.

Bradshaw blickte vom Manuskript auf und sagte mit einer Stimme, die auf unglaubliche Weise wie die von Wilmot klang:

Nach der Liebe sahen wir
Schwingen dunkeln am Horizont.
«Bussarde», hört ich dich sagen.

Bradshaw hob die Hände vom Tisch, schaute zur Decke hinauf und brüllte vor Lachen.

«Aber Simon, das *kannst* du doch nicht machen», sagte er mit Simons eigener Stimme. «Ich sehe das förmlich vor mir! Da sind die beiden in dem Tal, liegen im Gras, und dann schaut einer von ihnen zum Horizont und sagt: ‹Bussarde.› – ‹Was hast du gesagt?›, fragt der andere. ‹Bussarde!› – ‹Na und, was meinst du, was zum Teufel die Bussarde denken werden, was *wir* sind?›»

Simon lachte – etwas verlegen, dachte Paul. «Gut, das kommt raus», sagte er, nahm einen Bleistift und strich drei Zeilen.

«Sollten wir nicht lieber aufhören, Simon?», sagte William Bradshaw und sah durch das Zimmer zu Paul hin. «Ich weiß nicht, ob du es gemerkt hast, Simon, aber du hast Besuch. Vielleicht wärst du so nett, uns miteinander bekanntzumachen.»

«Mr Schoner – Mr Bradshaw», sagte Wilmot mürrisch.

Wilmot verließ den Raum. Bradshaw sah Paul an und sagte: «Ich freue mich sehr, Sie kennenzulernen. Ich habe Simon gebeten, ein Treffen zu arrangieren. Er hat mir einige Ihrer Werke gezeigt. Ich muss sagen, sie haben mich beeindruckt, mit das Interessanteste, was ich von einem jungen Autor gesehen habe.» Er sprach, als wäre er unendlich alt und reif. «Die Geschichte über Ihren Freund Marston ist mir unvergesslich. So traurig und dabei so wahnsinnig komisch, die Szene mit dem Hund.»

Einige Tage danach stand Paul kurz vor dem Mittagessen in der Vorhalle des University College und fragte sich, ob Marston auf seinem Weg zum Essen wohl hier vorbeikommen würde. Er schaute ihn gerne jeden Tag an, genauso wie er jeden Tag eine Zeichnung von Leonardo im Ashmolean-Museum anschaute. Als Paul dort herumtrödelte und so tat, als läse er die Collegenachrichten, tauchte Dekan Close von der Hofseite her auf und blieb bei ihm stehen: «Paul Schoner! Genau der, den ich gesucht habe. Was für ein glücklicher Zufall, dass ich dich treffe! Ich möchte, dass du meinen jungen deutschen Freund Dr. Ernst Stockmann kennenlernst.

Darf ich euch bekanntmachen: Paul – Ernst. Ernst – Paul!» Dr. Stockmann, der ein wenig älter als die meisten Studenten und ein wenig jünger als Dekan Close aussah, trug einen Collegeblazer des Downing College in Cambridge.

Dekan Close verschwand und ließ Paul mit Dr. Stockmann stehen, der mit klarer, ruhiger Stimme von der Collegekapelle jenseits des Hofes zu sprechen begann. Dr. Stockmann sagte, ihre Architektur erinnere ihn an die religiösen Sonette von John Donne und einigen deutschen mystischen Lyrikern, deren Werk mit dem Donnes eine gewisse Verwandtschaft habe. Er erzählte Paul, er habe in Cambridge studiert, wäre aber viel lieber nach Oxford gegangen, und zwar gerade ans University College, um dessen Architektur betrachten zu können, die zwar nicht überragend sei, aber eine ruhige Sicherheit ausstrahle – eine Art überkommener Unschuld –, die ihm ungemein englisch vorkomme. Er setzte ein beziehungsreiches Lächeln auf, als er «englisch» sagte, dann fügte er hinzu: «Sie erinnert mich an Ihr Gedicht über einen Ihrer Freunde, er heißt Marston. Ich hoffe, es stört Sie nicht, dass mein Freund Hugh Close es mir gezeigt hat.»

Paul war geschmeichelt. Er hätte nie gedacht, dass Dekan Close sein Gedicht einem Fremden zeigen würde. Er sagte mit Wärme in der Stimme, auch er hätte gewünscht, dass Dr. Stockmann an seinem College studiert hätte, denn dann hätte er einen Freund gehabt, mit dem er über Lyrik hätte reden können, «die meine Kommilitonen an diesem College verabscheuen».

Dr. Stockmann lächelte verständnisvoll und machte den Vorschlag, Paul solle ihm beim Lunch Gesellschaft leisten, den er mit ein paar Freunden im Mitre Hotel auf der anderen Seite der High Street einnehmen wolle. «Ich könnte mir denken, dass Sie vielleicht ein, zwei Leute treffen, die Ihnen sympathisch sind.»

Am Tisch saßen mehrere schick und gepflegt gekleidete junge Männer von der Art, wie Paul sie eigentlich nicht ausstehen konnte, von denen er aber insgeheim doch beeindruckt war. Er war außerstande, sich an ihrer Unterhaltung zu beteiligen. Sein Einkommen in Oxford betrug nur dreihundertfünfzig Pfund im Jahr, während die anderen Gäste Jahreseinkommen von fünfhundert bis zu mehreren tausend Pfund hatten. Er benahm er sich deshalb noch unbeholfener als sonst. Er erzählte eine Geschichte, die keinen rechten Sinn ergab, und begann ein französisches Zitat, nur um feststellen, dass er einzelne Wörter vergessen hatte und andere nicht aussprechen konnte. Verächtliches Schweigen senkte sich über die jungen Männer, von denen Paul keinen je zuvor getroffen hatte. Doch Dr. Stockmann rettete Paul aus seiner unglücklichen Lage, indem er, obwohl er Deutscher war, Pauls verunglückten englischen Satz aufgriff und das, was er hatte sagen wollen, verdeutlichte und harmonisch in das allgemeine Gespräch einfügte. Dr. Stockmann war Pauls Tischnachbar. Gegen Ende des Essens, als sie alle ziemlich betrunken waren, wandte er sich ihm zu und sagte, Dekan Close sei der Meinung, er habe eine große Zukunft, wenn auch vermutlich nicht nach strikt akademischen Maßstäben.

Paul erzählte ihm, er wolle in den langen Sommerferien nach Deutschland fahren, da er für die Examensarbeit in Philosophie Deutsch lernen müsse. Dr. Stockmann, der Pauls Ungeschicklichkeiten offenbar sämtlich übersah, ja ihn sogar entzückend naiv zu finden schien, lud ihn daraufhin ein, zu ihm in sein Elternhaus nach Hamburg zu kommen. Paul nahm sofort an – vielleicht nicht in erster Linie aus Dank für die Einladung als vielmehr für Dr. Stockmanns offensichtlichen Glauben an seine Begabung.

Es dauerte noch einige Wochen bis zum Ferienbeginn. Zeit genug für Paul, darüber nachzudenken, dass diese Einladung, die Dr. Stockmann nur eine Stunde, nachdem sie sich kennengelernt hatten, ausgesprochen und wenige Tage später in einem sehr freundlichen Brief aus Hamburg bestätigt hatte, ziemlich merkwürdig war. Paul fragte sich, was Dekan Close Dr. Stockmann über ihn erzählt hatte.

Was ihn aufmerken ließ, war ein zweiter Brief von Dr. Stockmann, den er am 10. Juli erhielt und in dem Ernst, wie Dr. Stockmann nun unterzeichnete, ihn wissen ließ, er erwarte ihn am 20. des Monats. Paul buchte für die Nacht vom 19. eine Überfahrt auf der *Bremen*, einem Schiff der Hamburg-Amerika-Linie, das von Southampton nach Cuxhaven fuhr.

Am Vorabend seiner Abreise nach Hamburg besuchte Paul William Bradshaw in dem kleinen, frühviktorianischen Stuckhaus seiner Mutter, das in einer ruhigen, gartenähnlichen Villengegend in Bayswater lag. Als er die Vordertreppe hinaufstieg, wurde die Tür von einer Dame geöffnet, die – obwohl der Friedensschluss zehn Jahre zurücklag – dunkle Kriegerwitwenkleidung trug. Sie sah ihn aus ebenso großen und wachsamen Augen an, wie William sie hatte, aber die ihren waren auf die Molltöne von Trauer und Resignation gestimmt und schauten in die Vergangenheit, während aus seinen Augen die Dur-Stimmung der Zukunft blickte. Der verhangene Ausdruck entrückter Verträumtheit auf Mrs Bradshaws Gesicht verbarg jedoch nicht ganz den fest entschlossenen Blick. Sie sagte mit gezwungen freundlich klingender Stimme: «Sie müssen der Gast meines Sohnes sein. Er ist etwas unpässlich gewesen, daher freut er sich sicher, Sie zu sehen» (sich selbst nahm sie stillschweigend von dieser Freude aus, dachte Paul). «Ich muss leider aus dem Haus, um einen sehr alten Freund zu besuchen, dem es alles andere als gut geht. Wenn Sie diese erste Treppe hinaufsteigen, finden Sie William in seinem Arbeitszimmer, erste Tür oben rechts. Unser Kranker wartet zweifellos schon auf Sie.»

Leise schloss sie die Tür und ließ Paul in der Diele stehen. Er lief die Treppe hinauf und klopfte an die Tür des Arbeitszimmers. Kaum hatte William ihn hereingelassen, fragte Paul: «War das deine Mutter?» – «Wer sonst?», sagte William bitter. «Bestimmt hat sie in ihrem Unterstand gewartet und durch die Vorhänge geschaut, um sich eine Meinung über meinen Besuch zu bilden, bevor sie das Haus verlässt. Von jedem meiner Freunde vermutet sie das Schlimmste. Wenn es nach ihr geht, soll dieses Haus ein Gefängnis sein und sie selbst meine Aufseherin. Gott, wie werde ich froh sein, wenn ich dieses Höllenloch verlasse. Von Simon weiß ich, dass du diesem Land entfliehst.»

«Ich reise morgen nach Hamburg.»

«Wie ich dich beneide. Sobald ich hier weg kann, will ich nach Berlin.»

«Aber kannst du ohne Schlussexamen weg vom Krankenhaus?»

«Diese Frage stellt meine Mutter mir jeden Morgen beim Frühstück. ‹In dieser Welt muss man durchhalten, so schwierig man das auch finden mag. Denk daran, lieber William, dein Vater hat den Krieg durchgehalten.› Ich habe das so oft erzählt bekommen, dass ich sie heute gefragt habe: ‹Was wäre dir letztlich lieber, Mutter, dass mein Vater durchgehalten hat und gefallen ist? Oder dass er nicht durchgehalten hätte und jetzt hier am Tisch mit uns frühstückte?›»

«Was hat sie gesagt?»

«Was sie in solchen Fällen immer sagt – ‹Lieber William, du scheinst heute Morgen etwas unpässlich zu sein.›»

«Trotzdem, kannst du vor dem Examen mit dem Medizinstudium aufhören?»

William zuckte die Schultern. «Ich habe ihnen praktisch schon gesagt, dass ich über das Sezieren menschlicher Leichen alles gelernt habe, was ich wissen wollte. Jetzt habe ich vor, menschliche Leben zu sezieren. Sobald ich mir die Fahrkarte zusammengespart habe – von dem winzigen Einkommen, das mir mein perverser reicher Onkel William, nach dem ich genannt bin, zukommen lässt, falls er daran denkt –, fahre ich nach Berlin. Ich will raus aus diesem Land, wo die Zensur James Joyce verbietet und die Polizei eine Razzia in der Galerie veranstaltet, in der die Bilder von D. H. Lawrence ausgestellt sind.»

«Hast du heute im *Mirror* die Geschichte von der Polizistin gelesen, die einen Nacktschwimmer verhaftet hat?»

«Nein, erzähl!»

«Irgendwo an der Küste von Dover beobachtete eine Polizistin vom Kliff aus durch das Fernrohr einen Mann weit draußen im Meer, der nackt schwamm. Also ging sie zum Strand hinunter und verhaftete ihn, als er aus dem Wasser kam.»

«Also wirklich, Paul, das musst du erfunden haben.» William lachte. «Ich glaube das einfach nicht.»

«Kein bisschen. Und das Komischste ist, dass er seine Badehose anhatte, als er aus dem Wasser kam. Er hatte sie erst beim Schwimmen ausgezogen und wie ein Hund zwischen den Zähnen gehalten.»

«Dann sollten wir wohl der Polizistin gratulieren, dass der Schwimmer ihr den Anblick seines Penis' erspart hat.»

«Vielleicht kann der Schwimmer darauf plädieren, dass er

sich in exterritorialem Gewässer befunden hat und nicht in England.»

William lachte, verfiel dann aber wieder in theatralisches Schweigen. Im Bewusstsein, einen fürchterlichen Verweis zu riskieren, fragte Paul: «Was macht dein Roman?»

«Ich kann in diesem Haus kein Wort schreiben.»

Bei diesen Worten überkam William ein Ausdruck unendlicher Müdigkeit. In Pauls Augen schien jeder Gegenstand in dem kleinen Arbeitszimmer auf William zu lasten: die säuberlich aufgestellten Reihen englischer Klassiker in den Regalen, die beiden Lehnstühle, in denen sie am Kamin saßen, der Tisch mit Williams Schreibmaschine darauf und das Aquarell über dem Kaminsims, *Hasenglöckchen im Wald*, das sein Vater gemalt hatte, Colonel Bradshaw, der am 15. Februar 1916 an der Westfront vermisst gemeldet worden war und von dem man nie wieder etwas gehört hatte. «Worum geht es in deinem Roman?»

Paul stellte diese Frage aus dem einfachen Grund, weil er es leidenschaftlich gern wissen wollte.

William warf Paul einen gereizten Blick zu, als sei er entschlossen, sich nichts entlocken zu lassen. Dann änderte er jäh seine Haltung und sagte: «Ich habe noch mit niemandem darüber gesprochen, nicht einmal mit Wilmot, aber schließlich sind wir ja hier, um über unsere Sachen zu reden. Wir sind Kollegen, Schriftstellerkollegen wie Henry James und Turgenjew, die sich über ihre Arbeit unterhalten. Vielleicht bin ich imstande, meinen Roman zu schreiben, wenn ich dir die Idee erzähle.»

Einige Augenblicke lang schwieg er wieder. Dann hob er plötzlich den Kopf und sah Paul an. Das Leuchten seiner Augen wurde stärker. «Um dir meine Idee zu erklären, sollte ich am besten erst einmal erzählen, wie es anfing.»

Wieder folgte eine Pause, und dann sagte William: «Es begann eigentlich in der Schule, in Repton, als Simon und ich zusammen im Geschichtskurs der Sechsten waren. Am Anfang unseres letzten Schuljahres bekamen wir einen neuen Lehrer, nicht viel älter als wir, zweiundzwanzig, höchstens dreiundzwanzig. Er hieß Hugh Salop und war ein ungewöhnlich mitreißender Lehrer. Anstelle von Namen und Jahreszahlen führte er uns lebendige Menschen vor und gab uns das Gefühl, genau in den Abschnitt der Vergangenheit zurückversetzt zu sein, den wir gerade durchnahmen. Kaum betrat er die Bibliothek, wo er uns unterrichtete, war es, als wäre alles frisch und neu, als spielte sich irgendeine vergangene Schlacht oder Krise gerade jetzt ab und niemand wüsste, wie es ausgehen würde ... Nur um dir ein Beispiel zu geben – da war dieser kleine Mann, eine Mischung aus einem modernen Zeitungsverleger wie Northcliffe und einem hochintelligenten Populärwissenschaftler wie H. G. Wells, der aus Korsika kam, wo er als Kind mit seinen Geschwistern Krieg gespielt hatte, und der sich, als er als junger Mann auf das französische Festland kam, sehr für die Wissenschaft und all die revolutionären Ideen in der damaligen Revolutionszeit begeisterte. Er war ein großartiger Reformer und Verwalter, nur konnte er das Kriegspielen nicht lassen – das ist albern, ich weiß. Was ich sagen will, ist, dass Mr Salop Geschichte so brachte, als liefe sie gerade in der letzten Wochenschau. Er versetzte Simon und mich auch aus einem ganz anderen Grund in Aufregung. Er hatte an der Westfront gekämpft – mit siebzehn hatte er sich zum Kriegsdienst gemeldet – und sich eine Schützengrabenneurose zugezogen. Es gab Augenblicke, wo wir spürten, dass er mit einem Teil seiner Gedanken noch immer an der Westfront war. Mitten beim Erzählen aus der französischen

Geschichte konnte er plötzlich nach einem Halbsatz abbrechen, eine erschreckende Grimasse ziehen, etwas sagen wie ‹Flandern – nicht gerade ein Ruhmesblatt!›, und dann, einen Augenblick später, weiter unterrichten. Und manchmal sagte er etwas ganz Verrücktes …»

«Zum Beispiel?»

«Ich kann mich an ein Beispiel erinnern, weil Simon daraus eine Gedichtzeile gemacht hat. Er redete von der alten englischen Bauernschaft, Ackerbau und so weiter, und brach plötzlich ab, trat ans Fenster, starrte auf die frisch gepflügten Felder – das Getreide fing schon an zu sprießen – und sagte: ‹Die Pflugschar schneidet einen Schrei.›»

«Was meinte er damit?»

«Simon und ich brachten heraus, dass er an die Felder in der Normandie dachte, wo die Westfront verlaufen war. Dort kommen beim Pflügen natürlich noch immer Kriegsüberbleibsel ans Tageslicht – Helme, Riemen, Eiserne Kreuze, Granathülsen. Jedenfalls betrieben Simon und ich in der Schule einen ziemlichen Kult um Mr Salop. Wir versuchten herauszufinden, wie er über den Krieg dachte, aber wir konnten ihn fast nie dazu bringen, davon zu erzählen. Und wenn wir ihn dazu bekamen, waren wir nicht sicher, ob er uns nicht auf den Arm nahm. Oder vielleicht war er auch nur verrückt. Zum Beispiel sagte er einmal: ‹Ich habe jeden Augenblick des Kriegs geliebt. Ich hatte ein weißes Pferd, auf dem ich hinter den Linien ritt.› Einmal fragten wir ihn, ob er die Deutschen gehasst habe.»

«Und was hat er geantwortet?»

«Er sagte: ‹Ich habe alle Soldaten in den Schützengräben geliebt, egal, auf welcher Seite sie waren, aber besonders die Deutschen, gerade weil man uns gelehrt hatte, sie zu hassen. Öffentlicher Hass erzeugt private Liebe.

Liebet eure Feinde! Mein Gott, ich *liebe* die Feinde Englands.›»

«Wie habt ihr darauf reagiert?»

«Wilmot, der schon eine Menge von Psychoanalyse verstand, wurde misstrauisch. Ich schien Mr Salop wohl ziemlich zu gefallen. Wilmot sagte: ‹Pass auf, wenn er mit dir ausgeht und anfängt, dich in den Po zu kneifen.›» – «Bist du denn jemals mit ihm ausgegangen?»

«Natürlich wünschte ich mir nichts sehnlicher als das. Aber bevor er oder vielmehr wir dazu kamen, wurde er gefeuert.»

«Warum?»

«Der Direktor erzählte uns, er sei krank: aber in einem Ton, der mit ‹Krankheit› eindeutig ‹sexuelles Fehlverhalten› meinte.»

«Und was geschah dann mit ihm?»

«Genau darum geht es in meinem Roman. Wir haben es nie erfahren.»

«Was passiert dann also im Roman?»

«Er beginnt in der Schule mit diesem Lehrer, der aus dem Krieg zurückgekehrt ist und unterrichtet, aber mit einem Teil seiner Gedanken nach wie vor in den Schützengräben ist. Schule ist ja eine Art Krieg zwischen Schülern und Lehrern, oder? Er ist ein Lehrer, der auf Seiten der Schüler steht, so wie er in gewisser Weise auf Seiten der Deutschen war. Er hat einen Schützengrabenschock, er ist neurotisch, und ein besonders hellsichtiger Schüler erkennt das. Für diese Figur ist natürlich Wilmot das Vorbild. In meinem Roman gewinnt ‹W.› eine Art Überlegenheit über ‹Mr S.› (nennen wir die beiden so). Mr S. wird nicht gefeuert, sondern bekommt einen Nervenzusammenbruch, vielleicht weil W., dieser schlaue psychoanalytische Schüler, ihm zu viele

Wahrheiten sagt: So, wie Rimbaud es vermutlich mit seinem Lehrer Izambard gemacht hat. Und nun passiert folgendes: Mr S. geht, ohne dass W. davon weiß, nach Berlin und unterzieht sich einer psychoanalytischen Behandlung, eventuell bei einer amerikanischen Psychoanalytikerin. (Ich brauche eine Frau in dem Roman.) Zwei Jahre später kommt W. nach Berlin und trifft dort ganz zufällig Mr S. in einer Bar. Sie sind hocherfreut, sich wiederzusehen: Mr S. glaubt, ohne die widrigen Umstände des Schullebens könne er W. jetzt nachstellen, und W. ist ganz beglückt, wieder Macht über Mr S. ausüben zu können. Aber nach ein paar Wochen ist W. von Mr S. restlos gelangweilt, weil er ihm das Gefühl gibt, als wären sie beide wieder in der Schule, in einem Moment, wo W. gerade alle Zwänge abstreifen will. Außerdem empfindet er körperlichen Ekel vor Mr S., besonders, seit er aus psychoanalytischem Interesse mit ihm ins Bett gegangen ist. Diese Szene wird bei mir *zum Brüllen komisch*.» Er kicherte.

William machte eine Pause von mindestens einer Minute.

«Und was passiert dann?»

«Ja, nun kommt der allerschwierigste Teil. Es ist ein ähnliches Problem wie das, dessen Lösung Forster in *The Longest Journey* nicht gelungen ist. Die Sache ist die, dass ich mich in eine Ecke verrannt habe, wo die Lösung einfach melodramatisch sein muss. Zumindest müssen die Abläufe des Melodrams nachvollzogen werden.»

«Was passiert?», fragte Paul ungeduldig. «Was passiert als nächstes?»

«Na ja, so, wie ich es jetzt sehe, muss ich mir noch einmal die Vergangenheit vornehmen und irgendeinen Grund dafür erfinden, dass Mr S. in Berlin seinen Dienstrevolver aus der Kriegszeit bei sich hat. Er muss, das ist klar, in einem Anfall von Schützengrabenneurose entweder sich selbst oder W. erschießen, vielleicht auch beide. Und da Mr S. sich für keine dieser Möglichkeiten entscheiden kann, betrinkt er sich eines Nachts ganz fürchterlich. Er schießt sich durch den Gaumen, doch die Kugel durchschlägt nicht das Gehirn, sondern tritt oben an der Wange wieder aus. Dann – er blutet entsetzlich – fährt er im Taxi zu W.s Wohnung, läutet und reicht ihm den Revolver mit der Bitte, die Sache zu Ende zu bringen. Sehr vernünftig, aber allzu klinisch-kühl sagt W.: ‹Diese Drecksarbeit hätten Sie selbst erledigen können›, gibt ihm die Waffe zurück, setzt ihn wieder ins Taxi und fährt mit ihm ins nächste Krankenhaus.»

«Und wie ist das Ende?»

«Darüber bin ich mir noch nicht schlüssig. Hast du einen Vorschlag, Paul?», fragte er ein wenig boshaft.

«Also, wenn der Roman von Ernest Hemingway wäre, würde Mr S. sich in seine Krankenschwester verlieben. Und zum Schluss könnten sie heiraten.»

«Toll! Herrlich! Völlig richtig!» William schrie vor Lachen. «Aber ich habe noch eine bessere Idee.»

«Und zwar?»

«Kannst du es dir nicht denken? Beschämt und gedemütigt kriecht Mr S. in das liebe kleine Haus seiner Mutter in einer ruhigen kleinen altmodischen Anlage in Kensington zurück. Seine Mutter verzeiht ihm, hat Mitleid und nimmt ihn für den Rest seines Lebens bei sich auf, das mit einem erfolgreicheren Selbstmordversuch ein paar Monate später endet.»

«Aber im Ernst ...»

«Im Ernst vermute ich, dass Mr S. seit der Schützengrabenzeit das Bild eines deutschen Jungen in sich trägt, den er in den übelsten Bars und Kaschemmen Berlins aufspüren muss. Daher verlässt er Berlin nicht. Er geht dort vor die Hunde. Es gibt Leute, die müssen, um erlöst zu werden, in der finstersten Gosse landen – so wie Ibsens Wildente zum schlammigen und verkrauteten Teichgrund taucht ...» Der kurze Moment des Ernsts war vorbei, er lachte schon wieder.

Paul sagte: «Und er nimmt einen Berliner Straßenjungen mit in das kleine Haus in Kensington und stellt Karl – so heißt der Junge nämlich – seiner Mutter vor.»

«Glänzend!»

William ging zum Kamin, hob die Hände empor und sagte: «Und Mutter *liebt* Karl und nimmt ihn Mr S. weg. Sie *siegt*! Mutter *siegt*! Mutter *siegt*!»

Sie brüllten alle beide vor Lachen und wurden dann still. «Ich muss jetzt gehen», sagte Paul. Er wusste, dass William bei all dieser Frotzelei irgendwie den Schlüssel zu seinem Roman gefunden hatte. «Mr S. adoptiert Karl», sagte Paul. «Er hat seinen Sohn gefunden. Aber jetzt muss ich nach Hamburg.» Er stand auf.

«Wenn ich es jemals schaffe, mich aus diesem Höllenloch zu befreien, komme ich auch dorthin, außer du kommst zu mir nach Berlin.»

«Du schreibst einen Roman über Berlin und ich eine Geschichte über Hamburg.»

«Tu das, Paul, unbedingt! Und schick sie mir!»

Auf der Treppe kam Paul Mrs Bradshaw entgegen. «Guten Abend», sagte sie reserviert und setzte dann zuckersüß und mit einem leisen Anflug von Boshaftigkeit hinzu: «Ist unser Kranker genesen?»

«Es geht ihm sehr viel besser», sagte Paul und lief aus dem Haus, lief auf der Straße weiter, und Worte jagten ihm durch den Kopf, als läse er bereits Williams Roman. Und im Geist plante er schon den Roman, den er über Hamburg schreiben und an William und Simon schicken würde, einen Liebesbrief.

ERSTER TEIL

DIE KINDER DER SONNE

IM HAUSE STOCKMANN

Als der Fährzug von Cuxhaven am 20. Juli in die Stadt einfuhr, wurde Paul reichlich beklommen zumute. In den Abendstunden mit dem Zug in Hamburg anzukommen, wenn die ersten Lichter in den Fenstern der Wohnungen angingen, in denen sich Deutsche befanden, allein oder in Gemeinschaft, die essen und reden, ihre Kinder zu Bett bringen oder sich vielleicht auf ihre deutsche Art lieben – das war schon ein sonderbares Gefühl. Bevor der Zug Hamburg erreichte, fuhr er über mehrere Brücken und gemauerte Bahndämme, und Paul (der mittlerweile in seinem Abteil aufgestanden war, um das Gepäck aus dem Netz zu nehmen) blickte auf Straßen mit heruntergekommenen Häusern, auf Mietskasernen und Hinterhöfe. Jäh überfiel ihn heftige Einsamkeit, ein stechender Schmerz, als machte sich jedes erleuchtete deutsche Fenster über diesen Engländer im Zug lustig, als schlösse jeder herabgelassene Rollladen ihn aus. Der Zug ratterte über Weichen, und als er in das düstere Gewölbe des großen Bahnhofs einrollte, spürte Paul Heimweh nach seinen englischen Freunden. Für einen Augenblick war jede Erinnerung daran, wie Ernst Stockmann aussah, verschwunden. Er fragte sich, ob er ihn an der Bahnsteigschranke, wo er laut seinem letzten Brief warten wollte, erkennen würde.

Zuerst erkannte er den Blazer des Downing College, danach erst seinen Gastgeber. In Oxford hatte Dr. Stockmann wie ein ausländischer Student ausgesehen, den man für einen Engländer hätte halten können. Hier sah er überhaupt nicht englisch aus, aber auch nicht eindeutig deutsch, sondern international, irgendwie schwebend, als gehöre er überall und nirgends hin. Paul wusste, er würde ihn nie wieder als den jungen deutschen Cambridge-Studenten sehen, der höflich die Miene verzog und sich ganz dem englischen Leben anpasste. Wahrscheinlich, weil Paul ihm jetzt in dem Bewusstsein gegenübertrat, dass er einige Wochen bei ihm wohnen würde, kam ihm Stockmann so verändert vor, nicht mehr wie der junge Mann, der ihn ins Mitre zum Lunch gebeten hatte. Hinter dem Gitter der Bahnsteigschranke wirkte sein Gesicht wie das eines eingesperrten Raubvogels mit knochenbleichem Schnabel. Er trug eine Brille, durch die seine Augen funkelten. Das nervös angespannte Lächeln schien ihm Schmerzen zu bereiten.

Als sie im Taxi zum Stockmannschen Haus fuhren, fing Paul an, Ernst positiver zu sehen. Er wirkte intelligent und sensibel. Er sprach ein so präzises Englisch, dass es manchmal ein Vergnügen war, manchmal aber wegen seiner Pedanterie auch etwas ärgerlich. Im Halblicht des Taxis studierte Paul Ernsts Gesicht. Es hatte einen maskenhaften Ausdruck, wirkte verletzt und überempfindlich.

Ernst erkundigte sich nach Pauls Reise. Paul bemerkte, dass in Ernsts Lächeln über seine Schilderung der zwanzig Stunden Gesellschaftsleben auf der *Bremen* keine Spur von Humor lag. Er knipste es in seiner blässlichen Art an und aus. Wenn Paul jedoch irgend eine auch nur entfernt sexuell anzügliche Szene beschrieb – wie ein aschblonder Kellner zufällig ein Tablett mit Getränken fallen ließ, so dass sich auf Pauls Hose eine Ginpfütze bildete –, lächelte er zweideutig, als beinhaltete Pauls Beschreibung irgendeine Anspielung. Paul fühlte sich unbehaglich und sah auf seine Hose hinunter. Sie hatte Flecken, und er bedauerte, den Vorfall erzählt zu haben.

Das Taxi hielt vor der großen Eichentür der Stockmannschen Villa im Millionärsviertel Hamburgs, nördlich der City und des Hafens gelegen, dort, wo die Alster einen See bildet. Boote mit Segeln in Weiß, Rosa oder Blau schienen wie luftige Besen über das weite Wasser zu fegen. Ernst öffnete die Eingangstür mit zwei Schlüsseln, und sie gelangten durch einen Vorraum in das vornehm getäfelte Dunkel des mit schweren Möbeln vollgestellten Salons. Sie blieben dort einen Augenblick stehen und warteten darauf, dass das Dienstmädchen Pauls Koffer nahm.

Ernst sagte: «Wenn du dir etwas aus moderner Kunst machst, sind hier ein paar Bilder, die dich interessieren dürften.» Paul sah einen Akt von Matisse und ein Stillleben mit Iris von van Gogh. Er begann von einem Bild zum anderen zu gehen. Ernst schien leicht verärgert, dass Paul damit etwas vorwegnahm, was später eine regelrechte Kunstführung hätte werden sollen. Er sagte: «Soll ich dir nicht erst dein Zimmer zeigen, Paul?» Die Betonung lag auf ‹erst›. «Meine Mutter», setzte er hinzu, «hat diese Sammlung angefangen, als sie in Paris Kunstgeschichte studierte. Ich nehme an, dass sie selbst dir die Bilder zeigen möchte.»

Sie gingen hinter dem Mädchen eine Eichentreppe mit poliertem Geländer hinauf.

Ernst ließ Paul in seinem Zimmer allein, damit er auspacken konnte. Es war ein großer, hübsch möblierter, dick mit Teppichen ausgelegter Raum. Sobald Ernst draußen war, setzte Paul sich auf das Bett, dann nacheinander in beide Lehnstühle, dann auf den Stuhl vor dem Schreibtisch. Bevor er seine Kleidungsstücke auspackte, fischte er eines der zwei oder drei Bücher, die er mitgebracht hatte, darunter hervor und las von der Stelle an weiter, wo er im Fährzug aufgehört hatte. Es waren Essays von D. H. Lawrence. Dann nahm er sein großes, fast quadratisches Notizbuch heraus, um ein Gedicht durchzulesen, das er vor der Abreise aus London angefangen und drei Tage nicht angesehen hatte; er hoffte, es nun aus einem gewissen Abstand heraus beurteilen zu können, so wie er es beim ersten Hören eines fremden, beispielsweise von seinem Freund Wilmot vorgelesenen Gedichts vermochte. Er las es mehrmals, aber mit jedem Mal schien seine Fähigkeit abzunehmen, es objektiv zu beurteilen. Es wurde ihm schrecklich übervertraut. Nun versuchte er, es sich laut aufzusagen. Als er eben in der zweiten Strophe war, klopfte es taktvoll an die Tür. Er blickte sich um und sah, dass Ernst angeklopft und gleichzeitig die Tür geöffnet hatte. Paul fühlte sich ertappt. Ernst stand auf der Schwelle und warf ihm ein mildes Lächeln zu. Paul spürte, dass Ernst sich eines leichten Vorteils ihm gegenüber bewusst war. Sein Taktgefühl hielt ihn offensichtlich davon ab, weiter ins Zimmer hereinzukommen. Er legte die Hände in die Hüften, während er Paul wohlgefällig musterte.

«Ich hoffe, ich störe nicht! War das ein neues Gedicht, was du da gerade gelesen hast? Wie aufregend!», rief er aus, um zu zeigen, wie stolz es ihn machte, dass ein Gedicht von Paul Schoner in einem Gästezimmer seines Hauses geschrieben wurde.

Paul wurde verlegen.

Ernst fuhr fort: «Ich bin nur gekommen, um dir zu sagen, dass wir zu Abend essen, sobald du fertig bist. Wir ziehen uns heute nicht zum Abendessen um.»

Paul nahm das wörtlich und erschien wenige Minuten später im Esszimmer in seiner Reisekleidung – einer Tweedjacke und den verknitterten grauen Flanellhosen mit dem schwach sichtbaren Ginfleck darauf. Zum Glück trug er eine Krawatte.

Im Esszimmer standen ein großer Mahagonitisch und ein mächtiges Büfett mit Marmorplatte und Messinggriffen, über dem ein Bild von Courbet hing, ein Stillleben mit Äpfeln – smaragdgrün und zinnoberrot auf einem grauen Tischtuch vor einem Hintergrund in einer Art Korallenbraun. Ernsts Eltern, Jakob und Hanna Stockmann, hatten bereits Platz genommen, als er den Raum betrat. Frau Stockmann war eine sehnige, anmaßend wirkende Frau mit einem Gesicht, das in jedem Teil ein eigenes System von Fältchen aufwies: eines rund um die Augen, eins um den Mund herum und jeweils eines senkrecht die Wangen hinab. Ihre Augen waren dunkel und wachsam, ihr Mund ausdrucksvoll. Auf den Wangen lag ein bisschen zu viel Rouge, was im Kontrast zu ihrem pastellgrauen Kleid, das wie eine griechische Säule gerippt war, etwas übertrieben wirkte.

Ernst kam in seinem Collegeblazer zum Abendessen herunter, doch trug er jetzt ein weißes Krickethemd, dessen Kragenenden auf den Revers lagen. Mit seinen sorgfältig manikürten weißen Händen, die er wie Glacéhandschuhe vor sich auf den Tisch legte, und seinen Augen, die Paul durch die horngeränderte Brille anstarrten, sah er für einen Kricketspieler reichlich karg aus.

Jakob Stockmann, den Paul für etwa fünfzehn Jahre älter hielt als seine Frau, war ein Geschäftsmann, dessen Interesse am Leben sich augenscheinlich auf die Mahlzeiten beschränkte. Er hatte einen Hängeschnurrbart, abstehende Ohren und glanzlose, bleiern beobachtende Augen. Er schien vollkommen darin versunken, sich mit Messer und Gabel einen Bissen in den Mund zu schieben, und wenn er aus dieser Versenkung auftauchte, dann nur, um über den Geschmack des soeben Verspeisten zu nörgeln oder eine zynisch-witzige Bemerkung zu machen. Seine Frau warf ihm von Zeit zu Zeit besorgte Blicke zu.

Kaum hatte der Vater Ernsts offenen Kragen bemerkt, als er das Besteck hinlegte und protestierte. Ernst, immerhin fünfundzwanzig, wurde auf sein Zimmer geschickt, um sich eine Krawatte umzubinden. Er ging, tapfer und nachsichtig lächelnd, und warf Paul einen bedeutungsvollen Blick zu, als er das Esszimmer verließ.

Frau Stockmann lachte geräuschvoll und sagte: «Mein Mann ist in Kleinigkeiten sehr eigen, müssen Sie wissen. Er kann es nicht haben, wenn Ernst keinen Schlips trägt. Wir sagen, er ist ein Pedant, ein schrecklicher Pedant.»

Ihr Mann hob die Hände.

«Ich sage ja nur, wieso zieht Ernst sich jetzt am Abend wie zum Kricket an? Ich möchte essen und nicht Kricket spielen. Wenn ich ihn in dieser Kleidung sehe, verdirbt mir das den Appetit.»

Sie lachte schallend.

«Du solltest auch Kricket spielen, du alter Pedant! Ich sage immer zu meinem Mann, er sollte auch Kricket spielen. Dann wäre er nicht so dick.»

Ihr Augenrollen, Zähnefunkeln und Lippenkräuseln legten sich, doch sobald Ernst, nun mit Schlips, das Esszimmer wieder betrat, wurden sie erneut in Gang gesetzt. «Ich sage, dein Vater sollte Kricket spielen, Ernst, es würde ihm guttun.»

«Vater und Kricket spielen? Das könnte er doch gar nicht!», sagte Ernst mit diplomatischem Lächeln.

«Ich sage nur, ich will nicht, dass du zu den Mahlzeiten in Kricketkleidung erscheinst», bemerkte sein Vater und sah von seiner Suppe auf, zwei Tropfen hingen in seinem Schnurrbart. «Es lenkt mich vom Essen ab.»

«Ist er nicht gierig!», kreischte Frau Stockmann.

«Na schön, ich kann auch Kricket spielen, wenn ihr wollt» sagte Ernst und nahm sein Messer. Er hielt es wie einen Kricketschläger mit beiden Händen hoch. «Ach ja, wir brauchen einen Ball. Was nehmen wir da? Oh, ich weiß ...» Er nahm ein Stückchen Brot, rollte es zu einem Kügelchen und schob es seiner Mutter hin, damit sie es ihm gegen seinen Messerschläger warf. Während der ganzen Zeit schaute er über den Tisch zu Paul hin.

«Ernst, was tust du?», rief seine Mutter. «Du bist doch nicht im Kindergarten!»

«Kein bisschen. Ich spiele ein sehr erwachsenes Kricketmatch. Willst du mitspielen?» Er bot an, ihr ein Kügelchen zuzuwerfen. Sie bekam einen wilden Lachkrampf, schüttelte heftig den Kopf, keuchte: «Ja, los!», brach dann wieder zusammen und konnte vor Lachen das Messer nicht halten. Während Mutter und Sohn vor Gelächter außer sich waren, sah Herr Stockmann, die Arme ausgebreitet, mit dem Ausdruck mitleidiger Nachsicht angesichts dieser glücklichen Familienszene zu Paul hinüber. Dann hörten Ernst und seine Mutter schlagartig auf zu lachen und wischten sich die Tränen aus den Augen.

«Schikanieren Sie zu Hause Ihre Eltern auch so?», fragte Frau Stockmann Paul. «Sind Sie zu Ihrem Vater und Ihrer Mutter auch so grausam wie Ernst zu uns?»

«Ich habe keine Eltern mehr», klärte Paul sie auf. «Meine

Mutter starb, als ich elf war, mein Vater, als ich sechzehn war.»

Ihr Blick bat um Entschuldigung. «O wie traurig, wie jammerschade! Wo ist dann Ihr Zuhause?»

«Ich wohne in London bei meiner Großmutter.»

Sie machte eine Pause und fragte dann etwas plump: «Und Ihre Großmutter ist aus welcher Familie?»

«Die Familie meiner Großmutter stammt aus Dänemark. Aber mein Großvater – er war Jude – kam aus Frankfurt. Die Schoners sind nach England ausgewandert.»

Ernst und sein Vater verstummten. Frau Stockmann fragte: «Wann ist die Familie nach England gegangen?»

«Vor fünfzig Jahren.»

«Und geht sie in die Synagoge?»

«Nein, nein, mein Großvater ist tot und meine Großmutter ist Quäkerin.»

«Dann brauchen Sie sich keine Sorgen zu machen, dann sind sie keine Juden, sondern Engländer», sagte sie entschieden. «Was man hier in Deutschland zu den Juden rechnet, sind die aus Osteuropa, polnische und litauische Flüchtlinge, nicht die Deutschen, die schon lange Jahre hier sind. Mein Mann beschäftigt in seiner Firma ein paar von solchen richtigen Juden. Manche sind sehr intelligent. Manche sind gute Leute. Sauber, nüchtern, redegewandt. Ich selbst tue eine Menge gute Werke für sie. Mit einigen bin ich befreundet. Meine eigenen Vorfahren sind vor sehr langer Zeit aus Litauen gekommen, aus einer hochkultivierten Familie in Kaunas.»

Herr Stockmann und Ernst machten ein Gesicht, als warteten sie darauf, dass ein unangenehmer Geruch verflöge. Das Läuten des Telefons rettete die offenbar peinliche Situation. Ernst sagte, er erwarte einen Anruf, und stand auf.

Herr Stockmann sagte: «Ich dachte, dies sollte ein familiäres Essen für deinen Gast sein, ohne Unterbrechungen durch diesen Apparat.»

Frau Stockmann fühlte sich zu einer ausführlichen Erklärung bemüßigt: «Ernsts Freunde rufen oft während des Abendessens an, weil es die einzige Zeit ist, wo sie ihn sicher erreichen können. Er ist so beliebt! Er kennt so viele Leute! Allerdings wollen wir einige seiner Freunde nicht bei uns sehen. Wir sind nicht mit allen einverstanden. Er arbeitet ja den ganzen Tag, und abends geht er oft noch aus. Aber meinen Mann irritiert nun einmal jede Störung, wenn wir beim Abendessen sind.»

Am anderen Ende der Leitung waren Leute, die Ernst mochten, ihn vielleicht liebten. Jeden Abend wurde sein Zusammensein mit den Eltern unterbrochen durch Stimmen von weither, Stimmen vielleicht von jungen Männern und Mädchen, die auf der Alster segelten.

Nach dem Abendessen wurde im Salon der Kaffee serviert. Paul konnte die Augen nicht von den Bildern wenden – dem van Gogh, einem Derain, einem Kinderporträt von Picasso aus dem Jahre 1905. Eines der Bilder verwirrte ihn, es zeigte einen schmuddeligen, etwas irre dreinblickenden jungen Mann, die maisfarbene Haartolle in die Stirn gekämmt, sodass die großen, leuchtend blauen Augen und der Ansatz seiner starken, gebogenen Nase teilweise verdeckt waren. Die Lippen, die Melonenschnitzen glichen, öffneten sich zu einem verhärmten Grinsen.

«Von wem ist das?», fragte Paul.

«Es freut mich, dass es Ihnen gefällt», sagte Frau Stockmann enthusiastisch. «Das ist etwas sehr Seltenes. Selbst Kenner, die bei uns zu Gast sind, erraten es meistens nicht.»

«Und was ist es?»

«Meine Mutter hat es vor dem Krieg in Paris gekauft, als sie dort Kunstgeschichte studierte», warf Ernst ein.

Frau Stockmann lachte. «Und es hat mich nichts gekostet.»

«Mutter hatte ein Auge für das, was im Wert steigen würde. Heute würde es ein Vermögen kosten.»

«Es hat praktisch nichts gekostet. Der Maler war am Verhungern.»

«Wie hieß er?»

«So verrückt, so jung, immer betrunken, so hässlich und so schön. Desnos.»

Paul hatte noch nie von Desnos gehört, aber das Bild gefiel ihm.

«Nun ist er schon lange tot», sagte Frau Stockmann mit einem tiefen Seufzer, aber irgendwie befriedigt. «Sieht er nicht glücklich aus, obwohl das Bild auf eine ganz grobe Sackleinwand gemalt ist – ich habe es neu aufziehen lassen müssen – und in billigen Farben, die stellenweise verblichen sind; ich muss sie mit teuren Farben nachmalen lassen. Was das alles kostet!»

«Die ganze Sammlung stammt von meiner Mutter. Als Sammlerin ist sie wirklich genial.»

«*War!* Ich würde kein Stück von dem ekelhaften Zeug sammeln, das sie heute malen. Widerlich! Heutzutage ist alles so abscheulich.» Sie wandte sich von den Bildern ab und sagte: «Ich muss Sie jetzt leider verlassen, ich muss zu einer Komiteesitzung der Hamburger Musikfreunde. Ich lasse Sie in Ernsts Obhut. Ernst, stell ihn nicht deinem Freund Joachim Lenz vor», sagte sie lachend, doch sie meinte es ernst. Sie drehte sich um und ging zur Haustür.

Ernst folgte ihr bis vors Haus und kehrte dann in die Diele zurück. Paul und er tranken noch einen Kaffee, und Ernst sagte: «Wollen wir in den Garten gehen? Er reicht bis an die

Alster.» Sie gingen am Haus entlang in den großen hinteren Garten mit Rasen und Büschen. Sein unteres Ende am Ufer der Alster war von Trauerweiden gesäumt. Ihre Zweige neigten sich über das Wasser, tauchten zuweilen einige Blätter hinein. Durch den Schutzschirm der Weidenruten schauten sie wie durch ein gewölbtes Eisengitter in den dunklen Sommerabend hinaus auf das Wasser, auf dem es von Booten wimmelte.

Paul sah einige Kanus nur wenige Meter jenseits der Weidenruten entlanggleiten. Mit ihrer Ladung von Mädchen und Jungen, deren Kleidung sich wie Blattwerk eng an ihre Körper schmiegte, kamen sie ihm unglaublich nah vor. Er meinte, ihre warmen Farben würden durch die Dunkelheit zu ihm vordringen.

Paul konnte die Boote durch das Wasser rauschen hören, ein vibrierender dunkler Grundton unter dem hellen Klatschen der Paddel und dem Lachen und Rufen der Kanufahrer. Ein Kanu kam besonders nah heran. Es fuhr unmittelbar unter den Weidenruten hindurch, die das Stockmannsche Anwesen von der Alster abschirmten. Als die beiden Jungen Ernst und Paul bemerkten, kamen sie sich wohl ein wenig wie Eindringlinge vor, und sie tauchten ihre Paddel ins Wasser und fuhren mit kraftvollem Schwung weiter. Der über Wasser liegende Bug ihres Kanus glich der aufblinkenden Flanke eines Delphins, der sich vom Schiffsbug löst. Die hängenden Weidenzweige, der Lindenduft, die Braun- und Rosatöne der Körper, die Sommerkleidung, das murmelnde Lachen, die Segel weiter draußen auf dem Wasser und noch weiter weg die Lichter der Stadt, Rechtecke und Dreiecke sich spiegelnder Häuser und Türme, ließen Paul mit jeder Faser ein fremdes junges Leben spüren. Gleich dem Wasser zu ihren Füßen schien auch die Dämmerung ein körperliches Wesen zu sein, in das er eindringen konnte, von dem er jedoch durch die sich ins Wasser neigenden Weiden ausgeschlossen war.

Es wurde dunkler und auch etwas kühl. Sie gingen ins Haus zurück. Ernst nahm Paul mit nach oben in sein Arbeitszimmer, setzte sich neben ihm auf das Sofa und zeigte ihm Fotos von Gegenden, die er bereist hatte, und von Leuten, mit denen er auf Partys ging. Es waren langweilig konventionelle Bilder. Paul konnte sich gut vorstellen, wie Ernst sie aufnahm. Nur gelegentlich war ein bewusst witziges darunter, von fantasievoll kostümierten jungen Leuten, die Grimassen schnitten oder in die Kamera gestikulierten.

Ein Foto, das lose in einem Album lag, fiel zu Boden. Paul hob es auf und betrachtete es aufmerksam. Es schien nicht von Ernst gemacht zu sein. Es zeigte einen jungen Mann, das Gesicht dem Betrachter zugewandt, das Kinn in die rechte Hand gestützt. Er hatte eine hohe Stirn, nach hinten gebürstetes dunkles Haar und eine Habichtnase, ein bisschen mexikanisch. Die Augen waren die eines Vogelbeobachters, sehr wach, sie schienen dem Fotografen Anweisungen zu geben. Er war sichtlich leicht amüsiert – wer oder was es auch immer war, den er so eingehend musterte, der Fotograf oder der Freund. Oder vielleicht war er selbst der Fotograf.

«Wer ist das?»

Ernst stieß einen anzüglichen kleinen Lacher aus. «Ich habe geahnt, dass es dich interessieren würde. Das ist mein Freund Joachim Lenz. Ich fürchte, meine Mutter mag ihn nicht. Vielleicht hast du gehört, wie sie das sagte.»

«Er hat unglaubliche Augen.»

Darauf sah Ernst Paul ebenso direkt in die Augen, wie Joachim es aus dem Foto heraus zu tun schien, und sagte:

«Deine Augen sind schöner als die von Joachim.» Paul lachte. Als er merkte, dass Ernst gekränkt war, nahm er das Foto noch einmal in die Hand.

Ernst sagte: «Würdest du meinen Freund Joachim gerne kennenlernen?»

«Sehr gern.»

«In vier Tagen gibt er nämlich eine Party. Du bist eingeladen. Er hat mich gebeten, dich mitzubringen.»

«Was für eine Party ist es?»

«Im Vergleich zu Oxford wird sie dir eigenartig vorkommen. Kannst du tanzen?»

«Ich fürchte, nein.»

«Macht nichts.»

Wenig später sagte Paul, er sei müde von der Reise. Ernst brachte ihn auf sein Zimmer. Sobald Paul allein war, schrieb er in sein Notizbuch:

Jetzt will ich anfangen zu leben.
Vorsätze für die Semesterferien:
Absolut nichts von dem zu tun, was der Tutor mir aufgegeben hat.
Jetzt, da ich aus England fort bin, will ich nur noch tun, war mir selbst wichtig erscheint. Ob ich in Oxford bleibe oder nicht – von nun an will ich nur noch für mich arbeiten und nichts sonst.
Meine Arbeit ist es, Gedichte und Prosa zu schreiben. Außerhalb dieser Arbeit habe ich weder Charakter noch Willenskraft. In der Welt der Tat tue ich alles, was meine Freunde von mir wollen. Ich habe keine eigene Meinung. Das ist beschämend, ich weiß, aber es ist so. Ich muss alles tun, um jene Seite meines Lebens zur Entfaltung bringen, die von den anderen unabhängig ist.

Schreibend muss ich leben und reifen. Mein Ziel ist, seelische Reife zu erlangen.
Von jetzt an will ich dieses Notizbuch führen und Material darin sammeln: Menschenbeschreibungen und typische Dialoge, wie ich sie gehört habe.
Neben meiner Arbeit sind meine Freunde das einzige, wofür ich leben will.

Am nächsten Vormittag – Ernst war bereits im Büro – nahm Frau Stockmann Paul, wie verabredet, mit in die Hamburger Kunsthalle. Beim Verlassen des Hauses machte sie ihm klar, dass sie ihm keineswegs die komplizierten Schlüssel anvertrauen werde. Sollte er allein ausgehen, müsse er, sagte sie, bei seiner Rückkehr nach dem Mädchen klingeln. Aber nach elf Uhr abends dürfe er nicht allein nach Hause kommen, denn sonst müsse das Personal seinetwegen aufbleiben.

«In den Jahren nach dem Krieg, als wir die Inflation hatten, war hier nichts sicher. Das Geld war weniger wert als das Papier, auf dem es gedruckt war. Es gab keine Ordnung. Es wurde viel gestohlen, und in Deutschland ist es immer noch sicherer, alles abzuschließen. Ich schließe jetzt immer mit beiden Schlüsseln zu.»

Paul pflichtete ihr bei, dass es schrecklich gewesen sein musste. Bevor sie die Tür zuzog, warf er noch einen Blick zurück in das Haus, dunkel wie das Innere einer Pyramide, mit angeketteten Bildern, die aussahen wie Opfer eines Kunstanbetungskults. Draußen erschien ihm die Sonne wie ein verrückter Maler, der Straße und Laub mit Blau- und Grüntönen beschmiert, die Zweige gegen das Sonnenbrennglas emporgedreht und Tintenkleckse auf Straße und Bürgersteig gespritzt hatte.

«Wie heiß es ist!», beschwerte sich Frau Stockmann.

«Puh!» Und sie wedelte mit der Hand vor ihrem Gesicht hin und her, um sich Kühlung zuzufächeln und als wollte sie die Sonne wegwischen.

Sie stieg ins Taxi und schien in seinem dunklen Inneren dankbar aufzuatmen. Sie bedeutete Paul, sich neben sie zu setzen. Sobald das Taxi anfuhr, begann sie: «Ich bin sehr froh, dass Sie mit Ernst so gut auskommen. Ernst ist ein netter Junge ... Ja, wirklich, ich glaube, Sie und er sind sehr gut – wie sagt man? – sehr gut aufeinander eingestimmt, Sie harmonieren miteinander, Sie sind sich *sympathiques*.»

Sie warf ihm einen provozierend abschätzenden Blick zu. Dann fuhr sie mit harscher Stimme fort: «Aber ich hoffe, Sie werden Ernst nicht von der Arbeit abhalten. Seine Tätigkeit ist für uns alle von großer Bedeutung. Seinem Vater geht es nicht gut.»

«Was tut Ernst eigentlich?»

«Zurzeit sammelt er Erfahrungen bei einer Importfirma im Hafen. Sie importieren Chemieprodukte, wissen Sie, Arzneimittel und lauter solche Sachen. Aber das macht er nicht mehr lange. Er bekommt bald Wichtigeres zu tun. Letztlich die Leitung der Firma.»

«Das hört sich wichtig an.»

Frau Stockmann schien sich nicht ganz sicher zu sein, welchen Eindruck sie gemacht hatte. Sie fuhr eindringlich fort: «Wissen Sie, Ernst ist sehr begabt. Er ist hochintelligent. Er hat alle Examen hier fabelhaft bestanden, mit Auszeichnung in Heidelberg, mit *top first class* in Cambridge. Sie wissen, was das bedeutet, oder?»

Paul wusste es nur zu gut.

«Was hat er studiert?»

«Volkswirtschaft. Er ist darin sehr gut, in Physik auch. Natürlich ist er auch in Sprachen sehr gut. Französisch und

Englisch und vielleicht auch noch Spanisch. Sein Italienisch ist weniger gut. Ich kann nicht besonders gut Englisch, aber seins ist sehr gut, nicht? Hervorragend.»

«Ja, hervorragend. Sie sprechen auch sehr gut Englisch. Aber ihn hätte ich für einen Engländer halten können.»

«Ah ja. Sie hätten ihn für einen Engländer halten können. Wirklich?», wiederholte sie in ihrer schwerfälligen Art und starrte Paul aus ihren großen, ernsten Augen an.

Paul sah durch das Taxifenster auf die Straße und wünschte, er könnte hinausspringen. Die Menschen dort schienen frei, als tanzten sie, weil sie draußen waren und nicht neben Frau Stockmann im Taxi sitzen mussten. Sonnenbeschienene Gebäude schimmerten wie Satin hinter den bewegten lilafarbenen Silhouetten der Fußgänger.

Auf dem Weg zur Kunsthalle ließ Frau Stockmann das Taxi halten und wies den Fahrer an zu warten, während sie einige Einkäufe erledigte. Sie wählte nur, was Ernst Freude machte. Im Obstladen sagte sie: «Wissen Sie, Ernst ist komisch. Er mag keine Erdbeeren.» Sie kaufte Kirschen. Sie fragte Paul nicht, ob er Erdbeeren mochte.

Ein Bild in der Kunsthalle beeindruckte ihn sehr: das Porträt einer Frau an einem Cafétischchen, ein Wolltuch eng um die Schultern geschlungen, den Kopf gebeugt, das Haar eine wirr herabhängende Masse, ein kleines Glas vor sich wie einen Giftbecher. Die geschlossenen Augen und zusammengepressten Lippen, das verschlossene Gesicht schienen zu jemandem zu gehören, der in der Welt seines eigenen Elends restlos gefangen war. Die Beschriftung auf dem kleinen Messingschild am unteren Rand des Rahmens besagte, dies sei die *Absinthtrinkerin* von Picasso. Paul schlenderte von diesem Bild weiter in einen Raum, in dem moderne deutsche Kunst hing.

«Sehen Sie sich diese Monstrositäten nicht an!», kreischte Frau Stockmann. Hier hingen Gemälde in den Grundfarben Gelb, Rot und Blau – zum Teil grob skizzenhaft auf die nackte Leinwand geworfen –, Bilder von eckigen Männern und Frauen, die in gezackten Fichtenwaldlandschaften einander an den kantigen Leib griffen. Dies waren Bilder der neuen Deutschen, die ein primitives Leben mit primitiven Leidenschaften führten, wie die alten Sachsen in Zelten lebten, sich die Haut mit Waid blau färbten und sich gegenseitig die Herzen herausrissen. Ein Bild zeigte einen Mann, der sich mit seinem wie ein Speer erigierten Penis einer struppigen Frau näherte, die vor einem Hintergrund aus durchsichtigen karminroten Flammen kauerte.

«Sehen Sie sich die nicht an. Die sind abscheulich. Eine Schande für Deutschland, dass sie hier hängen. Ein Skandal!», sagte Frau Stockmann. Sie verließen die Kunsthalle und gingen zu dem noch immer wartenden Taxi.

Während des Mittagessens rief Ernst an. Er bat Paul, sich mit ihm und Joachim sowie dessen Freund Willy in einer Badeanstalt zu treffen, und beschrieb ihm den Weg dorthin. «Ich wünschte, dein Sohn würde Manieren lernen und nicht anrufen, während wir beim Essen sind», knurrte Herr Stockmann seine Frau an. «Ich wünschte, er hätte keinen Umgang mit Joachim Lenz und dessen Freund Willy», entgegnete sie finster.

Das Freibad war riesig und voller Menschen. Paul war froh, dass Ernst ihm erklärt hatte, wo er ihn und seine Freunde finden würde. Mit nichts als knappen Badehosen am Leib sahen viele der Badenden hässlich aus. Nacktheit, dachte Paul für sein Notizbuch, ist die Demokratie des neuen Deutschland, der Weimarer Republik.

Ernst stand da, die Hände in die Hüften gestützt, um

Armmuskeln und Schultern zur Geltung zu bringen. Ernst und er, dachte Paul, waren die beiden einzigen Leute hier, die befangen schienen. Ernst lächelte erwartungsvoll. Paul fühlte beim Näherkommen seinen prüfenden Blick – als wäre er ein Stück Besitz, das Ernst voller Stolz herumzeigte, wenn auch ein wenig besorgt, ob es ihm auch positiv angerechnet würde. «Da bist du ja», sagte Ernst. «Hast du gut hergefunden?»

«Ganz leicht. Vielen Dank.»

«Hast du gut geschlafen?»

«Wunderbar.»

«Wie schön. Also, die anderen sind schon im Wasser. Willst du dich erst umziehen, bevor ich dich ihnen vorstelle?»

Paul zog sich um und ging zu Ernst zurück. Joachim und Willy waren bei ihm. Ernst stellte Paul Schoner Joachim Lenz vor, der ihn mit den Augen humorvoll taxierte, seinen unathletischen Körper sichtlich missbilligte, sich mit seinem Kopf und dem, was er sagte, jedoch anfreunden konnte. Doch nach einem kurzen wissenden Blick auf Ernst wandte Joachim sich von Paul ab.

Willy Lassel, Joachims Freund, hatte blondes Haar, blaue Augen, schimmernde Zähne und ein offenes Lächeln. Geist und Körper auf Bezauberung trainiert. Er sagte außerordentlich freundlich, er würde sich mit Paul gern weiter auf Englisch unterhalten, zur Übung – er wollte Englischlehrer werden. Joachim beobachtete ihn und schwieg.

Willy unterhielt sich noch ein wenig mit Paul, dann wurde er von Ernst unterbrochen. Die drei, Ernst, Willy und Joachim, fingen nun an, sich auf Deutsch zu unterhalten. Ernst redete sich in Begeisterung hinein. Er brachte die anderen zum Lachen. Dann gingen Joachim und Willy fort und begannen, mit einem großen bunten Wasserball zu spielen. Sie liefen hin und her, warfen einander den Ball zu, über die Köpfe der sie angaffenden Menge hinweg. Paul vergaß fast, dass Ernst neben ihm stand. Er legte sich hin, allein, sah Joachim und Willy zu, wie sie in der Sonne lachten. Joachim und Willy tauchten in die Menge ein, die sich wie sie im Sonnenlicht bewegte, das auf den Gesichtern und Körpern spielte und wie ein Pfeilregen über sie hinweg aufs Wasser fiel.

Paul legte sich zurück und spürte das Licht auf seinem Körper. Er sah direkt in die Sonne. Seine Wimpern malten Streifen auf die herabströmenden Lichtfluten wie schwarzes Schilf. Die Worte, die ihm durch den alles registrierenden Kopf gingen, wurden von diesem gewaltigen Licht ausgelöscht. Die Sonne schien ihn bis auf die Knochen zu durchdringen, ihm die Gedanken auszusaugen und ihn zu sich hin zu ziehen. Er war kein Individuum mehr.

Er fühlte einen Schatten zwischen sich und die Sonne treten, schaute auf und erblickte Ernst.

«Gehst du ins Wasser?»

«Ich denke schon.»

Sie gingen zum Schwimmbecken hinunter, Ernst schaute sich alle Leute ringsum an, besonders die gutaussehenden. Paul wurde angesichts all der Nacktheit um ihn herum ein wenig verlegen, während Ernst vorausging, so leichten Schritts, so aufmerksamen Blicks und so schüchtern lächelnd.

Sie kamen an Willy und Joachim vorbei. Willy grinste Paul an, sein Körper drehte sich wie eine Säule im Licht, als er Joachim den Ball zuwarf. Joachim hob die Hände hoch und fing, sah flüchtig auf den Ball und dann mit leuchtenden Augen wieder zu Willy hin.

Als Ernst und Paul aus dem Wasser kamen, waren Joachim und Willy bereits angekleidet und im Aufbruch. Sie gaben sich zum Abschied die Hand, und Joachim lud Paul zu seiner Party am vierundzwanzigsten des Monats ein.

Der 24. Juli
Joachims Studio war Teil einer Dachwohnung in einem modernen Wohnblock. Es bestand aus einem schlichten großen Raum, der durch ein Oberlicht erhellt wurde und sparsam möbliert war. Ein Ende war mit einem Wandschirm abgeteilt, dahinter stand ein Doppelbett. Am anderen Ende des Raums stand eine breite Couch. Die Möblierung bestand aus Stahlrohrsesseln, Tischen mit Glasplatten und Lampen in Form von Glaswürfeln, die wie Eisblöcke von innen erleuchtet waren.

Paul und Ernst kamen früh. Joachim nahm Paul am Arm, führte ihn im Studio herum und zeigte ihm verschiedene Gegenstände: eine Schale aus rauem Glas, eine mexikanische Brücke, Kunstbücher, darunter auch einige über fernöstliche und afrikanische Kunst. Daneben Oswald Spenglers *Untergang des Abendlandes*.

«Hast du das alles gelesen?», fragte Paul.

«Nein, ich lese jetzt nicht mehr sehr viel. Die meisten dieser Bücher habe ich mir mit achtzehn oder neunzehn gekauft, gleich nach dem Abitur. Aber jetzt lese ich kaum noch. Nach dem Geschäft gehe ich immer mit Willy oder anderen Freunden zum Baden. Und am Wochenende fahre ich an die Ostsee. Am liebsten bin ich in der Sonne und unternehme etwas. Aber lesen – nein.»

«Ach so.»

«*Well*», sagte er – es klang beinahe wie *wall* – und zog einen riesigen Wälzer heraus, der quer im obersten Regal lag, «in diesem Buch hier lese ich manchmal, wenn ich nachts spät nach Hause komme – obwohl ich mir lieber die Holzschnitte ansehe als die Geschichten zu lesen.» Er schlug den Band mit seinem dicken zwiebackfarbenen Papier und den finster-schwarzen Holzschnitten auf – Wälder, Schlösser, Jungfrauen, Ritter, Pferde, Wappen, Ungeheuer, ganz im Stil des Expressionismus, unzweideutig, grob, dunkel, in tiefschwarzem Druck. Es waren *Grimms Märchen*. «Oft lege ich mich abends hin, sehe mir die Holzschnitte an und denke, dass sie Menschen zeigen, die ich kenne. Die Illustrationen füllen dann meinen Kopf als wäre er eine Höhle und sie die Höhlenbilder.»

Er sprach Englisch langsam, aber korrekt, nach amerikanischer Art etwas gedehnt. Er beobachtete Paul aus Augen, die zugleich die englischen Worte, die er sagte, zu beobachten schienen, als wären sie Goldfische im Glas. «Was machst du?», fragte Paul.

«Mein Vater importiert Kaffee aus Brasilien und ich soll lernen, die Firma eines Tages zu leiten. Aber ich habe bestimmt nicht vor, jemals Kaffeehändler zu werden.»

Paul fragte ihn, ob eine an die Wand gepinnte Zeichnung – zwei Seeleute, die sich über eine Hafenmauer beugten – von ihm sei. Sie war in Sepiatusche gefertigt und zeigte einen kräftigen, klaren Strich in der Farbe getrockneten Bluts.

«Oh, das habe ich vor langer Zeit gemacht. Inzwischen habe ich das Zeichnen aufgegeben und fotografiere lieber.» Er sagte, er werde Paul irgendwann seine Arbeiten zeigen.

Mittlerweile waren eine ganze Menge Gäste eingetroffen. Paul verließ Joachim, schlenderte durch den Raum und suchte jedem Gespräch aus dem Weg zu gehen: Er wollte keinem der anderen Gäste eine Unterhaltung auf Englisch aufzwingen. Vor der Tür zum Studio befand sich, ein paar

Stufen tiefer gelegen, eine Spülküche. Hier fand er Willy beim Abspülen. Willy begrüßte Paul mit breitem Grinsen. Paul sagte: «Aber wieso machst du den Abwasch?»

«Joachim hat den ganzen Tag zu tun. Er würde nie dazu kommen, den Haushalt zu machen. Das ist meine Sache.» Er fuhr fort: «Gefällt dir Joachims Studio? Hast du schon mal solche Metall- und Glastische gesehen? Und die Glaswürfellampen?»

«Nein. Noch nie.»

«Wirklich? Es war Joachims Idee, weißt du. Er hat die Möbel für diesen Raum entworfen und sie beim Bauhaus in Dessau bestellt. Er kann so viel ... Oh, ich bin so müde ...» Er fuhr sich mit der Hand durch die langen Haare und lachte. «Seit drei Uhr bin ich hier am Aufräumen. Hast du die Bücher da im Regal gesehen? Die lagen alle auf einem Haufen am Boden, als ich heute Nachmittag hierher kam, ich habe sie alle aufgesammelt. Und außerdem das ganze Studio gewischt.»

Sie gingen ins Studio zurück. Willy stellte Paul mehreren Leuten vor. Joachim kam zu ihm mit einem kleinen Mann mit O-Beinen und einem welken, runzligen Affengesicht. «Paul, du musst Fedi kennenlernen. Er ist ein heldenhafter Zeppelinkommandant, der von den bösen Engländern abgeschossen wurde, als er in aller Unschuld eure verabscheuungswürdige kleine Insel bombardierte – nicht wahr, Fedi? Außerdem spricht er perfekt Englisch – stimmt doch, oder?»

Fedi lächelte müde. Paul und er durchquerten den Raum und schauten Seite an Seite aus einem der schlitzartigen Studiofenster über das Wasser auf die schimmernden Lichter der Innenstadt und den rötlichen Feuerschein des Hafens in der Ferne.

«Abgeschossen werden – wie war das?», fragte Paul.

«Wir wurden über der englischen Küste getroffen, nach einem Angriff. Wir haben es noch bis zur Ostsee geschafft und sind dort heruntergekommen.»

«Und der Zeppelin fing nicht Feuer?»

«Wir waren ja auf See. Ein Teil der Hülle schwamm auf dem Wasser. Wir sechs Überlebenden kletterten nach oben, setzten uns hin und warteten bis zum Morgengrauen, bis wir gerettet wurden.»

«Hatten Sie große Angst?»

«Das Schlimmste war, dass wir uns keine Zigarette anzünden konnten, weil unter uns die ganze Zeit das Gas entwich.»

«Und wann war das?»

«Sommer 1916. Danach war es beim Militär aus mit den Zeppelinen!» Er zeigte ein welkes Affenlächeln und steckte sich eine Zigarette an.

«Warum war es aus mit den Zeppelinen?»

«Ihr», sagte Fedi, als wäre Paul persönlich an der Erfindung beteiligt gewesen, «habt die Phosphorkugeln erfunden, die das Gas entzündeten, sobald sie die Hülle durchschlagen hatten. Bum! Deshalb war Schluss. Adieu, guter alter Zeppelin!»

«Vielleicht waren Sie in dem Zeppelin, der über unser Haus flog, als ich sieben war. Das muss im Sommer 1916 gewesen sein.»

«Wie das?»

«Wir wohnten in Sheringham, direkt an der Küste von Norfolk. Eines Abends rannten wir alle in den Garten hinaus und sahen einen Zeppelin fliegen, sehr langsam, sehr tief, als wollte er unsere Schornsteine abrasieren. Man konnte das Sirren der Motoren hören. Mein Vater, meine Mutter, Vaters Sekretärin, die Köchin, das Hausmädchen, mein

Bruder, meine Schwester – wir alle schauten zu, wie er im Sonnenuntergang glänzte. Es war das Schönste, was ich je gesehen habe, wie er sich so friedlich am Himmel bewegte, einem zusammengerollten Herbstblatt gleich, an dem die Rippen hervortreten. Ich habe keine Ahnung, warum unsere Eltern es zuließen, dass wir alle in den Garten liefen. Am nächsten Tag wurde unsere ganze Familie nach Cumberland evakuiert.»

Fedi lachte. «Dann haben wir ja wenigstens ein bisschen Erfolg gehabt! Ja, das könnte unser Zeppelin gewesen sein. Über der Ostküste, Richtung Nordsee. Ja, das könnten wir gewesen sein.»

«Haben Sie damals eine Bombe abgeworfen?»

«Ja, aber nicht um etwas zu zerstören, sondern um an Höhe zu gewinnen.»

«Ich erinnere mich an eine Bombe in einem Nachbarsgarten, die nicht explodiert war. Ein ovaler, weißlicher, pockennarbiger Gegenstand, wie ein Straußenei, nur vermutlich größer.»

«Wie ein Straußenei!» Er brach in schallendes Gelächter aus. «Ja, ja, das müssen wir gewesen sein.» Er legte den Arm um Pauls Schulter, den Kopf an Pauls Brust und umarmte ihn.

Paul stellte es sich vor: die winzige Schar der Feinde Englands auf dem noch schwimmenden Buckel der Zeppelinhülle hockend, nur wenige Fuß über der eisigen Ostsee. Und auf Rettung durch ein tuckerndes Motorboot wartend. Paul war gerührt über diesen kleinen deutschen Helden mit dem gewölbten Glatzkopf, der ihn an den Zeppelinbuckel über Wasser denken ließ. Paul war Engländer und Fedi Deutscher, aber zehn Jahre nach dem Krieg war nun aller Hass zwischen den Völkern entwichen wie das Gas aus der

Hülle des Luftschiffs. Wie schade, dass Fedi so welk und hässlich war.

Fedi ging weg, und Paul blieb am Fenster stehen, ein Zuschauer wie zuvor. Er beobachtete die jungen Deutschen. Sie hatten einen Stil, den er als aufregend «modern» empfand. Ihre Gewänder waren Sonne, Luft und gebräunte Haut. Die Jungen sanft und weich, die Mädchen wie fein gearbeitete Plastiken. Die Art, wie sie ihr Glück zeigten, hatte etwas Tapferes an sich. Er mochte sie.

Ernst stellte Paul ein Mädchen vor.

«Dies ist Irmi, eine besonders gute Freundin von mir.»

«Ich kann kein Englisch. Du wohnst bei Ernst, *no? Ernst is very nice boy.*» Lächelnd ergriff sie Pauls Hand.

Sie bestand darauf, dass Paul mit ihr tanzte, obwohl er versicherte, er könne es nicht. Sie trug das Haar so kurz wie ein Eton-Schüler, hatte blaue Augen und eine knabenhafte Figur. Beim Tanzen drängte sie ihren Körper eng an Pauls. Sie reichte ihm bis an die Lippen, und er spürte den Wunsch, ihr Haar zu küssen. Er tat es, ganz leicht. Auf einmal konnte er tanzen.

Nach dem Tanz lief sie zu Joachim, der sich auf einer der Matratzen ausruhte. Sie legte ihm den Arm um den Hals und lächelte zu Paul hinauf. Sie winkte ihm zu.

«Das ist doch englisch, oder nicht?», fragte sie und deutete auf ihren Rock. «Ein *Kilt*, heißt es nicht so?»

Er bejahte. Es war ein sehr kurzer Wollrock. Sie trug karierte Strümpfe mit kleinen Schlaufen daran. Ihre Knie waren bloß. Er stellte sie sich in einem Boot auf der Alster vor. «In Hamburg mögen wir alles Englische sehr», sagte sie.

Ernst lächelte Paul etwas vorwurfsvoll zu. «Du hast mir erzählt, du könntest nicht tanzen. Jetzt weiß ich, dass du es doch kannst, und nun musst du mit mir tanzen.» Aber sie hatten kaum angefangen zu tanzen, als Ernst einsah, dass Paul keineswegs gelogen hatte. Sie gaben den Versuch auf und unterhielten sich in einer Zimmerecke.

«Findest du es hier sehr anders als in England?»

«Ja, sehr.»

«Ist dir England lieber?»

«Nein.»

«Du hast ‹sehr› in einem Ton gesagt, dass ich dachte, du wärst mir böse.»

«Habe ich ‹sehr› in so einem Ton gesagt?» Paul war halb verliebt in alle übrigen Anwesenden, weil sie nicht Ernst waren.

«Ist es dir vielleicht lieber, wenn ich gehe und dich hier allein lasse?»

Die Qual stand in seinem Gesicht.

Paul dachte daran, wie heiter Irmi mit Ernst geredet und wie herzlich Joachim und Willy ihn empfangen hatten. «Ich wünschte nur, du würdest nicht ein solches Getue um mich machen wie eine alte Glucke.»

«In gewisser Weise sind mir die Partys, auf denen ich in England war, lieber, aber immerhin, dies hier hat auch seine Vorteile.» Ernst gab sich rätselhaft.

«Warst du gern in Cambridge?»

«Es war die herrlichste Zeit meines Lebens. Ach, Downing College.»

Die anderen hatten aufgehört zu tanzen. Stille senkte sich über den Raum. Ernst sagte gedämpft: «Ich nehme an, du findest die Leute hier ziemlich merkwürdig.»

«Ich mag deine Freunde.»

«Ich bin froh, dass du sie magst. Ich hatte es gehofft. Ich war mir sicher. Ich wusste es natürlich. Dafür kannte ich dich schon gut genug, sogar schon bei dem ersten Lunch in Oxford. Und ich hatte dein Gedicht über deinen Freund Marston gelesen. Er muss eine Art Unschuld besitzen, die mich an dich erinnert. ‹Sein Gemüt war Donner im Zorn, doch meistens gelassen, englisch.› So typisch englisch! Weißt du, ich bin ganz froh, dass du gerade wütend auf mich warst, weil mich das an diese Zeile hat denken lassen. Einen Augenblick lang hatte ich fast die Vorstellung, du wärst Marston.» Und in seinem anzüglichen Tonfall fuhr er fort: «Mich interessiert die Party heute besonders deswegen, weil da unter der Oberfläche eine ganze Menge läuft.» Er machte eine kurze Pause.

«Gefällt dir Irmi?», fragte er dann.

«Ich finde sie reizend.»

«Reizend.» Ernst lachte. «Freut mich, dass du das sagst. Reizend ist *le mot juste*. Irmi ist immer glücklich, vergnügt wie ein Schmetterling, der von Blüte zu Blüte flattert. Und sie hat wirklich keine allzu leichte Zeit gehabt. Vor ungefähr einem Jahr hatte sie ziemlich Schwierigkeiten. Sie hätte beinahe ein Kind bekommen. Natürlich ist das ein riesengroßes Geheimnis.»

«Was meinst du mit ‹beinahe›?»

«Na ja, sie musste ins Krankenhaus und einen Eingriff vornehmen lassen … Dann war alles wieder in Ordnung.»

Paul war es vorgekommen, als wäre er der erste junge Mann, an den sie sich mit ihrem Körper gedrängt hatte. Er hatte gemeint, sie würden einander nie vergessen.

«Für sie war es bloß ein kleines Wölkchen. Es ist weitergesegelt, und nun ist sie glücklich wie eh und je.»

«Bitte setzt euch!», rief Joachim. Alles setzte sich auf den Fußboden, um einen Film zu sehen. Die Leinwand war über den Bücherborden angebracht. Willy schaltete das Licht aus und setzte sich neben Paul, der mittlerweile vom Absinth leicht betrunken war. Der Gedanke, dass Irmi eine Abtreibung gehabt hatte, vermengte sich mit der Erinnerung an das Tanzen mit ihr, das jetzt all seine Süßigkeit wiedergewonnen hatte. Farben, Klänge, Gerüche, der Geschmack des Absinth, Gesprächsfetzen, die ihm ins Gedächtnis kamen, verwoben sich zu Mustern in seinem Gehirn, während er in der Dunkelheit saß und darauf wartete, dass der Film anfing.

Das Bild sprang ihn aus der Finsternis an, löste in seinem Kopf eine neue Folge von Vorstellungen aus. Jungen und Mädchen fuhren auf Skiern ruckartig einen verschneiten Hang hinab. Der Himmel schwarz gegen den Schnee. Als sie einen Schneehöcker am Fuß des Abhangs erreichten, hoben sie ihre Stöcke, um sich nach vorn zu katapultieren. Ein Mädchen schaute in die Kamera. Sie schien jemanden in diesem Raum zu grüßen. Joachim. Alle lachten, klatschten und riefen: «Joachim!» Jetzt wechselte die Szene, man war an Bord eines Schiffs, unter heißem Himmel. Harte Schatten zogen gerade und gekrümmte Linien über das Deck. Joachim lehnte an der Reling und starrte aufs Meer. Sein Gesicht war regungslos. Er drehte sich um – und lachte seinen Freunden in diesem Raum zu –, im Sonnenlicht legte sich die Haut in lauter Fältchen. Jetzt spielte er Decktennis, lachte und gestikulierte vom Deck aus seinen Freunden in diesem Raum zu. Paul war sein Freund. Jetzt war auf der Leinwand eine Party zu sehen, in diesem Studio, die Jungen und Mädchen tanzten. Einige von ihnen hatten damals dort getanzt, einige von ihnen tanzten an diesem Abend hier. Die Kamera bewegte sich lässig zwischen sich drehenden und windenden Gestalten, nahm das Studio auf, die Stahlrohrmöbel, die würfelförmigen Lampen, griff sich gelegentlich ein hübsches Gesicht heraus, einen blanken Oberkörper, einen Schenkel, einen bloßen Fuß. Plötzlich fielen sie alle zu Boden, alle übereinander, auch einige, die sich jetzt in diesem Raum befanden. Willy sah mit blitzenden Augen nach oben ins Licht und streichelte Irmis Kopf, sie lag neben ihm am Boden, neben Paul. Willy drehte sich, sein Gesicht schob sich voll ins Licht, er küsste sie auf den Kopf, dann verdeckte sein dichtgelockter Kopf, von oben gesehen, das Licht auf ihren Lippen. Alles lachte. Paul hörte Willy neben sich am Boden lachen. Paul lachte. Das Licht ging wieder an. Alle standen auf, einen Augenblick lang sprachlos, vibrierend. Zwei, drei Paare fingen leise zu tanzen an, ohne Musik. Ein Paar blieb stehen, hörte zu tanzen auf, gefror zu einem Bild der Umarmung.

Paul hörte Irmi «Willy!» sagen und mit ihm weggehen. In seinem Rausch überkam Paul die Eifersucht. Willy und seine Begleiterin hatten den Raum verlassen. Paul wartete, an die Fensterbank eines der blanken Fensterschlitze gelehnt. Die Zeit kam ihm endlos vor. Er fragte sich, was Irmi mit Willy tat.

Dann war Paul plötzlich umgekippt und lag auf dem Rücken am Boden. Einen Augenblick war er bewusstlos. Dann starrte er hinauf in Gesichter, die auf ihn herunter starrten. Die Köpfe und Schultern der anderen Gäste bildeten einen unregelmäßigen Rahmen, hinter dem er die Zimmerdecke sah, die wie ein Spiegel das Licht reflektierte. Ein Mädchen löste sich aus dem Rahmen, riss eine Lücke, und kam einen Augenblick später mit einem nassen, kalten Schwamm zurück, den sie ihm sanft auf Stirn, Wangen und Lippen presste. Sie strich ihm über das Haar. Es war Irmi. Mit Mühe kam er wieder auf die Füße. «Alles in Ordnung?», fragte Joachim bestürzt, mit weit aufgerissenen Augen. «Ja, völlig in Ordnung.» Joachim ging sofort weg. Ernst kam zu ihm mit dem besorgten Elternblick dessen, der einen Gast mitgebracht hat und erleben muss, wie dieser Gast sich danebenbenimmt. «Wenn du dich jetzt wieder stark genug fühlst, sollten wir nach Hause gehen», sagte er streng.

«Erst möchte ich Willy gute Nacht sagen.»

«Wo ist er?»

«Er ist mit jemandem hinausgegangen.»

Ernst sah Paul forschend an, ging dann weg und kam einen Augenblick später mit Willy zurück.

«Was möchtest du, Paul?», fragte Willy lächelnd.

«Nur dir gute Nacht sagen, Willy.»

«Das ist alles? Wie komisch!» Er brach in Lachen aus.

«Sollen wir jetzt gehen?» Paul verabschiedete sich von Willy, der ihm herzlich die Hand schüttelte und sagte, er werde mit ihnen nach unten gehen und ihnen draußen auf Wiedersehen sagen. Während sie noch an der Tür standen und miteinander redeten, kam Joachim mit ein paar weiteren Gästen heraus, die ebenfalls aufbrachen. Alle zusammen stolperten sie die acht Treppenabsätze hinunter.

Draußen auf der Straße sagte Joachim zu Paul: «Ich sage immer, meine Freunde müssen mich schon heiß und innig lieben, wenn sie so viele Stufen steigen, um mich zu besuchen.»

«Sie lieben dich wirklich sehr, Joachim», sagte Willy mit erregtem Lachen.

Sie schüttelten sich die Hände und verabschiedeten sich auf der Straße voneinander.

Paul und Ernst waren jetzt allein. «Geht es dir wieder besser?», fragte Ernst.

«Ja. Ich hab's überstanden. Ich weiß gar nicht, was mit mir los war. Ich bin noch nie ohnmächtig geworden.»

«Na, spielt ja keine Rolle. Im Grunde hat es kaum einer bemerkt. Willy ist jetzt glücklich, das freut mich. Heute Abend war er nicht besonders glücklich.»

«Wie meinst du das?»

«Er ist wieder mit Joachim nach oben gegangen. Ich glaube, er hat eine Zeitlang befürchtet, nicht darum gebeten zu werden. Aber nun hat es geklappt, alles hat sich zum Besten gewendet. Ich bin froh.»

Ernsts Gegenwart gab Paul das Gefühl, auf sich selbst zurückgeworfen zu sein. Er versuchte, auf die Bäume und Häuser hier unten auf der Straße zu achten, um Ernst aus seinem Bewusstsein auszusperren. Sie kamen an eine Brücke, tief unten mündete ein Nebenfluss in die Alster. Paul lehnte sich über die Brüstung und schaute nach unten und über das weite Wasser. Mit dem Himmel geschah etwas: Es war noch nicht Sonnenaufgang, aber auch nicht mehr stockfinster, der Himmel wurde durchsichtig. Wie das Wasser Tropfen um Tropfen ein Gefäß füllt, so füllte er sich mit Licht. Gegen den blasser werdenden Himmel sah Paul Blattgeflechte wie Haar herabhängen, die Details lagen im Dunkel.

«Wie eigenartig sie hängen!»

«*Hängen*, ja, das ist *le mot juste*, um das Blattwerk zu beschreiben. Ich verstehe jetzt, wie du Gedichte schreibst.»

«Schreibst du manchmal Gedichte, Ernst?»

Er biss sofort an. «Nun, ich habe es lange nicht mehr getan. Das Komische ist, wenn mir etwas einfällt, ist es immer eine Zeile in Französisch oder Englisch, nie eine Wendung in meiner eigenen Sprache.»

Er ist lästig, macht sich wichtig, ist unentwegt da, ahmt nach, lässt mich nie in Ruhe, ist mein Schatten, den man mir an die Knöchel gebunden hat.

«Es dämmert!», rief Ernst plötzlich und stieß seinen rechten Arm in die Höhe wie ein Eisenbahnsignal.

«Ich weiß. Ich weiß. Ich weiß.»

Sie waren beim Stockmannschen Haus angelangt. Im grauen Licht zeigten sich die Umrisse der umliegenden Millionärsvillen. Zwei Gedichtzeilen gingen ihm nicht aus dem Kopf:

J'ai fait la magique étude
Du bonheur, que nul n'élude

Ernst schloss die gewaltigen Türen auf, und sie gingen auf Zehenspitzen ins Haus, schlichen die Treppen so leise wie möglich hinauf. Als sie an einem Zimmer im ersten Stock vorbeikamen, bemerkte Paul einen Lichtstreifen unter der Tür. Ernst wollte erst weitergehen, machte aber kehrt. Dann hastete er Paul hinterher, bat ihn, in sein Zimmer zu gehen, einen Stock höher, er werde sofort nachkommen. Er flüsterte, seine Mutter sei höchstwahrscheinlich die ganze Nacht wachgeblieben, um seine Rückkehr von Joachims Party abzuwarten, und er müsse mit ihr sprechen.

Paul wartete in Ernsts Zimmer, er fühlte sich seltsam schuldig. Wenige Minuten später war Ernst zurück. Er sah ruhig und entschlossen aus.

«Nun?»

«Nichts. Meine Mutter ist oft so, aber das macht nichts. Natürlich ist es betrüblich, weil es die eigene Mutter ist. Sie scheint an dir Anstoß zu nehmen. Aber ich tue nun einmal, was ich will. Du bist mein Gast, nicht ihrer.» Er stand vor Paul. «Ich kümmere mich nicht darum», sagte er noch einmal. «Ich setze mich durch. Ich tue, was ich will.»

«Kann ich irgendwie helfen?»

Er tat Paul auf einmal leid.

Er zuckte mit den Schultern, was wohl heißen sollte, er brauche keine Hilfe.

«Ernst, warum bist du so unglücklich?», fragte Paul, eine der Fragen, die Wilmot stellen würde.

«Das zeigt, wie wenig du mich verstehst. Ich bin nicht unglücklich. Du bist hier.»

Paul stand auf, um zu gehen, weil er ihr Gespräch für beendet hielt. Als er an der Tür war, sagte Ernst:

«Du könntest mir helfen. Du bist der einzige Mensch, den ich je getroffen habe, der das könnte.»

«Und wie?» Paul wusste, dass er in dieser Situation etwas tun konnte, was Ernst retten würde. Etwas, wozu Wilmot raten würde. Er zitterte. Ernst wie verwandelt, glücklich. Durch ein Wunder. Ernst stand jetzt ganz dicht vor Paul. Er legte ihm eine Hand auf die Schulter. Was Paul abstieß, war nicht so sehr, dass Ernst ihn plötzlich küsste, sondern der Ausdruck seiner Augen.

Nachdem das Mädchen ihm sein Frühstück, Kaffee und Brötchen, gebracht hatte, verbrachte er den Vormittag mit Schreiben auf seinem Zimmer. Ernst war ins Stockmannsche Büro gegangen. Um dem Mädchen Gelegenheit zu geben, das Zimmer zu machen, wollte Paul sich aus dem Haus stehlen und an der Alster spazieren gehen. Er machte sich auf den Weg nach unten. Als er beim ersten Treppenabsatz an einer Tür vorbeikam – derselben, unter der Ernst in der Nacht (oder vielmehr am Morgen) zuvor bei seiner Mutter noch hatte Licht brennen sehen –, ging diese Tür abrupt auf. Frau Stockmann erschien und trat heraus. Sie war im Morgenrock, das Haar fiel ihr offen über die Schultern, ihr Gesicht war ungeschminkt, faltig und hässlich, ihr Busen hing schlaff herunter. Sie hatte offensichtlich nicht geschlafen. «Herr Paul Schoner, kommen Sie bitte in mein Zimmer», befahl sie. «Ich muss mit Ihnen reden.»

Es war ein geräumiges Zimmer und erweckte den Eindruck, als sei es ganz in einem weichen Rosarot gehalten. Die Wände waren mit Stoff in dieser Farbe tapeziert, die Vorhänge hatten diese Farbe und ebenso die Bezüge des Sofas und der zwei Nussbaumlehnstühle. Sonst gab es noch einen Toilettentisch mit ovalem Spiegel und einen sehr hübschen Schreibtisch. Das Ganze war wie geschaffen, ein riesiges Aquarell mit fransenblättrigen rostfarbenen Chrysanthemen zur Geltung zu bringen. Paul brachte Frau Stockmann ganz durcheinander, weil er sofort nach dem Namen des Malers fragte. Es war Nolde.

Nachdem Frau Stockmann diese Information herausgefaucht hatte, ließ sie sich in einem der Lehnstühle nieder und wies Paul an, sich den anderen heranzuziehen und ihr gegenüber Platz zu nehmen. Mit einem gequälten Lächeln sagte sie: «Ich hoffe, dass Sie sich während ihres kurzen Besuchs in Hamburg wohl gefühlt haben.» Er bemerkte die Vergangenheitsform.

«Ich habe mich sehr wohl gefühlt. Ich danke Ihnen für die freundliche Aufnahme.»

«Als Ernst mir erzählte, er bekomme englischen Besuch, war mir das sehr recht», sagte sie. «Endlich hat mein Sohn einen netten Freund, dachte ich, einen vielversprechenden jungen Dichter – so hat Ernst es erzählt –, der ein ernsthafter junger Mensch ist. Er wird alle geistigen Interessen mit Ernst teilen können. Vor meinem inneren Auge sehe ich sie zusammen Konzerte und Kunstgalerien besuchen und die weltberühmten Bauten der Innenstadt besichtigen. In Hamburg gibt es so viel an Kultur. Und gar nicht weit weg sind die Hansestädte Bremen und Lübeck, die auch sehr sehenswert sind. Sie werden sich ein Auto mieten und Ernst wird ihm zeigen, wo Thomas Manns *Buddenbrooks* spielen, dachte ich.»

«Ich würde das alles sehr gern sehen. Aber –»

Sie griff das ‹Aber› auf und sagte hart: «Aber Sie sind viel zu sehr damit beschäftigt, mit Ernst zu den Partys von Joachim Lenz und seinem Freund Willy zu gehen.»

«Frau Stockmann, ich glaube, ich muss Ihnen sagen, dass ich Joachim Lenz sehr mag.»

«Joachim Lenz? Sie mögen Joachim Lenz? Er ist oft mit Ernst hier gewesen. Ich habe ihn eingeladen, weil er nicht dumm ist. Ich dachte, vielleicht übt Ernst einen positiven Einfluss auf ihn aus. Aber mir wurde bald klar, dass es Joachim Lenz war, der meinen Sohn, Ernst Stockmann, auf schlimmste Weise beeinflusste, auf die allerschlimmste Weise, schlimmer als ich sagen kann. Ich kann es Ihnen gar nicht erzählen. Ein junger Engländer würde das überhaupt nicht verstehen. Diese Dekadenz unter der deutschen Jugend! Immerzu nackt herumlaufen! Damit hat alles angefangen! Die Jungen und Mädchen in den Kanus unten am Garten – genauso schrecklich wie diese expressionistischen Bilder, die wir in der Kunsthalle gesehen haben! Zu Ernst habe ich gesagt: ‹Bring mir nie wieder diesen dreckigen jungen Kaffeeimporteur in mein sauberes Haus. Mein Sohn soll unbefleckt bleiben.› Ernst ist Gott sei Dank noch immer rein.»

«Joachim ist nur ungern Kaffeeimporteur. Das hat er mir selbst gesagt.»

«Umso schlimmer. Er nimmt also nicht einmal den Kaffee ernst, das einzig Anständige, womit er sich befasst.» Sie brach ab und sann über Joachim Lenz' Ungeheuerlichkeit nach. «Diese Fotografien!», rief sie aus. «Ich dachte immer, ein englischer Dichter – sie schreiben so nette Gedichte, die Engländer, die Hamburger bewundern sie sehr – würde Leute, die so gewöhnlich sind, gar nicht kennenlernen wollen. Wir Hamburger achten die Engländer immer als aufrecht und sauber, wir trauen ihnen nur den besten Einfluss zu – also können Sie sich denken, wie enttäuscht ich bin. Aber das ist nun alles Vergangenheit. Was ich Ihnen leider sagen muss, ist, dass Sie ab übernächster Woche nicht mehr mein Gast sein können. Das hat nichts mit dem zu tun, was wir eben erwähnt haben. Die Wahrheit ist, dass ich andere Gäste erwarte, die buchstäblich jedes Zimmer belegen. Kunstsammler aus Düsseldorf. Und nach dem schrecklichen Krieg haben wir nicht genügend Dienstboten für viele Gäste, nur vier Mädchen für das ganze Haus.»

«Aber Ernst hat erst letzte Nacht gesagt, ich sei *sein* Gast, nicht der Ihre.» Paul bedauerte sofort, das gesagt zu haben.

«Ernst entscheidet nicht, wer sich in diesem Haus aufhält. Er begreift unsere Bedingungen nicht – seine Gäste sind nicht wie meine. Meine machen nicht so viel Arbeit und bringen keinen schlechten Einfluss ins Haus wie dieser Joachim Lenz!» Jäh wechselte sie wieder den Ton und sagte etwas kläglich: «Es tut mir leid. Ich habe letzte Nacht nicht geschlafen. Nicht eine Minute. Ich weiß schon gar nicht mehr, was ich rede. Bitte verzeihen Sie mir, was ich gesagt habe. Und entschuldigen Sie mein schreckliches Englisch. Als ich in Paris war, konnte ich Französisch wie Deutsch, und mein Englisch war noch gut, wenn auch nicht so gut wie das von Ernst.»

«Sie sind sehr freundlich gewesen. Was auch immer Ernsts Wunsch ist – ich werde Ihr Haus verlassen. Als ich Ihnen gesagt habe, dass Ernst mich als seinen Gast bezeichnet hat, sollte das nicht heißen, dass ich nicht auch Ihr Gast wäre. Bitte verzeihen Sie.»

«Um einen Gefallen bitte ich Sie», sagte sie lächelnd und nun sogar freundschaftlich, «sagen Sie bitte Ernst nichts von dieser Unterhaltung. Das fällt sonst nur auf mich zurück.

Ich könnte es nicht ertragen, mich Ihretwegen mit ihm zu streiten. Ich glaube, er mag Sie, er mag Sie wirklich.»

«Ich werde ihm erzählen, dass ich aus eigenem Entschluss abreise. Und nach alldem, was Sie gesagt haben, trifft das natürlich auch zu, aber ich werde nicht sagen, dass es irgendetwas mit Ihnen zu tun hat.»

«Es stimmt, ich habe wirklich nächste Woche drei Gäste», sagte sie und erhob sich leicht pathetisch aus ihrem Sessel. Sie sah völlig erschöpft aus, kurz vor dem Zusammenbrechen, vom Zorn restlos ermattet.

Dann hielt sie ihm zu seiner Überraschung die Hand hin. «Nun, wir müssen uns ja noch nicht richtig verabschieden», sagte sie, als hätte sie das vorgehabt. «Wissen Sie, wie mein Mann Sie nennt?»

«Nein.»

«Den Engel! Er nennt Sie den *Unschuldigen Engelländer*, weil er findet, dass Sie so unschuldig aussehen. ‹Ein gefallener Engel›, habe ich ihn ausgelacht. Aber nun glaube ich, dass Sie nur ein fallender sind. Aber reißen Sie meinen Sohn bei Ihrem Fall nicht mit sich. Er ist rein.»

Paul dachte, dass das Mädchen während dieser langen Unterhaltung Zeit genug gehabt haben müsste, sein Frühstückstablett abzuräumen und sein Bett zu machen. Er wollte nicht mehr an der Alster spazieren gehen. Er kehrte auf sein Zimmer zurück und schrieb einen langen Brief an Simon Wilmot.

Im Schwimmbad war Paul diesen Nachmittag das erste Mal allein mit Joachim und Willy. Ernst war noch im Geschäft. Die beiden Freunde schienen erleichtert, ihn ohne Ernst zu sehen. Sie fragten Paul, ob er gern bei den Stockmanns sei. Paul sagte, das Haus, die Bilder, die Einrichtung und der

Garten seien wunderschön. Willy sagte: «Ja, es ist alles ganz wundervoll, aber bekommst du genug zu essen?»

«Natürlich.»

Sie lachten.

Joachim sagte: «Wir sagen immer, wenn man bei Stockmanns zum Essen eingeladen ist, wird alles auf einem Silbertablett serviert, aber es ist wenig darauf.»

Willy fragte: «Magst du Hanni?»

«Hanni? Wer ist Hanni?»

«Weißt du nicht, dass alle Leute Ernsts Mutter ‹Hanni› nennen?»

Joachim sagte: «Vor zwei Jahren – ich war vierundzwanzig – war ich eng mit Ernst befreundet. Ich ging oft zu ihm nach Hause, und er kam oft zu uns. Aber nach kurzer Zeit hatte Hanni den Verdacht, dass ich ihr Ernst abspenstig machte. Sie sagte nichts, aber Ernst lud mich nicht mehr zu sich ein. Eine Zeitlang kam er noch in mein Elternhaus, aber dann lehnte er plötzlich ab, wann immer ich ihn einlud. Wir sahen uns weder bei ihm noch bei mir zu Hause. Schließlich verabredeten wir uns nur noch an Orten wie hier oder in St. Pauli, wo unsere Eltern uns bestimmt nie hätten hingehen lassen! Der letzte Ort, wo sie ein Treffen zugelassen hätten, nehme ich an.»

«Und was hältst du von Ernst?», fragte Paul.

«Ich glaube, dass fast alles, was ich an Ernst nicht mag, von seiner Mutter herrührt», sagte Joachim. «Ich habe mich weiter mit ihm getroffen, weil ich dachte, er würde von ihr loskommen. Aber jetzt bin ich der Ansicht, dass es ganz hoffnungslos ist, ihm helfen zu wollen, solange er bei seinen Eltern lebt. Deswegen sehe ich ihn nicht mehr so oft.»

Zu wissen, wie Joachim und Willy zu Ernst standen, gab Paul ein Gefühl der Befreiung. Seine Freundschaft mit ihnen war nun von seiner Freundschaft mit Ernst getrennt. Er kam sich Ernst gegenüber unloyal vor. Aber, tröstete er sich, es war eben schwierig, jemandem gegenüber loyal zu sein, der unausgesprochen keine anderen Freunde neben sich duldete.

Ernst kam dazu. Er gab allen die Hand. Joachim trieb vor Willy und Paul ein Spielchen und fragte ihn mit übertriebener Liebenswürdigkeit: «Nun, Ernst, wie befindest du dich denn momentan?»

Bockig erwiderte dieser: «Recht angenehm, lieber Joachim, aber natürlich habe ich nicht solches Glück wie du.»

«Wie meinst du das? Wie kommst du darauf, du hättest nicht solches Glück wie ich? Ich finde, du hast wirklich Glück, Ernst.»

«Ich habe nun einmal keine so reizende Art wie du, Joachim.»

«Ach, ich weiß nicht. Ich glaube, du hast auch Glück, Ernst. Bestimmt hast du Glück, großes Glück sogar.» Und er sah plötzlich Paul an und lachte ganz offen. Dann sagte er zu Willy: «Ich glaube, wir sollten jetzt ins Wasser gehen.»

«O ja, unbedingt.»

Paul war sich nicht schlüssig, ob er nicht bei Ernst bleiben sollte.

«Kommst du mit, Paul?», rief Joachim im Gehen. Paul zögerte.

«Ich bleibe hier», sagte Ernst in gekränktem Ton. «Ich will jetzt noch nicht ins Wasser. Vielleicht später.» Paul folgte Joachim und Willy.

Sie waren kaum außer Ernsts Hörweite, als Joachim anfing: «Weißt du, du musst bei Ernst immer bedenken, dass er Jude ist. Ich halte ihn daher für einen Schauspieler. Was immer er sagt und tut, ist gespielt, und immer hofft er auf deine Bewunderung.»

«Ich bin auch teilweise jüdisch, genau gesagt, ich bin Halbjude.»

«Das glauben wir dir einfach nicht, Paul», rief Willy mit übertriebenem Lachen. «Du bist der englischste Engländer, den ich je gesehen habe!»

«Na ja, ich glaube, jeder hat ein bisschen jüdisches Blut», lachte Joachim. «Ich habe eine jüdische Großtante in Brasilien.»

«O Joachim, das hast du mir nie erzählt!», rief Willy und lachte noch lauter. Sie lachten jetzt alle, sehr laut – alle drei lachten so laut wie nie.

«Ernst tut mir leid», sagte Paul.

«Ernst tut dir leid!», sagte Joachim und sah Paul an. «Warum? Er hat doch wohl Grips genug, um selbst auf sich aufzupassen!»

Paul war klar, dass sein Mitleid mit Ernst geheuchelt war. «Mir tut er auch leid, Joachim», sagte Willy. «Natürlich hat er Grips, aber was nützt ihm das, wenn er es schafft, nichts zu tun, was ihn glücklich macht.»

«Er hat Grips, er hat Geld, er hat Freunde, er hat Hanni, er hat alles! Was will er mehr?», rief Joachim halb entrüstet, halb belustigt und machte einen Kopfsprung ins Wasser.

Die Stockmanns hielten immer einen Five o'clock tea (Teil des englischen Lebensstils und Hamburger Tradition), deshalb sagte Paul «Auf Wiedersehen» zu Joachim und Willy und machte sich auf die Suche nach Ernst. Da war er. Mittlerweile kannte Paul seine weiße Haut, die sich in der Sonne nie zu bräunen schien, sie glänzte wie Wachs, aus dem schwarze Haare wie winzige Drähte sprossen. Als sollte sie zu diesen schwarzen Haaren passen, trug Ernst eine schwarze Badehose. An seinen Schenkeln liefen noch mehr schwarze Haare fast bis zu den Knöcheln hinab. Er stand in seiner typischen Haltung da, eine Hand in die Hüfte gestützt, sein rechter Fuß berührte nur eben den Boden, die Zehenspitze zeigte nach unten, um die Festigkeit des linken Standbeins zu betonen. Er sah einen Jungen an, der rosig frische Wangen, wasserblaue Augen und einen weichen Körper hatte, ganz anders als die mechanisch-starre muskuläre Härte von Ernst. Ernst verwickelte den Jungen in ein Gespäch, stellte ihm sanfte, täubchenhafte Fragen, die über den ganzen rosigen Körper zu schnäbeln schienen. Gerade als Paul auf ihn zu kam, schien er auf eine Bemerkung des Jungen einzugehen und ihm in einer Sache einen wohlüberlegten Ratschlag zu geben.

Kaum sah er Paul, rief er etwas zu lebhaft: «Hallihallo! Prima, du bist also doch wieder da!» Zu dem Jungen sagte er: «Das ist mein englischer Freund», und schenkte ihm ein rasches Lächeln. «*Comprenez?*» Das französische Wort warf er nur so ein, ohne tieferen Sinn. Dann sah er auf die Uhr: «Du meine Güte, ich habe gar nicht gemerkt, dass es schon so spät ist. Wir müssen sofort gehen, sonst kommen wir nicht rechtzeitig zum Tee.»

Er wandte sich zu dem Jungen. «Also auf Wiedersehen. Bis Übermorgen. Denk dran.»

Ernst und Paul gingen zur Straßenbahnhaltestelle.

«Ein sehr netter Junge», sagte er. «So frisch und schlicht. Ich habe es gern, wenn die jungen Leute schlicht sind. Er ist genau der Typ, mit dem ich es am liebsten zu tun habe. Du merkst ihm auf den ersten Blick an, dass er anständig ist, offen ... Aber erzähl mir, was du erlebt hast. Du warst heute das erste Mal allein mit Willy und Joachim, nicht? Wie bist du mit ihnen ausgekommen?»

«Sehr gut.»

«Schön. Sag mal. Du magst Willy immer noch, ja? Magst du ihn noch genauso gern wie am ersten Tag?»

«Ich habe keinerlei Grund gehabt, meine Meinung über ihn zu ändern.»

«Ich meinte etwas anderes. Ich dachte, du hättest ihn zuerst einfach besonders gern gehabt, und jetzt hätten deine Gefühle sich vielleicht gewandelt. Das ist alles.»

Das Gespräch schnürte Paul die Luft ab, und er gab keine Antwort. Aber Ernst schien das nichts auszumachen. Nichts konnte an diesem Nachmittag seine gute Laune dämpfen. Als die Straßenbahn kam, stieg Paul ein. Ernst wartete, bis der Wagen anfuhr, federte dann vom Pflaster hoch und war mit einem Satz drinnen.

Aus Pauls Notizbuch:
Mir wird jetzt bewusst, dass ich hier in Hamburg glücklich bin, glücklicher als je zuvor, weil ein Bedürfnis, das ich immer verspürt habe, in der Beziehung zu Joachim und Willy Erfüllung findet. Ich fühle mich, als hätte hier in Deutschland ein neues Leben begonnen. Ich weiß nicht genau, worin das Neue besteht, aber vielleicht liegt der Schlüssel in der neuen Einstellung dieser jungen Deutschen zu ihrem Körper. Obwohl ich nie puritanisch in meinen Auffassungen war, muss ich gestehen, dass ich, was immer ich mir selbst vorgespiegelt habe, bis heute meinen Leib als etwas Sündiges und meine Körperlichkeit als etwas angesehen habe, dessen man sich schämen, das man kompensieren und durch Geistigkeit aufwiegen muss. Ich beginne zu spüren, dass ich meinen Körper schon bald als etwas Lustvolles ansehen werde. Anstatt mich daran zu hindern, befriedigende Beziehungen zu anderen zu erlangen, könnte er das

Mittel sein, eine solche Beziehung herzustellen. Vielleicht werde ich doch noch ein vollständiger Mensch, nicht bloß jemand, der die idealistische Seite seines Wesens überbetont und einseitig entwickelt, weil er nicht fähig ist, die eigene Körperlichkeit zu akzeptieren. Andererseits kann ich mir eine derartige Erfüllung für mich noch kaum vorstellen, weil ich mich zum Idealen verdammt fühle. Und doch belebt es mich, die Qualität der Freundschaft zwischen Joachim und Willy erkannt zu haben.
Anmerkung: Willy ist im Grunde ein Nichts. Joachim ist der Schöpfer Willys und ihrer ganzen Beziehung.
Anmerkung: Von allen Leuten, die ich hier kennengelernt habe, ist Ernst derjenige, mit dem ich die meisten Gemeinsamkeiten habe. Wir sind beide Juden. Hanni, seine Mutter, ist *glänzend*.

Paul saß in seinem Zimmer und schrieb dies in sein Notizbuch. Er fühlte sich glücklich. Joachim hatte ihn am Morgen angerufen und zum Abendessen bei seinen Eltern eingeladen. Er schrieb noch, als die Tür aufging – wie immer hatte Ernst die Tür geöffnet und gleichzeitig warnend angeklopft. Als Paul aufblickte, stand Ernst schon im Zimmer. Seine Erscheinung war so seltsam, dass es Paul fast umwarf. Ernst sprang auf ihn zu und sagte mit liebevollem Auflachen: «Mein Gott, bist du schreckhaft!»

Er trug weiße Turnschuhe, eine graue Flanellhose und ein weißes Trikothemd. Paul war inzwischen an Ernsts erstaunlich wechselnde Aufzüge einigermaßen gewöhnt, aber diesen fand er schauerlich. In dem eng anliegenden weißen Trikot, der hellen Hose, den rosa Socken in den ehemals weißen Turnschuhen, mit dem käsigen Gesicht, das hinter der schwarzgeränderten Brille aus dieser Kleidung hervor sah, und seinem toten Gesichtsausdruck weckte er in Paul die Vorstellung von – ja, wovon? Vielleicht von einem mumifizierten und bandagierten Ägypter, der ins Grab gelegt werden soll.

«Was soll denn dieser Aufzug, Ernst?»

«Aber Paul, du siehst ja ganz erschrocken aus. Es ist nichts Besonderes. Ich halte mich nur gern fit und habe ein bisschen mit Karl trainiert.»

«Wer ist Karl?»

«Du weißt nicht, wer Karl ist? Halt, nein, kann sein, du weißt es nicht. Er ist der Junge, mit dem ich vor zwei Tagen im Schwimmbad geredet habe. Hast du nicht gehört, wie ich zu ihm gesagt habe: ‹Bis übermorgen›? So viel Deutsch müsstest du jetzt schon können, um das zu verstehen. Ich habe Karl etwas Boxunterricht gegeben. Ich finde Körpertraining wichtig. Sehr wichtig sogar, besonders heutzutage für uns Deutsche.» Er musterte Paul eingehend. «Wenn es dir nichts ausmacht, dass ich dir das sage – aber dir würde ein bisschen Gymnastik auch guttun. Du hast leichte Hängeschultern, und deine Brustmuskeln könnten besser entwickelt sein. Zuviel Lyrik hilft allenfalls dem Geist, nicht dem Körper. Und hier in Deutschland haben Leute wie unser Freund Joachim lieber Gedichte, die auf Körper geschrieben sind, als solche auf Papier.» Er schwieg unvermittelt, hob die Arme und sagte: «Sieh her, ich zeige es dir.»

Er stand in der Mitte des Zimmers, ließ die Hände locker fallen und schwang die Arme in gleichmäßigem Pendelschlag vor dem Rumpf hin und her und hin und her. Paul hatte eine solche Übung noch nie gesehen. Ernsts Körper war vollkommen entspannt, er neigte sich vor wie eine Marionette. Jetzt beschrieben seine Hände Kreise, vorne, hinten.

Er bewegte sich wunderschön, exakt, abstoßend. Er ging völlig in der Bewegung auf. Dann sah er mit seinem dünnen Lächeln zu Paul auf.

«Willst du es mal probieren?»

«Lieber nicht. Ich könnte das nie.»

«Natürlich kannst du das. Wenn du einmal den Rhythmus gefunden hast, ist es überhaupt nicht schwer. Komm mit, ich zeige dir den Raum mit den Instrumenten – nein, wie heißt das doch auf Englisch?»

Paul fiel es auch nicht ein. Fing er schon an, sein Englisch zu vergessen?

Ernst ging mit Paul in ein Zimmer im Dachgeschoß. Es war ein großer Raum mit schrägen Wänden, schwerem schwarzen Gebälk und einem nackten Dielenboden aus lackierter Kiefer, der das Licht widerspiegelte, das durch ein Oberlicht im Dach einfiel.

«Nun probier' es!»

Paul bewegte die Hände in dem schwachen Bemühen, die Übung nachzumachen.

«Nein, nein. Entschuldige, aber das ist ganz verkehrt. Sieh mal, du musst den Körper vorbeugen, so, ganz locker, und musst dann, immer noch vorgebeugt, das Gewicht von einer Seite zur anderen verlagern und gleichzeitig die Hände ganz von allein schwingen lassen, hin und her, so ...»

Er stand in der Zimmermitte, um es Paul vorzumachen. Wieder ging Ernst ganz in dieser Übung auf. Paul registrierte das leichte Pendeln seines Hinterkopfs, das schwarze Gebälk oben und die blanken Reflexe des Fensters auf dem Fußboden. Bevor Ernst absetzte, begann Paul, die Bewegungen nachzumachen.

«Nein, so geht es noch immer nicht, fürchte ich. Lass mich dir helfen.»

Er stand hinter Paul und legte ihm die Arme auf die Schultern.

«Jetzt», er bewegte den Körper zur einen Seite. «Und jetzt.» Er schwenkte ihn zur anderen.

«Ja.» Ernst sann nach, als wäre er Arzt und Paul der Patient. «Das habe ich mir gedacht. Deine Muskeln sind richtig steif. Du solltest diese Übung öfters machen. Du müsstest ab und zu vor dem Frühstück mit mir Gymnastik treiben. Jetzt, rechts – links –»

Paul fühlte Ernsts Atem in seinem Haar. «Ich kann es nicht!», rief er und entzog sich ihm mit einem Satz. «Es hat keinen Sinn! Ich kann es nicht!»

Paul hasste Ernst.

«Nein, natürlich musst du nicht weitermachen, wenn du nicht willst. Nicht jetzt. Vielleicht ein andermal. Du bist jetzt sicher etwas müde. Es tut mir leid, dass ich dich überhaupt hierhergeschleppt habe.»

«Ich bin überhaupt nicht müde. Aber ich kann so etwas einfach nicht. Bei diesen Übungen muss ich immer an die Schule denken und an Disziplin. Aus irgendeinem Grund habe ich mich immer gesträubt, etwas für meinen Körper zu tun. Ich habe das Training in der Schule gehasst.» Paul war in Sorge, Ernst könnte merken, welchen körperlichen Widerwillen er gegen ihn empfand. Er versuchte dies durch Reden zu überdecken.

Ernst sagte: «Dann lass uns nach unten in mein Zimmer gehen.»

Als sie wieder in seinem gemütlichen großen Zimmer waren, in dem die Rollläden heruntergelassen waren, um die Bücher, Möbel und Papiere vor dem Sonnenlicht zu schützen, sagte Ernst: «Setz dich aufs Sofa. Du bist etwas müde, nicht?»

«Ich bin kein bisschen müde.»

«Ich glaube, du bist müder, als du denkst. Du siehst müde aus. Es war gedankenlos von mir, das nicht vorher bemerkt zu haben. Es ist meine Schuld.» Er setzte sich neben Paul aufs Sofa. Er schien ihn von oben herab zu beobachten.

«Was liest du gerade?», fragte Paul und deutete auf ein Buch, das auf Ernsts Schreibtisch lag.

«Einen Essay von Valéry. Ich habe dir noch nie meine Bücher gezeigt, oder? Ich habe ein paar ziemlich seltene Kunstbücher, die dir vielleicht Spaß machen.»

Sie verbrachten eine Viertelstunde damit, Bücher aus den Regalen zu ziehen. Paul fand Ernsts Bücher interessant, aber sein Vergnügen wurde dadurch beeinträchtigt, dass Ernst sich ständig über ihn beugte, kommentierte, kritisierte, wissen wollte, ob ihm dieses Buch besser gefalle als jenes, ständig in der Furcht, er könnte die Seiten mit seinen Fingern besudeln.

Ernst hatte Geschmack, und Paul fand es angenehm, mit ihm über Bücher zu diskutieren. Als Ernst von Rilkes Lyrik zu sprechen anfing, vergaß er sogar sich selbst vor lauter Bemühen, Rilkes Bedeutung auf Englisch angemessen auszudrücken. Er sprach Englisch mit der Freude eines Sprachkünstlers.

Als er einen Band mit Aufsätzen von Walter Mehring herauszog, sagte er: «Der Mann, der dies geschrieben hat, ist zufällig ein besonderer Freund von mir. Ein wirklich hochinteressanter Mann, ein fähiger Literaturkritiker und Kommentator; und vielleicht auch ein großer Satiriker, wenn ich mir auch seiner Fehler durchaus bewusst bin.»

Ein kurzes, tückisches Lachen, dann fuhr er fort, während er Paul die mit «Lieber Ernst» beginnende Widmung auf dem Vorsatzblatt zeigte: «Ich weiß nicht, ob du dich mit

Handschriften beschäftigst. Wenn ja, wird dich Mehrings Schrift interessieren. Die mit feiner Feder geschriebenen Züge verraten Geist. Ich glaube, dass die Handschrift eine ganze Menge über den Charakter eines Schriftstellers aussagt. Ich sehe mir die Handschrift auf den Briefen, die ich bekomme, immer sehr sorgfältig an.»

Er zog einen weiteren Band mit handschriftlicher Widmung hervor und sagte: «Man kann auf Anhieb erkennen, dass die Person, die dies geschrieben hat (zufällig ist es André Gide), so energisch wie einfühlsam ist. Die Zeilen dieser recht langen Widmung laufen schräg nach oben, die Worte neigen sich vor wie Läufer, und wenn der Schreiber am Ende einer Zeile ist, brennt er darauf, zur nächsten zu kommen, weshalb die letzten Worte sich schon herausfordernd nach unten winden. Die Seite vermittelt einen Gesamteindruck, der einen Hauch, aber auch nur einen Hauch von Genialität verrät. Und doch», er lächelte, «zeigen sich hier Stärke wie Schwäche zugleich. So hastig, wie das Ganze hingeworfen ist, liegt etwas Kleinliches, Verweichlicht-Weibliches darin, wobei ‹weibisch› vielleicht doch ein zu starker Ausdruck ist.»

Paul kam es so vor, als flöge Ernst, während er all dies von sich gab, im Zimmer umher.

Ernst ging an einen anderen Bücherschrank und fing an, aus einem unteren Fach einen riesigen Wälzer hervorzuziehen. Dann sagte er: «Nein» und begann ihn wieder hineinzuschieben. Er trommelte mit einer Hand aufs Knie, richtete sich auf, wog im Geist eine Frage ab und sah Paul dabei unsicher lächelnd an, den Kopf neckisch zur Seite geneigt.

«Es könnte dir gefallen», sagte er. «Mal sehen. Ich glaube, ja. Schließlich bist du Dichter. Bestimmt ...»

Er nahm das Buch mit hinüber zum Tisch vor dem Sofa, auf dem Paul saß.

«Dies ist ein wirklich sehr merkwürdiges Buch. Ich bin gespannt, ob es dich interessiert. In mehrfacher Hinsicht ein großes Buch, von anthropologischem und naturwissenschaftlichem Interesse. Auf seine Art ein Meisterwerk.» Es handelte sich um eine illustrierte Geschichte der pornografischen Kunst: prähistorische Tongefäße in Form von Sexualorganen; griechische Vasen mit Darstellungen von Satyrn, Zentauren, sich paarenden Männern und Frauen; eine Frau, die es mit einem Esel trieb; obszöne Plastiken an mittelalterlichen Kathedralen und in Kreuzgängen; Wasserspeier; Bouchers junge Mädchen, die Beine gespreizt vor eleganten Versailler Höflingen, die ihre seidenen Kniehosen herunterließen.

Paul hätte mit Freuden eine Woche damit zugebracht, die Enzyklopädie genau anzusehen, aber nicht, solange Ernst sich über ihn beugte. «Was findest du an diesem Zeug interessant?», fragte er mit belegter Stimme.

«Es gefällt dir nicht? Tut mir leid. Ich hielt dich für aufgeschlossen, für interessiert an jedem Aspekt menschlichen Lebens im Lauf der Geschichte. *Nil humanum mihi alienum est.*» Ernst sagte das in anmaßend schulmeisterlichem Ton. Dann setzte er etwas milder gestimmt hinzu: «Natürlich verstehe ich deine Einwände. Aber ist es nicht doch etwas unreif von dir, ein bedeutendes Meisterwerk wissenschaftlicher Gelehrsamkeit einfach als ‹widerlich› abzutun? Letztlich bist du ja noch sehr jung, Paul», fuhr er streng fort, «in vieler Hinsicht jung, auch für deine zwanzig Jahre. Es ist entzückend, wie naiv du in manchem bist. Es gehört zu deinem Charme. Nichtsdestoweniger ist dies ein sehr berühmtes Buch, und du bist vielleicht noch zu jung, um es schätzen zu können. Im Grunde ist es ein Klassiker.»

«Das kann man wohl sagen. Aber das Thema ist zu speziell für mich.» Er hatte das Gefühl, von einem aalglatten Inquisitor einem Kreuzverhör unterzogen zu werden.

«Als naturwissenschaftlich orientierter moderner Autor müsstest du dich für alles interessieren. Hast du *L'Immoraliste* gelesen?»

«Nein.»

«Du solltest es aber tun. Lies ein paar der modernen Franzosen, dann siehst du vielleicht, was es heißt, völlig offen und vorurteilslos zu sein. Diese Haltung sollte unsere Generation meiner Ansicht nach übernehmen. Die nächste Generation in Deutschland vertritt sie schon, Joachim auch.»

«Jeder, der nicht völlig tot ist, erwärmt sich besonders für ganz bestimmte Dinge und fühlt sich von anderen abgestoßen.» Paul dachte an die Essays von D. H. Lawrence, die er gelesen hatte.

«Ich verurteile nichts», sagte Ernst steif. «Hältst du mich vielleicht für tot?»

Er lächelte verkrampft. Paul nahm die Gelegenheit wahr und sagte: «Das war nicht persönlich gemeint. Aber jetzt muss ich dir doch etwas Persönliches sagen, das mich betrifft. Ich muss euer Haus verlassen.»

Ernst starrte ihn verständnislos an.

«Es war sehr freundlich von dir, mich aufzunehmen», fuhr Paul fort. «Und sehr freundlich von deiner Mutter. Aber ich kann die Gastfreundschaft deiner Mutter nicht länger in Anspruch nehmen.»

«Fühlst du dich hier nicht wohl?»

«Ich habe es hier sehr genossen, aber ich kann nicht länger bleiben.»

«Warum nicht?»

«Deine Mutter hat zwar nichts gesagt, aber ich habe das

leise Gefühl, dass sie mich nicht allzu sehr mag. Du hast selbst so etwas gesagt.»

«Du bist mein Gast. Ich kann eigene Gäste haben.»

«Sagen wir also, in zwei Tagen ziehe ich aus?» Paul stand entschlossen auf, als wollte er sofort aufbrechen.

«Willst du vielleicht lieber allein sein?»

«Das ist es nicht unbedingt –»

«Habe ich vielleicht irgendetwas getan, das dich verletzt hat? Sag mir, was los ist! Ich bin bestimmt nicht beleidigt.»

«Ernst, es ist doch nicht so, dass wir uns seit ewigen Zeiten kennen. Letzten Endes kennen wir uns so gut wie gar nicht. Ich möchte einfach unabhängig sein.»

«Du bist mir nicht fremd, Paul.»

«Ich danke dir für all deine Großzügigkeit.» Paul nahm eine straffe Haltung an und ging zur Tür.

«Du ziehst also aus?»

«Übermorgen.»

«Und wohin gehst du jetzt? Du hast doch nicht vor, uns schon in diesem Moment zu verlassen?»

«Ich habe dir sicher gesagt, dass ich ausgehe. Ich esse mit Joachim zu Abend.»

«Du scheinst von Joachim sehr angetan zu sein.»

Paul verließ ihn. Er fühlte sich erschöpft. Er hatte nicht einmal Lust, Joachim zu sehen. Er dachte: «Vielleicht empfindet Joachim mich ebenso sehr als Last wie ich Ernst. Ich bin wie Ernst. Vielleicht hat mich Marston ebenso widerwärtig gefunden, wie ich Ernst.»

Das Haus der Familie Lenz lag in einem Garten, der vorne an die Straße und hinten an die Außenalster grenzte. Es war nur etwa zehn Minuten zu Fuß von der Stockmannschen Villa entfernt, lag aber schon nicht mehr im Millionärsviertel. Es hatte einen lustigen Doppelgiebel, eine Putzfassade, die rotbraunes Fachwerk freiließ, einen vorgebauten Windfang, zu dem Betonstufen hinaufführten: ein Vorstadthaus, das bürgerliche Werte auszudrücken schien, die dem Leben Joachims völlig konträr waren.

Auf Pauls Läuten öffnete Joachim die Haustür, assistiert von Fix, dem geräuschvollen Foxterrier der Familie. Fix kläffte, und Klaus, Joachims fünfzehnjähriger Bruder, lächelte Paul vom Ende der korridorähnlichen Diele schüchtern zu. Joachim führte Paul in das mit Möbeln vollgestellte Wohnzimmer, wo sein Vater und seine Mutter, Hans und Greta Lenz, sowie ein Onkel, dessen Namen Paul nicht mitbekam, aufs Abendessen warteten. Sie gingen sofort ins Esszimmer. Man nahm an einem langen Tisch Platz, Joachims Mutter und sein Onkel saßen Paul gegenüber. Frau Lenz hatte ihr Haar zu einem Knoten aufgesteckt. Um den Hals trug sie ein Samtband mit einem kleinen Diamanten, ihre Schultern bedeckte ein weißer Spitzenkragen. Sie sah aus wie eine Dame in einem Badeort auf einer spätviktorianischen Daguerreotypie.

Herr Lenz war die Miniaturausgabe seines Sohnes, tiefe Falten auf der Stirn, die listigen schwarzen Augen halbgeschlossen, ganz im Gegensatz zu Joachims, die immer wie vor Schreck geöffnet schienen. Der Onkel war etwas größer ausgefallen als Hans Lenz, aber im Vergleich zu Joachim immer noch kümmerlich und irgendwie unbedeutend. An der Wand hing eine große gerahmte Sepiafotografie. Sie zeigte das berühmteste Familienmitglied, einen weiteren Onkel, den ordengeschmückten General Siegfried Lenz, der sich im Weltkrieg an der Front ausgezeichnet hatte und nunmehr enger Mitarbeiter des Feldmarschalls Hindenburg war. Paul erkundigte sich nach dem sehr eindrucksvollen Bild. Joachim erzählte ihm, General Lenz lebe in grimmigem Ruhestand auf seinem Gut irgendwo östlich von Potsdam. «Wir haben alle schreckliche Angst vor Onkel Siegfried», sagte Joachim. «Grrrr!» Er grollte wie ein Löwe. Klaus kicherte.

Nach ein paar höflichen Fragen in stockendem Englisch – Was machen Sie hier in Hamburg? Ach so, Sie sind hier, um bei Herrn Dr. Stockmann Deutsch zu lernen? Ach so – richteten die Angehörigen der älteren Generation kaum mehr das Wort an Paul. «Sie sind Joachims englischer Freund? Es tut seinem Englisch gut, wenn Sie mit ihm reden», war ungefähr alles, was Frau Lenz im Laufe des Abends zu Paul sagte. Sie hatte etwas an sich, das Paul sehr mochte – vielleicht ihre unverhohlene Art, ihn als Joachims Freund abzulehnen. Die familiäre Übereinkunft ging offenbar dahin, dass Joachim und Paul englisch sprechen sollten, während die anderen sich im Hintergrund auf Deutsch unterhielten. Paul bemerkte, dass Frau Lenz jedes Mal, wenn Joachim in neckendem Ton etwas zu seinem Bruder Klaus sagte, die Stirn kraus zog. Die krause Stirn passte zum weißen Spitzenkragen.

Das Abendessen bestand aus belegten Broten, kaltem Fleisch, Wurst und Käse in Scheiben, Schwarzbrot und Kartoffelsalat. Diese schmale Kost schien Paul dem steifen, geraden, zweidimensionalen Fotoausschnitt angemessen, in dem er die Familie Lenz sah. Hier war England wohl immer noch der Feind, war der Krieg noch nicht vorüber.

Sobald sie sich nach dem Kaffee mit einigem Anstand verdrücken konnten, sagte Joachim zu Paul: «Lass uns etwas in den Garten gehen.» Klaus wollte ihnen folgen und wurde augenblicklich von seiner Mutter daran gehindert. Joachim und Paul schlenderten zum Wasser hinunter, wo ein kleines Bootshaus stand. Joachim schien die geballte Missbilligung, die sie hinter sich gelassen hatten, nicht im Mindesten zu stören. «Der arme Klaus! Meine Mutter tut alles, um mich davon abzuhalten, mit ihm zu reden. Sie ist überzeugt, dass ich sein Verderben bin. Ein Wunder, dass du mit uns kommen durftest, Fix!», drückte er dem Foxterrier gegenüber ironisch sein Bedauern aus. Er schien höchst amüsiert darüber, wie die Familie Paul aufgenommen hatte. «Ich glaube, sie haben dich im Verdacht, einen sehr, sehr schlechten Einfluss auf ihren tugendhaften Sohn auszuüben. In Hamburg stehen die Engländer im Ruf aller erdenklichen Unmoral. Deswegen sind die englischen Seeleute in St. Pauli so beliebt.»

Als sie dann am Zaun lehnten und über die Alster schauten, wurde er ernst. «Meine Familie», sagte er, «ist eine reine Kaufmannsfamilie, absolut bürgerlich, abgesehen von meinem Onkel, dem General, der nie geheiratet hat und entsprechend suspekt ist. Aber wir sehen ihn sowieso nie. Doch eines Tages werde ich nach Potsdam fahren und mich vorstellen. Ich könnte mir denken, dass er ganz gern meine Fotos sehen würde. Meine Mutter verbringt ihr Leben damit, Klaus daran zu hindern, so wie ich zu werden. Sie wollen, dass ich werde wie sie. Aber ich kann nicht. Zwischen der älteren und der jüngeren Generation klafft heute in Deutschland ein tiefer Graben.»

«Bei meinen Freunden in England ist das genauso.»

Joachim antwortete nicht. Er schaute über die Alster mit ihren Kanus und Segelbooten, in Gedanken versunken. Dann wandte er sich wieder Paul zu und konzentrierte sich bewusst auf den gegenwärtigen Zustand Deutschlands.

«Die ältere Generation gehört der Vorkriegszeit an, als die Mittelklasse nur feste materielle Werte kannte. In der Generation meiner Eltern war das Anliegen der Hamburger ein rein kaufmännisches: zu Geld zu kommen.»

«Hat sich das nach der Niederlage Deutschlands geändert?»

«Es war weniger die Niederlage als das, was danach kam. Was die neue Generation so anders hat werden lassen als die alte, war die Inflation. Ungefähr ein Jahr lang war das Geld in Deutschland völlig wertlos. Um einen Brief aufzugeben, musste man ihn mit einer Briefmarke von einer Million Mark frankieren. Um einen Laib Brot zu kaufen, brauchte man einen Koffer voller Geldscheine und musste noch hoffen, dass der Brotpreis nicht inzwischen schon wieder so gestiegen war, dass das Geld nicht mehr reichte. Leute wie Stockmanns betraf das natürlich nicht. Die hatten Grundvermögen, das unentwegt im Wert stieg – Hanni Stockmann hat den größten Teil ihrer Kunstsammlung während der Inflation gekauft, von ein oder zwei Stücken abgesehen, die ihr ganzer Stolz sind, weil sie sie schon früher in Paris erworben hat. Auch meine Familie war kaum betroffen, obwohl es eine schwierige Zeit für sie war. Aber wir Jugendlichen hatten Freunde, deren Eltern nichts besaßen, was sie verkaufen konnten, und das machte bleibenden Eindruck auf uns.» Vor seinen Augen schien die jüngste Vergangenheit Deutschlands wie ein Film abzulaufen. Dann wandte er sich wieder der Gegenwart zu.

«Die neue Generation drängt nicht in derselben Weise zum Geld wie ihre Eltern. Natürlich, um tun zu können, was wir wollen, müssen wir etwas Geld haben. Aber was bringt es, eine Menge Geld anzuhäufen, wenn alles über Nacht verschwinden kann? Und wir wollen auch nicht viele Besitztümer. Alles, was wir wollen, ist leben, nicht Dinge erwerben. Und Sonne, Luft, Wasser und Lieben erfordern nicht viel Geld.» Wieder schaute er zu den Booten auf dem Wasser hinüber.

«Was passiert, wenn du alt wirst?»

«Ja ... Wir werden uns ändern, nehme ich an. Vorläufig wollen wir einfach nur leben. Anderes mag später dazukommen. Es gibt bereits wunderbare neue Architektur in Deutschland und interessante Kunst, die beste Architektur ist billig, schmucklos und simpel, für junge Leute gemacht, die Häuser wollen, keine Mausoleen, die vollgestopft sind mit erworbenem Zeug, wie das Stockmannsche Haus mit all den Bildern.»

«Aber du kannst nicht ewig jung bleiben.»

«Das sagen meine Eltern mir auch immer. Aber ich will nicht wie sie werden oder wie Ernsts Eltern. Sie wollen vor allem, dass ich Kaufmann werde. Ich will kein Kaffeesack werden. Aber meine Eltern sind vernünftige, nette Leute. Wenn ich mich für bildende Kunst interessierte, sagen sie, solle ich auf eine Kunsthochschule gehen und Künstler werden. Künstler kommen auch zu Geld, und als berühmter Künstler kann man so reich werden wie Picasso. Es gibt in Deutschland sehr gute Ausbildungsstätten für Künstler, das Bauhaus zum Beispiel, von dem ich das Mobiliar für mein Studio bezogen habe.»

«Warum gehst du dann nicht auf eine Kunsthochschule?»

«Wenn man Künstler wird und Erfolg hat, muss man einen Stil entwickeln, mit dem man allgemein bekannt wird, und das bedeutet, dass man sich in den Produzenten einer bestimmten Ware verwandelt, für die man berühmt ist. Das will ich nicht. Vorläufig will ich meine Vorstellung vom Leben verwirklichen und nicht für Kunsthändler Abbilder meiner Seele fabrizieren.»

«Ist das das neue Deutschland: Junge Menschen, die ihr Leben leben? Ist das die Weimarer Republik?»

«Für viele Angehörige dieser Generation, ja. Vielleicht

sind wir Deutschen müde, nach alledem, was wir durchgemacht haben. Vielleicht müssen wir nach Krieg und Hungerszeit nun einfach schwimmen, in der Sonne liegen und uns lieben, um unsere Leben wieder aufzuladen wie Batterien. Mit unseren Leben wollen wir die ersetzen, die zu Leichen wurden.»

«Aber wie wird das ausgehen?»

«Ich weiß es nicht. Vielleicht wird es herrlich, vielleicht setzt sich die Einsicht durch, dass es darauf ankommt zu leben, bloß zu leben, zu leben um des Lebens willen, vielleicht liegt so etwas vor uns wie die neue Architektur, eine nichtmaterialistische neue Welt.» Er lachte. «Oder vielleicht kommt nichts von alledem, sondern etwas Schreckliches, Grauenhaftes, vielleicht das Ende!» Er hob die Hand, und seine Augen leuchteten, als sähe er auf einer riesigen Leinwand Filmbilder eines letzten Krieges – das Ende von allem.

Joachim schlug vor, zu seinem Studio zu gehen, das nur zehn Minuten zu Fuß entfernt war. Während sie gingen, beobachtete Paul ihn genau. Joachim trug einen dunkelbraunen Anzug, eine grelle Krawatte und einen grauen Filzhut. Seine Erscheinung war ein wenig auffallend, vielleicht ein wenig vulgär, dabei aber inspiriert – nicht zuletzt durch ihn selbst – und warm, als forderte er die Zuschauer auf, die Freude an seiner schieren Lebenslust mit ihm zu teilen. Wie er so ging, war er sich bewusst, dass viele junge Leute in Hamburg ihn kannten und bewunderten. Er war durch und durch Joachim, seine öffentliche und private Person waren eins.

Sie stiegen die acht Treppen zu seinem Studio im Dachgeschoß hinauf. Oben angekommen, legte er Paul liebevoll den Arm auf die Schulter, deutete zum Dach hinauf und fragte:

«Sag mal, Paul, hättest du Lust, auf einer Treppe immer höher und höher hinaufsteigen, bis du zum Himmel kämst?»

«Ich glaube, ja», gab Paul zu, etwas verschämt, aber stolz.

Joachim sah Paul in die Augen, ernsthaft belustigt, mit einem Hauch von Verachtung.

«Ja, das würdest du wohl.»

Er wühlte in der Hosentasche nach den Schlüsseln, fand sie, schloss auf und stieß die Tür weit auf. Ein paar Sekunden blieb er auf der Schwelle stehen und genoss den Anblick seines Studios, den kahlen Raum, das leere, breite Rechteck, die senkrechten Fensterschlitze und das schrägstehende Parallelogramm des Oberlichts, die durchsichtigen blauen Schatten an den Wänden. Befriedigt knipste er schließlich neben der Tür das Licht an und schlenderte in den Raum, pfeifend, die Hände in den Hosentaschen, den Hut zurückgeschoben – beinahe die Karikatur eines Kinogangsters aus Chicago. Das Studio, dachte Paul, sah wie eine Filmkulisse aus.

«Ich bin immer froh, wenn ich wieder hier bin», sagte Joachim, warf den Hut auf den Tisch und zog das Jackett aus. «Hier bin ich wirklich zu Hause, nicht bei meinen Eltern.»

Er legte Paul den Arm um die Schulter, mit der Geste eines Menschen, der gewöhnt ist, Zuneigung körperlich zu zeigen – und damit über seine Freunde Macht auszuüben. Dann ging er zum anderen Ende des Studios und legte eine Schallplatte von Cole Porter auf, *Let's Fall in Love*. Er kam wieder zu Paul zurück und fing an, ihn über England auszufragen, über die englischen Public Schools, Oxford, die Buchzensur. «Man hört so Merkwürdiges über England, dort soll so vieles verboten sein, was hier erlaubt ist. Sogar Bücher sollen verboten sein. Stimmt das? In der Zeitung stand, der *Ulysses* sei verboten worden, und von einem anderen Buch, *The Well of Loneliness*, habe ich das kürzlich auch gehört. Kann das wahr sein? Protestiert denn niemand?»

«Meine Freunde und ich protestieren alle, aber ...»

«Aber warum werden diese Bücher denn verboten?» Paul versuchte, die Haltung der britischen Behörden zu erklären. Aber die Argumente klangen samt und sonders lächerlich, sobald er sie aussprach. Joachim starrte ihn nur verwundert an. Er wechselte das Thema: «Hast du in England Freunde? Ernst sagt, du seist Dichter. Kennst du andere junge Schriftsteller und Künstler?»

Paul versuchte, Wilmot zu beschreiben – «den außergewöhnlichsten Menschen, den ich kenne». Dass Wilmot bei der Arbeit Tageslicht hasste und bei zugezogenen Vorhängen am Schreibtisch saß und dichtete; dass er Freud gelesen hatte und die Neurosen seiner Freunde diagnostizieren konnte; dass er sehr komisch war und ein bisschen wie Buster Keaton aussah. Aber Wilmot sei auch sehr ernsthaft, sagte Paul. Er unternahm lange Wanderungen in der Umgebung von Oxford und im Lake District. Er war blond, fast wie ein Albino, und hatte ein Muttermal auf der linken Wange. Er hatte in Berlin gelebt und sich eine Zeitlang am Institut für Sexualwissenschaften von Magnus Hirschfeld aufgehalten. Er mochte junge Männer. Hatte angeblich viele Affären gehabt. Joachim hatte aufmerksam zugehört, sichtlich irritiert; jetzt hellte sein Gesicht sich auf. «Du sagst, er sei amüsant und würde ständig Theater spielen. Vielleicht ist er wie ein Freund von mir, der früher in Hamburg war, der Schauspieler Gustaf Gründgens. Der schmeißt sich gern in Schale und verzaubert die Leute. Hast du auch einen Freund, der nicht so clever und amüsant ist, sondern was fürs Herz? Fürs Herz kann ich die Intellektuellen nicht gebrauchen.»

Paul erzählte ihm von Marston. Mittlerweile kannte er den Mythos auswendig, den er um ihn gewoben hatte. Die Wanderung an der Wye, den Tag, als ihnen der Hund nachlief – eine Platte, die er sich selbst wieder und wieder vorgespielt hatte.

Am Schluss der Erzählung fragte Joachim: «Habt ihr miteinander geschlafen?»

«Nein.»

«Warum hast du ihn dann weiter geliebt?»

«Weil ich ihn besser und schöner fand als alle anderen.»

«Warum?»

«Sein Charakter war wie sein Aussehen. Sehr englisch. Eigentlich war er wie die Landschaft, durch die wir wanderten.»

«Das würde mich weniger interessieren, wenn er meine Leidenschaft nicht erwiderte.»

Das falsche und irreführende Wort «rein» lag Paul auf der Zunge, aber er sprach es nicht aus. Stattdessen erging er sich absichtlich in Ausdrücken, die Joachims Englischkenntnisse überstiegen und die er Wilmot oder Bradshaw gegenüber nicht im Traum benutzen würde, da sie sie sofort als Heuchelei durchschauen würden. «Meine Vorstellung von seiner Vollkommenheit», murmelte er, «entsprach zugleich meinem Begriff von Freundschaft als einem gemeinschaftlichen Zustand von Vollkommenheit.»

Für Joachim war das zweifellos zu hoch.

«Ich glaube, ich würde mich gern noch viel häufiger mit dir unterhalten», sagte er. «Ich stelle fest, dass ich an meinen Freunden entweder ihren Geist oder ihren Körper liebe. Es ist eigenartig, wie oft diejenigen, die geistig anziehend sind, keinen schönen Körper haben, diejenigen aber, deren Körper ich lieben kann, geistlos sind. Dein Äußeres entspricht deinem Geist, nehme ich an. Vielleicht solltest du Sport treiben, damit du erfährst, was du bist.»

Paul wurde knallrot.

«Warum bist du nach Hamburg gekommen?», fragte Joachim.

«Um Deutsch zu lernen.»

«Aber warum gerade in Hamburg?», fragte er spöttisch. Paul erläuterte ihm die näheren Umstände, seine erste Begegnung mit Ernst – über die Joachim lachen musste – und Ernsts Einladung.

«Aber du kannst doch nicht einfach nach Hamburg kommen, nur um bei Ernst Stockmann zu wohnen – und bei Hanni!»

«Ich wusste ja gar nichts von ihnen. Also dachte ich, ich könnte ebenso gut hierher als irgendwo anders hinfahren.»

«Das ist alles? Gibt es keine besseren Gründe für die Engländer, nach Deutschland zu kommen, als wegen der schönen Augen von Ernst Stockmann? Oder von Hanni? Haben sie nie etwas vom Rhein, von Heidelberg, dem Schwarzwald oder von Berlin gehört? Hast du Ernst nicht nach Hamburg gefragt?»

Paul besann sich auf etwas, das ihm entfallen war.

«Jetzt erinnere ich mich, dass ich Ernst damals bei dem Lunch in Oxford gefragt habe, wie es in Hamburg sei.»

«Und was hat er gesagt?»

«Er hat auf das Tischtuch gestarrt und mit seinem anzüglichen Lächeln gesagt: ‹Es ist eine Hafenstadt und bietet all die seltsamen Bräuche und Vergnügungen, die dazugehören.› Wie sonderbar, dass ich das vergessen hatte!»

«Was meinst du, sollen wir zum Hafen gehen?»

«Wann?»

«Heute Abend.»

«Sehr gern, aber ich habe keinen Schlüssel. Und nach elf Uhr darf ich nicht mehr läuten, hat Frau Stockmann gesagt.»

«Typisch.»

Joachim dachte einen Augenblick nach, dann kam er zu einem Entschluss: «Wir müssen ganz einfach Ernst mitnehmen. Er hat bestimmt einen Schlüssel. Ich rufe ihn an und bitte ihn, auch zu kommen. Willy wird sowieso dabei sein, er wollte um diese Zeit hier vorbeikommen.»

Er rief Ernst an, und sie machten aus, dass sie sich in einer Stunde in St. Pauli treffen würden. Während sie auf Willy warteten, zeigte Joachim Paul einige von seinen Fotografien. Sie zu sehen bedeutete für Paul, den Ausdruck in Joachims Augen zu sehen, wenn er jemanden oder etwas betrachtete. Der fotografierte Gegenstand schien im Innern dieser Augen eingeschlossen zu sein. Jedes Foto war die Aufzeichnung dessen, wie sich in einem bestimmten Augenblick ein Gesicht, ein Schauplatz, ein Ding zu einem Arrangement von Linien und Masse, Licht und Schatten verdichtet hatte, das, durchdrungen von Joachims Wahrnehmung, das Wesentliche seiner Existenz in einem Moment zusammenfasste. Er fing das Zusammentreffen disparater Dinge in Zeit und Raum ein: eine Nickelbrille auf einer Balkonbrüstung über dem Meer, das eine griechische Insel umfloss; Arme-Leute-Unterhosen auf einer Wäscheleine hoch über einer engen Straße in Neapel, vom Wind zu einem Gesicht gebläht, das das Kleid und die Perlenkette der eleganten Dame unten auf der Straße zu verhöhnen schien; im Park spielende schwarze Kinder vor den Wolkenkratzern an Chicagos Wasserseite; der Gegensatz zwischen reichen weißen und armen braunen Leibern an den Stränden von Rio de Janeiro. Die Gegenstände auf seinen Fotografien schienen die Aufmerksamkeit auf sich lenken zu wollen, auf sich zu deuten und zu sagen: «Hier bin ich! Sieh her! Sieh doch, wie außergewöhnlich wir sind!» und – ein Ausdruck, den Joachim oft im Gespräch benutzte – «Wie *komisch!*» Ein Porträt sagte: «Ich habe Gustaf Gründgens' Gesichtsausdruck in dem Sekundenbruchteil erwischt, in dem er mehr wie er selbst aussieht, als irgendwer sonst ihn je wieder erleben wird!»

Viele Fotos zeigten junge Männer. Eines beeindruckte Paul ganz besonders: ein Schwimmer, nackt am schilfgesäumten Rand eines Sees. Das Bild war etwas von unten aufgenommen, so dass der von den Lenden aufsteigende Rumpf nach hinten wegkippte und sich der ganze Körper, Schicht um Schicht, von den Hüften zum Brustkorb, den Schultern und bis hinauf zum alles überragenden, mit dunklem Haar behelmten Kopf gegen den dunklen Himmel abzeichnete. V-förmige Schatten von Weidenblättern fielen auf die sonnenbeschienene Brust und die Lenden des jungen Mannes wie der Pfeilregen auf St. Sebastian. «Oh, wunderschön!», sagte Paul. «Der Tempel des Leibes!»

Joachim lachte: «Der Tempel – das gefällt mir. Mir ist er immer wie eine Pagode vorgekommen, Schicht auf Schicht, Linie über Linie, aber ich glaube, genau das ist eine Pagode – ein Tempel!»

«Du sagst, du willst nichts tun. Aber dies hier tust du doch: Du bist Fotograf, du bist Künstler. Dies wäre die richtige Arbeit für dich!»

«Ich möchte kein berufsmäßiger Fotograf sein. Es würde bedeuten, den anderen gegenüber so zu tun, als sei man ein Künstler. Aber ich halte Fotografieren nicht für eine Kunst. Es erfordert Fertigkeit und ein gutes Auge, wie das Schießen, als das man das Fotografieren zu Recht bezeichnet. Es ist nur eine Technik. Ein guter Fotograf ist nicht wie ein Künstler, der umformt, was er sieht, sondern wie ein Jäger auf der Pirsch, der zufällig ein spezielles Tier in einem speziellen Moment klarer sieht als andere Jäger, es ist sein spezieller Blick. Aber auch wenn dieses Tier etwas Besonderes für ihn ist, so kommt es doch nicht aus seiner eigenen Seele. Die Außenwelt überlässt es ihm, und insofern ist er völlig von ihr abhängig. Fotograf sein heißt Eindrücke notieren, die die Welt bereithält, eine schöne Landschaft oder schöne Mädchen und Jungen, es heißt, sie einzufangen, wenn vielleicht nur er sie sieht, wie sie in diesem Augenblick sind. Aber deswegen ist er noch lange kein Künstler», beharrte er. «Lieber bin ich Kaffeeimporteur, als dass ich mir anmaße, ein Künstler zu sein, weil ich Fotos mache. Das wäre Schwindel.»

«Aber dann machst du sie ja nur für dich selbst.»

«Einigen meiner Freunde scheinen sie zu gefallen. Reicht das nicht?» Er grinste.

«Warum fotografierst du?» Paul blieb hartnäckig.

«Habe ich es dir nicht eben gesagt? Ich tue es für mich und meine Freunde. Um Erinnerungen an Jungen und andere Dinge zu sammeln, die ich gesehen und im Bild festgehalten habe, wie ein Jäger Schädel und ausgestopfte Tiere in seiner Hütte aufhängt. Es gefällt mir zu wissen, wie etwas, das mich sehr beeindruckt hat, in jenem Moment wirklich war. Das ist das genaue Gegenteil von Kunst. Selbst eine Zeichnung wie die da oben, die nichts taugt», er deutete auf seine Zeichnung der beiden Seeleute an der Hafenmauer, «löst sich irgendwie von dem Augenblick, in dem sie entstanden ist, und gehört dem Augenblick an, in dem du sie siehst. Das Schöne an Fotos ist, dass sie immer ganz genauso aussehen wie in dem Moment, als sie gemacht wurden. Sie fixieren eine Zeit, die rasch in die Vergangenheit enteilt. Ein Foto von dir als Baby sieht älter aus, als du jemals aussehen wirst, selbst wenn du neunzig wirst. Es wurde in dem Augenblick, als der Fotograf es aufnahm, einbalsamiert. Mir gefällt das. Das ist sehr *komisch*. Fotografie ist die Komödie von Leben und Tod. Eine entsetzliche Komödie manchmal. Unter dem Fleisch die weißen Schädel hingemetzelter Soldaten.»

Als nächstes kam Paul zu einem Foto von Willy, wie er einen großen Wasserball umklammert hielt und lachte. Joachim fragte Paul, wie er Willy finde.

«Ich mag ihn schrecklich gern.»

«Ja, ich mag ihn auch sehr. Aber er ist einfach zu nett, weißt du. Es gibt Menschen, die sind so gut, an denen gibt es nichts auszusetzen, und dann werden sie ziemlich langweilig. Willy ist vielleicht so ein Mensch. Er tut alles für mich. Er ist immer gutwillig. Ich kann mich über nichts an ihm beklagen. Aber die Folge seiner Nettigkeit ist, dass ich ihn nicht allzu oft sehen will. Oft gefallen mir Leute, die garstig sind oder sogar bösartig. Sie interessieren mich, wenn es mir gelingt, das Motiv zu verstehen, das sie zu so bösen Menschen macht. Ich glaube, ich hätte Lust, mich in jemand wirklich *Böses* zu verlieben. Möglichst bald, ja, das fände ich gut.»

Joachim überlegte. Dann fiel ihm etwas ein. «Bevor Willy kommt», sagte er, «würde ich dich gern fotografieren.»

Er setzte seine Spiegelreflexkamera, eine Voigtländer, auf ein Stativ und wies Paul an, sich ans andere Ende des Zimmers zu stellen, weil er ihn in voller Größe aufnehmen wollte. Er stellte die Scheinwerfer so ein, dass das Licht von oben kam, Pauls Haar, die Stirn und vor allem die Augenpartie beleuchtete, während der untere Teil des Gesichts bis auf die Lippen im Schatten war, und dann auf Pauls Hemd fiel, dessen Weiß von einer Krawatte wie von einer Schwanzfeder zweigeteilt wurde; die Hose aus Fischgrät-Tweed mit dem Schlips als Gürtel blieb im Schatten. Paul sah aus wie ein von El Greco gemalter Altardiener vor einem Schrein, den Körper leicht gekrümmt, die Hände kindlich an beiden Seiten herunterbaumelnd, die Augen glänzend, als wären sie himmelwärts gerichtet, ein Lächeln vertrauensvoller Unschuld auf den vollen Lippen. Er war linkisch und albern, und das war der Grund, weshalb Joachim ihn mochte. «Ich habe mir Mühe gegeben, dich wie eine sehr hohe Wachskerze auf einem Altar aussehen zu lassen.»

Ein paar Minuten später kam Willy. Sie verließen das Studio und gingen zur U-Bahn.

Sie stiegen an der «Freiheit» aus, wo Ernst auf sie wartete, und gingen eine breite Prachtstraße entlang, an der fast jedes Gebäude ein Restaurant, ein Café oder eine Bar zu sein schien, alle strahlend hell beleuchtet. Von dort gingen sie zum Hafen hinunter und kamen zu einem Quai, an die Wasserseite uralter Häuser. Männer, Frauen und Kinder standen da herum, schauten aufs Wasser, warteten müßig, lehnten sich über die Geländer. Sie starrten die vier jungen Männer an, die zurückstarrten. Es war, als betrachtete jede Gruppe die andere als Figuren vor einem Bühnenbild. Paul sah über die Leute hinweg auf den Hafen. Eine Dampferanlegestelle war über eine winzige Spielzeughängebrücke mit dem Quai verbunden. Hinter den gelben Lichtern der Anlegestelle sah man weiter weg weißfunkelnde Schiffslichter und dahinter Kräne und andere Anlagen. Es roch nach Öl und Teer. Aus der Ferne hörte man Hämmern, gelegentliches Rufen, eine Detonation, sah man ein Leuchtfeuer.

Sie standen da und warteten, während Joachim sich an den Weg zu einem bestimmten Lokal zu erinnern versuchte, von dem er meinte, dass es Paul gefallen könnte.

Gegenüber des Quais entdeckte er die Laterne vor dem Eingang zur *Back*, dem Lokal, das er suchte. Ernst, der neben

Paul ging, fühlte sich gleich zu einem Kommentar veranlasst: «Joachim macht das großartig. Er kennt jede amüsante Kneipe in Hamburg. Und er schafft es natürlich auch viel häufiger als ich hierherzukommen. Ich bewundere seinen Unternehmungsgeist.»

Die *Back* war so winzig und so gerammelt voll (es galt offensichtlich als Touristenattraktion), dass sie sich nur mit Mühe hineinquetschen konnten. Ernst flüsterte Paul zu, es erinnere ihn an Dickens' *Raritätenladen*, und die Atmosphäre hatte auch zweifellos etwas von Dickens, dachte Paul, vielleicht aber noch mehr von Rabelais. Der Wirt war ein unförmiger alter Seebär mit eckigem Stoppelkinn und vorquellenden Mussolini-Augen. Er schien in seiner Kneipe die Souvenirs seiner vielen Schiffsreisen angehäuft zu haben. Von der Decke hingen ausgestopfte Alligatoren. Sie hingen so tief, dass Paul, selbst wenn er an der Bar saß, sich bücken musste, um nicht mit dem Kopf dagegen zu stoßen. Riesige ledrige Fledermäuse waren mit ausgebreiteten Schwingen als Wappenschilde an die Holzwände genagelt. Das Ende der Bar wurde durch eine Trennwand aus getrocknetem Pampasgras abgegrenzt. Ein Stachelschwein duckte sich mit glitzernden Glasäuglein unter Joachims Stuhl. Willy übersetzte Paul die Beschriftungen, die in Fraktur auf Pergamentetiketten standen. Zwei aufgeblähte bronzefarbene Kürbisse, «die Geschlechtsteile des Herkules», stammten, wie der Zettel besagte, von den Herkulessäulen. Sämtliche Erläuterungen waren obszön, doch der alte Seebär, der hinter dem Tresen stand und ausschenkte, verzog keine Miene, wenn seine Gäste darüber lachten.

Sie gingen über eine Nebenstraße zur «Freiheit» zurück. Die Schilder der Läden und Lokale waren auf Chinesisch. Joachim erzählte Paul von Messerstechereien unter den Seeleuten. Manche Straßen waren gefährlich. Man ging dort besser nicht allein, wenn man nicht riskieren wollte, ein Taschentuch übers Gesicht geworfen zu bekommen, nach Wertsachen durchsucht und ausgeplündert, geschlagen oder gar sterbend liegen gelassen zu werden. In den Bars trieben sich Drogenhändler herum. Paul fand das alles sehr aufregend.

Joachim ließ Paul zurück und schloss sich wieder Willy an, der ein paar Schritte vor ihnen ging. Ernst ging nun neben Paul und schien an das Gespräch vom Nachmittag, das in seinem Zimmer begonnen hatte, anknüpfen zu wollen.

«Übrigens, Paul.»

«Ja?»

«Erinnerst du dich, wovon wir heute Nachmittag gesprochen haben?»

«Ich möchte mich jetzt nicht daran erinnern.»

«Am Ende unserer Unterhaltung hast du mich ernstlich aus der Fassung gebracht, als du meintest, du müsstest unser Haus verlassen. Du hast mich damit tief verletzt.»

«Wir waren uns einig, dass ich übermorgen ausziehe. Es ist alles abgemacht.»

Zwei Huren trippelten an ihnen vorbei.

«Wir hatten gar nichts abgemacht, Paul. Es war noch nichts entschieden. Aber jetzt muss ich dich leider bitten, am ersten August zu gehen.»

Joachim schaute zurück, um zu sehen, ob sie nachkamen.

«Das ist genau das, was ich vorhatte. Darauf hatten wir uns geeinigt.»

«Ich bin froh, dass du diesen Schlag so leicht nimmst. Die Sache ist die, dass meine Mutter mir gerade mitgeteilt hat, dass am Ersten drei neue Gäste kommen, so dass sie dein Zimmer braucht ...»

«Das hat sie mir schon selbst gesagt.»

Sie betraten ein saalartiges Bierlokal, wo Jodlerinnen im Dirndl von einer Musikkapelle in Lederhosen begleitet wurden. An die Wände waren Großansichten der bayerischen Berge und Seen gepinselt. Am anderen Ende des Saals wackelte eine in dreifacher Lebensgröße gemalte Kuh gleichmäßig mit dem Kopf, lüftete den Schwanz, ließ etwas Feuchtes zu Boden fallen und muhte. Sie tranken Bier und aßen in Scheiben geschnittenen rohen Rettich – bayerische Kost, vermutete Paul. Dann zogen sie weiter.

Ernst drängte sich an Pauls Seite und fing wieder an: «Ich hatte gehofft, wir hätten eine Zeitlang keine Gäste und ich könnte über diese kleine Enttäuschung hinwegkommen, aber mir bleibt wohl nichts erspart ...»

«Schon gut, ich verstehe.»

«... meine Mutter ...»

Sie kamen zu einem Lokal namens *Drei Sterne*. Von ein paar rohen Holztischen und -bänken abgesehen war es unmöbliert. Es hatte die Atmosphäre eines trüben Gemeindesaals. Auf einer Bühne spielte eine Band aus unbegabten Musikern Jazz. Einige Paare tanzten vergnügt. Absonderliche junge Männer in Frauenkleidung gingen augenrollend von Tisch zu Tisch, tätschelten Männer unter dem Kinn und riefen ihnen aufreizende Schlüpfrigkeiten zu. An einigen Tischen saßen durchaus ehrbare, besser gekleidete Leute, bürgerliche Ehepaare, die zufällig hereingeschneit schienen (aber vielleicht hatten alle ihre Gründe, hier zu sein). Sie schienen die Verderbtheit um sie herum nicht wahrzunehmen, nickten den papageienhaften Transvestiten freundlich zu und ließen deren Gekreisch lächelnd an sich abprallen.

Junge Arbeiter mit Schirmmützen und ein paar Seeleute lehnten an der Wand oder unterhielten sich im Stehen in der Nähe der Musiker. Etwas seltsam Feierliches umgab sie, als bewegten sie sich an einem anderen Ort und in einer anderen Zeit.

Joachim und seine Freunde schoben sich hindurch. An ihrem Nachbartisch saß ein alter Mann mit langem weißen Bart, dessen begehrlicher Blick starr auf ein junges tanzendes Paar geheftet war. Mit starken, nervösen Händen – vielleicht denen eines Bildhauers – befingerte er den Rand seines Glases.

Ein junger Mann tanzte vor sich hin – anscheinend nur für sich. Er hatte einen schwarzen Anzug an wie ein Bankangestellter. Seine Züge waren blass, und er trug einen Kneifer. Nach seiner Körperhaltung zu schließen, litt er an partieller Paralyse. Er schlängelte sich zwischen den tanzenden Paaren hindurch und wirbelte dabei die Hände über dem Kopf herum; sie sahen aus wie Stummelflügel oder Propeller aus Pappe. Die Leute sahen ihm nach und lachten, wie er so durch den Raum schwankte und torkelte. Paul akzeptierte das Groteske dieses Bankangestellten, er empfand für ihn nur Sympathie, möglicherweise deshalb, weil er trotz seiner Krankheit – worin immer sie bestand – sein Leben lebte. Er hatte seine private Seligkeit in diesem Babel gefunden. Simon Wilmot würde das gutheißen.

Der Raum war gleißend hell. Paul fühlte sich wie so oft an ein Bild erinnert, an van Goghs Billard spielende Männer in einem strahlend hell erleuchteten Saal in Arles. «Hier bekomme ich Lust zu malen», sagte er zu Joachim.

«Was zu malen?», fragte Joachim kalt.

«Den Raum. Die Leute hier.» Ihm fiel wieder die *Absinthtrinkerin* aus Picassos blauer Periode ein.

Ernst, der sich ein Monokel ins linke Auge geklemmt hatte, sagte: «Ich verstehe schon, was Paul meint. Dieser Raum stimuliert den schöpferischen Impetus, nicht? Die verschiedenen Typen hier scheinen ein Bild zu ergeben, ein Muster, eine Einheit, eine Komposition wie die Blütenblätter einer Sonnenblume. Der Mann dort, der alleine tanzt, erinnert mich an eine Szene in Rilkes *Malte Laurids Brigge*. Ich empfinde es wie du, Paul, diese tanzenden Paare wirken irgendwie halluzinatorisch. Es ist entschieden ein ästhetischer Genuss. Du und ich, Paul, sind eins mit der gesamten Menschheit.»

Joachim stand auf, ließ den Blick im Raum umherschweifen, verbeugte sich in alle Richtungen, streckte in Schaustellerpose die Hand aus und sagte: «Seht, alle kommen sie hierher. Ob Politiker, Geistliche, Bankiers, Kaufleute, Lehrer, Soldaten oder Dichter, sie alle landen zuletzt im *Drei Sterne*.»

Ernst hielt sich den Hut vors Gesicht. «Warum tust du das, Ernst?», fragte Willy, hemmungslos lachend. «Du siehst albern aus!»

Ernst sagte in beleidigtem, sprödem Ton: «Ich muss mich hier sehr vorsehen. Man kennt mich schließlich. Da drüben sitzt ein Geschäftsfreund meines Vaters, ein Bankier, von dem ich unter keinen Umständen gesehen werden möchte. Übrigens, Paul, ich war noch nicht fertig mit dem, was ich dir auf der Straße gerade hatte sagen wollen. Unsere Freunde hier haben uns unterbrochen. Natürlich bringt es mich ganz durcheinander, dass du unser Haus so bald verlässt, und deshalb ist es momentan auch besonders schwierig für mich, Joachims ungetrübtes – oder soll ich sagen ungezügeltes? – Vergnügen an diesem Abend zu teilen. Joachim hat die wunderbare Fähigkeit, für den Augenblick zu leben und alle ernsten Dinge wegzuschieben. Ich beneide ihn darum. Ich wünschte, ich hätte diese Fähigkeit, aber ich habe sie nun einmal nicht. Ich trage an der Verantwortung, die

die Familie mir auferlegt. Um ein bisschen glücklicher in die Zukunft schauen zu können, wünsche ich mir, dass du mir eins versprichst ... Fährst du demnächst mit mir für ein paar Tage an die Ostsee?»

Joachim und Willy hatten unterdessen den Tisch verlassen. Sie tanzten miteinander.

Paul sagte betrunken: «Aber natürlich, Ernst. Natürlich komme ich mit dir an die Ostsee. Seit mir Fedi erzählt hat, wie er mit seinem Zeppelin in der Ostsee gelandet ist, will ich sie sehen.»

«Versprochen?»

«Nein, nein, ich verspreche nie etwas.»

«Es würde mich maßlos glücklich machen, wenn du es mir versprächest.»

«Dann verspreche ich es natürlich, denn ich will dich natürlich glücklich machen, Ernst»

«Das bedeutet mir sehr viel. Nun bin ich schon glücklich. Siehst du es in meinen Augen?»

Willy und Joachim kamen an den Tisch zurück. Joachim war in Begleitung eines glatzköpfigen, rotgesichtigen Mannes in einem anständig aussehenden dunklen Anzug.

«Darf ich euch einen Freund von Willy vorstellen?», sagte Joachim.

Willy wurde blutrot und brüllte vor Lachen. «Joachim, du lügst! Wie kannst du nur! Schäm dich! Er ist kein Freund von mir.»

«Kein Freund von dir, Willy? Wieso tanzt du mit jemandem, der nicht dein Freund ist? Wie ist das möglich? Das muss ich missbilligen.»

Ernst beugte sich so weit hinüber, dass seine Lippen fast Pauls Ohr berührten, und flüsterte: «Wie herrlich komisch! Joachim kann so amüsant sein, wenn er so etwas macht.»

Alle drei redeten auf den Fremden ein, um ihn zu ermutigen. Der Mann streckte die Hand aus und strich Willy über das Haar.

«Oh, oh, oh!», protestierte Willy.

Joachim sprach schnell und ernsthaft mit dem Mann. Dessen Gesicht zeigte plötzlich einen verschreckten Ausdruck.

«Köstlich!», rief Ernst und drückte heftig Pauls Hand. «Joachim tut so, als wäre er ein Polizist in Zivil, der vertrauliche Auskünfte über die Gäste sammelt. Er hat einen Preis für sein Schweigen benannt. Der arme Mann ist ganz verängstigt.»

Ernst beteiligte sich jetzt ebenfalls an dem Gespräch. Der Mann wurde über den Scherz aufgeklärt. Paul kam nicht an der Tatsache vorbei, dass Ernst einen geistreichen und sympathischen Eindruck machte. Die anderen lachten schallend über seine Bemerkungen. Ernst strahlte. Paul fragte sich, ob Ernst eine komische Seite hatte, die nur im Deutschen zum Ausdruck kam und nicht, wenn er englisch sprach.

Die stürmische Heiterkeit an ihrem Tisch hatte Aufmerksamkeit erregt. Drei Jungen vom anderen Ende des Saals stellten sich zu ihnen an den Tisch und hörten verwundert ihrer Unterhaltung zu. Ihre Mienen waren angespannt, als wären sie im Unterricht. Englischstunde.

Einer der Jungen fragte: «Zigarette?»

Ernst bot ihm eine an. Den anderen beiden gab Joachim welche. Er sagte: «Setzt euch doch!» Die Jungen nahmen an.

Joachim bot dem Jungen, der um die Zigarette gebeten hatte, den Stuhl zwischen Ernst und sich an. Willy holte Stühle für die anderen beiden. Einer setzte sich neben Paul.

Paul sagte zu dem ersten Jungen: «Was ist deine Name?»

Der Junge schaute verwirrt. Joachim verbesserte: «Wie heißt du?»

«Lothar.»

Joachim bestellte für die ganze Runde noch etwas zu trinken.

Lothar schwieg einen Augenblick und sah sie der Reihe nach an. Dann blickte er auf Paul und fragte Joachim: «Ist er Engländer?»

«Ja.»

Lothar hob das Glas und prostete Paul zu: «You – englisch.»

Paul lachte. Nachdem die Jungen herausgefunden hatten, dass er einem so primitiven Wortwechsel auf Deutsch folgen konnte, fingen sie an, sich mit ihm zu unterhalten, wobei sie gelegentlich Joachim, Willy oder Ernst als Dolmetscher brauchten. Paul fragte Fritz, den dritten Jungen, was er mache. Er sei jetzt arbeitslos, früher sei er einmal als Seemann in Liverpool gewesen.

Die Jungen lauschten Pauls Antworten so ehrfürchtig, als wäre er ein fremdartiger Besucher – der aus den Schützengräben erstandene Feind, zurückgekehrt, um freundliche Worte zu sagen. Aus den Schützengräben. Blut, Morast und Ratten. Joachim fragte Lothar, ob er Arbeit habe.

«Ich arbeite in dem Vergnügungspalast auf der anderen Straßenseite», sagte Lothar. «Ich helfe meinem Vater bei der Aufsicht. Aber ich muss schrecklich lange arbeiten und verdiene furchtbar wenig. O Gott», er lachte, «ich mache das nicht gern. Hast du noch eine Zigarette? Gib mir bitte zwei.»

Joachim gab ihm zwei. «Was ist das für ein Vergnügungspalast?»

«Oh, da, wo ich arbeite, werden schweinische Bilder gezeigt. Und es gibt Spiele: Billard, Schießen, Hau-den-Lukas, Glücksräder und lauter solche Sachen. Ganz prima, sag' ich dir. Komm mal rüber und guck dir's an. Die Bilder werden dich interessieren», sagte er und sah Paul an.

«Bestimmt, bestimmt, eines Tages komme ich vorbei», sagte Paul und sah Lothar ernsthaft an. Er hatte sein Versprechen gegeben. Lothar hatte den Kopf eines Schützengrabenkämpfers aus dem Weltkrieg.

«Als was bist du zur See gefahren?», fragte Joachim Fritz, und der erzählte, er sei Heizer gewesen. Er ballte die Fäuste und entblößte die Arme; auf dem einen war ein Anker, auf dem anderen eine schlangenartige Versucherin. Bedächtig sagte er zu Paul: «Tja, 'n kräftiger Kerl muss man schon sein bei meiner Arbeit und wenn man auf St. Pauli wohnt. Ganz schön anstrengend, das ewige Kohlenschippen. Und jeden Moment kann einer über dich herfallen, schlimm ist das, hier passiert ja so viel.»

Der dritte Junge sagte schwerfällig, er sei arbeitslos, und setzte hinzu, er habe den ganzen Tag nichts gegessen. Joachim bestellte für ihn Bockwurst mit Kartoffelsalat. Essen und Bier belebten Erich und ein paar Minuten später sagte er mit glänzenden Augen, er habe die ganze Woche nichts gegessen.

«Das glaube ich dir nicht», sagte Joachim erheitert. «Sag mal, kommst du oft in dieses Lokal?»

«Ungefähr dreimal in der Woche. Nur drei Tage sind gut.»

«Und bringt es was? Gehen die Geschäfte?»

«Bringt nicht viel. Aber ich brauche das Geld und muss sehen, wo ich es herkriege.»

«Stimmt, was er sagt, wir brauchen Geld», sagte Lothar. Der dritte, dessen Namen Paul nicht mitbekommen hatte, sagte: «Das deutsche Volk kann es nur schaffen, wenn jeder ohne Rücksicht auf andere nur für sich selbst kämpft. Wir brauchen Geld. Hast du noch eine Zigarette?»

«Money, money», sagte Fritz zu Paul. «Wenn du Geld hast, dann gib mir welches.» Er grölte vor Lachen.

Ernst reichte Lothar sein silbernes Zigarettenetui. Lothar begutachtete es von allen Seiten. «Nehmt doch bitte zwei», sagte Ernst großzügig. Jeder der Jungen nahm vier. Lothar prüfte seine vier Zigaretten sorgfältig, befühlte sie, knöpfte sein Jackett auf und schob sie in die Innentasche. Behutsam knöpfte er die Jacke wieder zu und strich die Aufschläge glatt. Dann nahm er eine fünfte Zigarette. Ernst gab ihm Feuer und sah Lothar tief in die Augen.

Zu Paul sagte Ernst: «Lothar hat so hübsche Augen. So aufrichtig. Ein bisschen traurig. Ich finde Lothar eigentlich besonders nett. Den Seemann Fritz und seinen Freund mag ich nicht ganz so gern. Joachim ist natürlich ziemlich unkritisch, aber bei Fritz habe ich irgendwie kein gutes Gefühl ...» Er strich mit der Hand über die Revers von Lothars Jackett.

«Wo hast du das her? Es ist so weich wie Seehundsfell», sagte er und tastete beiläufig Lothars Schultern und Brust mit beiden Händen ab.

Während Ernst seine Jacke befummelte, hielt Lothar den Blick in die Ferne gerichtet. In seinen Augen war ein eigenartiges, stilles Leuchten.

Ernst stand vom Tisch auf und erklärte, aus mehreren komplizierten Gründen, die mit seiner Mutter zu tun hätten, müssten Paul und er gehen. Joachim und Willy beschlossen ebenfalls, es sei Zeit zu gehen, worauf Lothar sagte, er werde ein paar Stationen mit ihnen fahren, weil er zu seinen Eltern nach Hause müsse. Lachend und rufend rannten sie die Straßen entlang, um die letzte U-Bahn noch zu erwischen. Sie jagten einander. Sprangen. Tanzten. Lothar schlug auf der Straße ein Rad. «Wie Puck im *Sommernachtstraum*», sagte Ernst leise zu Paul.

Der Waggon war fast leer. Joachim und Willy rannten den Gang auf und ab, Joachim scheuchte eine Motte, die von einem Sitzpolster aufgeflogen war. Als sie schließlich erschöpft in den Halteschlaufen hingen, zog Lothar sich beidhändig hoch, bis sein Kopf die Decke berührte, und machte eine Rolle.

Mit einem Gesicht, auf dem deutlich zu lesen war, Turnen sei eine ernsthafte Angelegenheit, erhob sich Ernst von seinem Platz. «Ich zeig' dir das mal», sagte er und schob Lothar zur Seite. Er stellte sich in Grundstellung unter die Schlaufen, packte sie mit geschultem Griff und hielt sich daran fest. Obwohl er ein verbindliches Lächeln aufgesetzt hatte, ging etwas so Unerbittliches von ihm aus, dass alle zu lachen aufhörten. Dann sagte Joachim: «Sei doch nicht so ernst, Ernst!» Und sie prusteten wieder los.

Sehr langsam, mit der Präzision eines Uhrwerks, zog Ernst sich an den Schlaufen hoch und machte eine Rolle. Hände, Arme und Beine schienen dabei zu knirschen. Sein Blick war tot. Ein gelbes Skelett, das sich zwischen braunen Halteschlaufen überschlug.

Um fünf Uhr früh war Paul in seinem Zimmer bei Stockmanns, aber er legte sich nicht schlafen, weil er eine Entdeckung gemacht hatte, die ihn ebenso verstörte, wie sie ihm schmeichelte. Und zwar hatte jemand sein Notizbuch – mit den Gedichtentwürfen, einer Skizze des Tischgesprächs vom ersten Abend in diesem Haus und einem lebhaften Porträt von Hanni – aus dem Koffer genommen, wo Paul es immer versteckte, und unter die Hemden in eine Schublade zurückgelegt. Er schloss daraus, dass Ernst es gelesen hatte, zweifellos aus Neugier auf die Gedichte, die Paul unter dem Stockmannschen Dach verfasst hatte. Nun schrieb Paul – zu Ernsts Kenntnisnahme – den folgenden Brief in sein Notizbuch:

Lieber Ernst,

ich bin nach unserer Nacht in St. Pauli noch immer ziemlich betrunken, und das mag weitgehend erklären, warum ich noch auf bin und Dir diesen Brief schreibe, den ich offen auf meinem Schreibtisch liegen lassen werde, wo Du ihn zweifellos lesen wirst.

Letzte Nacht hast Du mir das Versprechen abgenommen, mit Dir an die Ostsee zu fahren. Ich werde dieses Versprechen halten, es sei denn, dieser Brief beleidigt Dich so sehr, dass Du nie wieder mit mir reden willst. In diesem Fall lass es mich wissen, andernfalls ist es vielleicht das Beste, diesen Brief nicht zu erwähnen, da zwischen uns keine Übereinkunft besteht, dass Du meinen Koffer durchwühlst, um mein Notizbuch zu lesen.

Ich muss gestehen, dass mir vor unserem gemeinsamen Wochenende graut. Ich möchte Dir erklären, warum mir so graut. Jeder Augenblick mit Dir konfrontiert mich mit einem Bild von mir selbst, das Deiner Vorstellung von mir entspricht und mit dem ich lieber nichts zu tun hätte. Du heftest Dich wie ein Schatten an meine Fersen, Du bist wie ein vor mir aufgestellter Spiegel, in dem ich Dein Bild von mir zu sehen gezwungen bin. Du lässt mir keine Chance, mich (oder vielmehr Deine Vorstellung von mir) zu vergessen. Du machst mir ständig bewusst, etwas zu sein, was ich nicht wirklich zu sein glaube – nämlich unschuldig, naiv, und Du unterstellst, dass ich Dir, meinem Publikum, diese Unschuld und Naivität ständig vorführe.

Angenommen, ich wäre so unschuldig, wie Du meinst, würdest Du diese Unschuld dadurch verderben, dass Du sie mir bewusstmachst. Erinnerst Du Dich an das Gedicht über meinen Freund Marston, das Dekan Close

Dir gezeigt hat? Nun, meine Beziehung zu Marston glich in mancher Hinsicht Deiner zu mir. Ich empfand ihn als unschuldig. Ich identifizierte ihn mit der englischen Landschaft, grünen Feldwegen, Flüssen, die sich durch weite Wiesen winden, waldigen Hügeln, ruhig und gelassen, von einer Milde, die durchaus bedrohlich werden konnte und jedem zürnte, der sie als selbstbewusste Eigenwerbung nahm und sich nicht auf ihre eigene Weise unbewusst ins Leben träumen ließ. Ich hängte mich an Marston, weil ich bestimmte Eigenschaften an ihm bewunderte (liebte!) – seine englische Unschuld, seine Unbefangenheit –, bis es ihn langweilte, dass ich ihn unentwegt beobachtete, und er gereizt und wütend wurde. Vielleicht hätte er mich auf die Dauer sogar gehasst, aber da ich merkte, was in ihm vorging, richtete ich es so ein, dass wir einander nicht mehr sahen. Nimm dies alles nicht ernst. Ich bin so betrunken.

Ich bewundere die Beziehung zwischen Joachim und Willy, weil sie nicht wie meine zu Marston und nicht wie Deine zu mir ist. Sie ist auf Dinge gerichtet, die außerhalb ihrer Person liegen und die sie miteinander teilen, als wären diese Dinge – ihr Leben im Freien, die Sonne, ihre Körper – Mittler ihrer Leidenschaft. Sie sind Freunde, ohne einander mit dem zu quälen, was jeder für die wahre Natur des anderen hält.

Sobald ein Mensch einem anderen in die «Seele» blickt (oder vielmehr in das, was er dafür hält oder was seiner Ansicht nach die «Seele» sein sollte), wird er zum blutsaugenden Vampir, der den eigenen Mangel an bestimmten Eigenschaften – oder was er als diese empfindet – an seinem Freund befriedigt. Er versucht, den Freund zum Gefangenen seines eigenen Geistes zu machen, ohne ihm die Freiheit zu lassen, er selbst zu sein. Ich bin so betrunken.

Nun, außer Du bist durch diesen Brief so beleidigt, dass Du nie wieder Deinen Blick auf mich richten willst (was ich, offen gestanden, hoffe), muss und will ich mein Versprechen halten, mit Dir an die Ostseeküste zu fahren. Du hast auf meinem *Versprechen* bestanden, und wenn ich etwas im Philosophiekurs in Oxford gelernt habe, dann, dass man Versprechen halten muss, wie banal sie auch sind, und Verträge nicht brechen darf. Ich bin sicher, Du hast an die Oxforder Moralphilosophie gedacht, als Du mir dieses *Versprechen* abnahmst.

Danke, dass ich bei Dir wohnen konnte, und bitte sag Deiner Mutter Dank für ihre Gastfreundschaft.

Herzlichst, Paul

DAS WOCHENENDE AN DER OSTSEE

In dem Abteil zweiter Klasse hatte Paul einen Fensterplatz Ernst gegenüber. Um Ernsts Blick nicht begegnen zu müssen, starrte er aus dem Fenster auf die vorbeirasende Landschaft. Sie fuhren durch eine mit Schilf und verwelktem, hohem Sumpfgras bewachsene weite Ebene, dann und wann unterbrochen von Wasserlachen, in denen Reiher standen. Der Zug kam an Dörfern vorbei, wo Störche ihre ausladenden Nester auf gedrungene Kirchtürme gebaut hatten. In der Nähe der Altamündung verlief die Strecke durch den Kiefernsaum entlang der Küste. Hinter Sanddünen sah Paul die See aufblinken.

Der Himmel war sandfarben trüb, darüber türmten sich neblige Wolken wie Berge von Kokain. In halber Höhe schwelte ein Glutkern, die Sonne.

Der Zug hatte Hamburg um vierzehn Uhr siebzehn verlassen. Er brauchte drei Stunden und dreizehn Minuten bis zur Fähre, die sie über die Alta setzen und ans Ostufer zu dem kleinen Ferienort Altamünde bringen würde.

In einem Anfall von Klaustrophobie – Ernst war so unausweichlich nah und ließ ihn nie aus den Augen – dachte Paul, er werde verrückt. Er meinte, Stimmen zu hören, zumindest seine eigene Stimme, in seinem Kopf. Sie warf ihm vor: «Diese Reise ist grotesk, ist unsinnig. Du sitzt hier, nur weil Ernst dir vor drei Wochen, als ihr zu viert im *Drei Sterne* und allesamt betrunken wart, das Versprechen abgenommen hat, mit ihm an die Ostsee zu fahren. Du hast eingewilligt, weil du total unfähig bist, vorauszusehen, was passiert, wenn eine Abmachung Wirklichkeit wird. Für dich ist die Zukunft ein leerer Raum von unvorstellbar leerer Zeit. Wenn man dich fragt, ob du eines fernen Tages dies tun oder dorthin fahren willst, überlegst du nur, ob du schon eine andere Verabredung für diesen Tag getroffen hast, und falls nicht, füllst du den leeren Raum mit einer Verpflichtung, ohne dir ein Bild von dem entsetzlichen Augenblick zu machen, in dem der notierte Termin sich zum Faktum konkretisiert: zu dem Faktum, das Ernst heißt und jetzt dir im Zug gegenüber sitzt. Aus dem Versprechen, das du Ernst vor drei Wochen gegeben hast, ist Gegenwart geworden, ein massives Jetzt, Minuten von Stein. Vor dir liegen sechsunddreißig Stunden allein mit Ernst ... sechsunddreißig mal sechzig macht 2160 Minuten, die du durchstehen musst, Minute für Minute, bis du Sonntagnacht erlöst in dein Hamburger Zimmer zurückkehren darfst.»

Die Sonne brach durch die Wolken. Ernst beugte sich vor und rief mit leiser Stimme: «Die Sonne auf deinem Gesicht ist wundervoll. Es steht in Flammen. Du siehst wie ein Engel aus.»

Um halb sechs gingen sie von der Fähre. Die Rucksäcke geschultert, marschierten sie einen Weg entlang, der sie zu einem Café führte, dem nagelneuen Anbau eines Hotels, dessen Hauptgebäude ein Backsteinbau mit Holzfachwerk und weißen Balkons war; vermutlich hatte Ernst dort Zimmer für sie gebucht. Sie stellten die Rucksäcke in einer Ecke des Cafés ab und setzten sich an einen Tisch, von dem man einen Ausblick aufs Meer hatte. Paul sah den Strand und die Urlauber, sie planschten im Wasser, schwammen, liefen herum, riefen, schrien und lachten: Jeder von ihnen war glücklich darüber, dachte er, dass er nicht in einem Hotelcafé Ernst gegenübersitzen musste, Ernst mit seinem Kopf wie ein Raubvogelschädel, den oberen Teil seines Skeletts im Blazer des Downing College, Cambridge.

Aber ich werde darauf bestehen, dass wir um halb acht zu Abend essen, sagte Paul zu sich selbst. Das ist in zwei Stunden – das heißt in hundertzwanzig Minuten. Danach werde ich mich früh verabschieden, etwa um halb zehn, und auf meinem Zimmer lesen und schreiben. Ich werde in meinem Notizbuch meine Gefühle während der Zugfahrt mit Ernst notieren und dann Rilkes *Malte Laurids Brigge* lesen. Das Vorgefühl darauf, in seinem Zimmer allein zu sein, versetzte ihn in eine Erregung wie sonst nur die wildeste Sexualfantasie.

«Ich habe an dem Abend im *Drei Sterne* doch sicher eindeutig klargestellt, dass wir nicht in einem Zimmer schlafen.» Kaum hatte Paul das gedacht, als ihn ein heftiges Misstrauen gegen den Paul von vor drei Wochen packte. Hatte jenes hirnlose Wesen genügend Voraussicht besessen sicherzustellen, dass der jetzige Paul, der mit Ernst an diesem Tisch saß, abends um halb zehn auf sein eigenes Zimmer entlassen würde? Paul war schrecklich betrunken gewesen, erinnerte sich der Paul von heute, und deshalb konnte er sich auf so wenig von damals besinnen. Er schob diese Gedanken weg und stellte sich stattdessen den weiteren Verlauf des Wochenendes vor: Morgen ein ganzer Tag mit Ernst, aber nicht ganz mit ihm allein, denn wir wollten doch – dass er das gesagt hat, weiß ich noch genau – einen jungen Architekten besuchen, Castor Alerich, der mit seiner Frau Lisa in einem von ihm selbst entworfenen Haus wohnt. «Ein kleines Meisterwerk der neuen deutschen Architektur – ein funktionalistisches Schmuckstück», hatte Ernst gesagt.

Paul unternahm jetzt eine ungeheure Anstrengung, löste den Blick vom Strand und zwang sich, Ernst anzusehen. «Lass uns vor dem Abendessen am Strand spazieren gehen», sagte er und dachte dabei, etwas Bewegung werde die Zeit schneller vergehen lassen.

«Bevor wir gehen, sollte ich wohl besser an der Rezeption unsere Zimmer buchen.»

«Ich dachte, du hättest das schon von Hamburg aus getan.»

Ernst zog einen Schmollmund: «Das habe ich nicht für nötig gehalten.»

«Dann solltest du dich wirklich jetzt sofort darum kümmern.»

«Kommst du mit zur Rezeption?»

«Ich bleibe lieber hier.»

Ernst nahm die Rucksäcke und ging ins Hotel hinüber. Paul blieb allein und überließ sich seinen Träumen von ihrer Rückkehr nach Hamburg, Ernst wieder bei Hanni in der gruftartigen Familienvilla, er in dem Zimmer, das er sich genommen hatte, nachdem er ohne Abschied bei Stockmanns ausgezogen war: ein Raum, in dem es bloß einen Stuhl, einen Nachttisch, einen Kleiderschrank (auf den er seinen Koffer geschoben hatte), einen gescheuerten Holztisch (für Bücher und Manuskripte) und ein schmales Bett gab.

Ernst kam zurück. «Das wäre erledigt. Ich hoffe, es ist dir recht ...»

«Gut, dann können wir ja spazieren gehen.»

«Leider hat sich eine kleine Schwierigkeit ergeben, ganz unwesentlich allerdings, wie du sicher zugeben wirst. Anscheinend findet heute hier in der Gegend eine Art Festveranstaltung statt, darum ist das Hotel ausgebucht. Ich hatte Mühe, sie zu überreden, uns überhaupt ein Zimmer zu geben. Obwohl es natürlich ganz gleich ist. Hauptsache, wir haben eines. Ich bin sicher, es macht dir nichts aus, dass wir es miteinander teilen müssen.»

«Können wir nicht in einem anderen Hotel Zimmer bekommen?»

«Ich habe mich selbstverständlich nach allen Möglichkeiten erkundigt. Aber sie sagten, dies sei das einzige Hotel in Altamünde, und auf der Westseite der Flussmündung sei erst recht alles überfüllt.»

«Können wir nicht heute Abend nach Hamburg zurückfahren?»

«Selbst wenn es möglich wäre, würde es ziemlich merkwürdig aussehen, wenn ich das täte. Schließlich habe ich meiner Mutter gesagt, dass ich zwei Tage weg sei. Ich wüsste wirklich nicht, wie ich ihr das erklären sollte. Und du hast doch sicher dein Hamburger Hotelzimmer für heute Nacht aufgegeben?»

«Ich musste das Zimmer behalten. Meine Sachen sind ja dort.»

«Finanziell bist du doch wohl kaum in der Lage, ein Hotelzimmer zu bezahlen, das du nicht benutzt. Ich dachte, du hättest mit dem Portier irgendeine Abmachung getroffen, dass du deine Sachen unterstellen kannst.»

Paul starrte ihn an.

«Wirklich, ich wünschte, du hättest mir deine Einstellung zu diesem Ausflug etwas früher mitgeteilt. Ich hätte diese Spritztour auch ganz gut allein unternehmen können.»

Als opfere er meinetwegen Tage seliger Einsamkeit, dachte Paul.

«Ernst, du weißt genau, dass ich es dir versprechen musste. Ich halte lediglich mein Versprechen.»

Ernst sagte steif: «Es ist wohl kaum meine Schuld, dass das Hotel so wenig Komfort bietet. Aber dass wir ein Zimmer teilen müssen, kann doch unmöglich der Grund sein, dass du so verstimmt bist.» Er sah Paul direkt an. «Warum bist du so feindselig zu mir, Paul?»

«Du kennst die Antwort auf diese Frage.»

«Nein.»

«Hast du denn nicht den Brief gelesen, den ich bei euch zu Hause in mein Notizbuch geschrieben habe? Hast du etwa nicht die ganze Zeit mein Notizbuch gelesen?»

Ernst reagierte erstaunlich gelassen auf diese Fragen.

«Ja, ich habe diese – äh – Dokumente gelesen ...»

«Und?»

«Um die Wahrheit zu sagen, habe ich deine Schreibereien nicht ganz ernst genommen. Ich bin fünf Jahre älter als du, Paul. Ich dachte wohl: Paul ist schließlich erst zwanzig, ein junger Schriftsteller, der ausprobiert, was er kann. Ich gestehe, als ich die Beschreibung deiner ersten Mahlzeit in unserem Haus am Abend deiner Ankunft las, war ich mehr meiner Mutter wegen als meinethalben verärgert.» Er presste sich ein humorloses Lächeln ab. «Hie und da bemerkte ich einen Anflug journalistischer Beobachtungsgabe – deine Beschreibung, wie ich im offenen Hemd zum Abendessen herunterkomme und danach mit meiner Mutter dieses Tischkricket spiele –, na ja, ganz amüsant, wenn man es in einer Studentenzeitschrift läse, der *Granta* zum Beispiel. Vielleicht überrascht es dich zu hören, dass meine Mutter, als ich ihr von deinem Notizbuch erzählte – nicht, dass ich es ihr gezeigt hätte, das wäre unfair gewesen –, genauso wie ich reagiert hat, vielleicht noch eine Spur stärker, sie meinte nämlich, dass es ein kleines bisschen unfein von dir gewesen sei, weiter als Gast bei uns zu wohnen, während du dich anhand unserer Familie im Schreiben geübt hattest ...» Er brach ab und setzte dann in ernsterem Ton hinzu: «Wie auch immer, ich hatte nicht deine literarischen Taten im Sinn, als ich dich eben fragte, weshalb du so feindselig bist. Ich wollte wissen, warum du einen solchen Abscheu davor zeigst, das Zimmer mit mir zu teilen. Ich kann nicht glauben, dass du dich ebenso verhalten würdest, wenn es sich, sagen wir, um Joachim oder auch um Willy handelte. Das lässt eine deutliche Antipathie gegen mich erkennen. Ich wäre nun dankbar zu hören, was du gegen mich hast, Paul. Ich möchte die Worte gern aus deinem Mund hören und nicht von deiner unreifen Feder geschrieben lesen.»

Diese Ironie kam für Paul überraschend. Es war, als träte eine Figur, die für ihn als Erzählfigur existierte – eine Figur in dem Roman über die Stockmanns, über den er die ganze Zeit nachdachte –, plötzlich aus der geplanten Druckseite heraus und verkündete mit eigener Stimme, sie sei real und der Beweis dafür sei die aus dem gegenwärtigen Augenblick erwachsende direkte Rede, eben keine nachträglich niedergeschriebenen, getippten oder gedruckten Worte. Paul musste zugeben, dass er bisher alles, was Ernst sagte, als Druckzeilen in Paul Schoners Roman gesehen hatte, den er – zur Beurteilung durch William Bradshaw – im Geiste schrieb. Die Worte, die den *Ausflug nach Altamünde* beschrieben und die Paul, kaum waren sie ausgesprochen, mit Tinte schwarz auf weiß als Material zu diesem Roman in sein Notizbuch einfließen sah, lösten sich plötzlich im ständig wechselnden, nie festgelegten unvorhersehbaren Strom mündlicher Rede auf wie das Salz im Meer. Ernst, der ihm gegenüber am Tisch saß, wurde plötzlich jemand, der jeden Augenblick jemand anderes und für alle Zeit wieder und wieder jemand anderes werden konnte. Paul sah aufs Meer. Da gab es Strömungen, Ebbe und Flut, da blieb die Temperatur nie gleich. Das Leben kannte viele Möglichkeiten.

Fast schuldbewusst sagte er: «Ich weiß nicht, ob es richtig von mir war, über das Abendessen bei euch zu schreiben. Vielleicht war es voreilig. Wir kannten einander nicht lange genug. Wir kennen einander immer noch nicht ... Wahrscheinlich war mein erster Eindruck falsch ... Deine Freunde in Hamburg mögen dich», schleuderte er zusammenhanglos heraus, «und ich traue ihrem Urteil mehr als meinem.»

Ernst gab sich die Allüre eines unvoreingenommenen Richters, der nicht ohne Vergnügen, mit zur Seite gelegtem Kopf, diese Frage bedenkt: «Sie mögen mich nicht wirklich. Sie nehmen mich hin, weil sie sich an mich gewöhnt haben. Meine Mutter und ich liefern ihnen genügend Anlass zur Belustigung. Und natürlich weiß ich, dass ich lächerlich bin. Ich mache mich oft über mich selbst lustig, wie an jenem Abend, als ich im Kricketdress zum Abendessen kam, wie du dich erinnerst. Es hat mich sehr amüsiert. Ich mag Joachim und Willy. Ich genieße ihre Witzeleien über mich.»

«Sie mögen dich. Sie haben es mir gesagt, als ich allein mit ihnen im Schwimmbad war.»

«Aus einigen Passagen in deinem Notizbuch hätte ich das nicht geschlossen.»

Es drängte Paul, Ernst die ganze Ungeheuerlichkeit seiner früheren Einstellung zu gestehen und so ein für alle Mal Klarheit zwischen ihnen zu schaffen. Er erklärte: «Ich habe diese Sachen in meinem Notizbuch geschrieben, weil du mir irgendwie tot vorkamst.»

Ernst behielt die Kopfhaltung des kühl Beurteilenden bei und nahm den Tonfall eines erfahrenen Philosophen an, der die etwas extravagante These eines jungen, sehr jungen und naiven Kollegen mit einiger Distanz betrachtet: «Was genau verstehst du unter dem Begriff ‹tot›, mit dem du während eines freundschaftlichen Streits den einen von zwei Freunden beschreibst, wenn doch in Wirklichkeit beide am Leben sind? Jemand, der ein ernsthafter Schriftsteller werden will, sollte die Sprache präziser gebrauchen, nehme ich an.»

«Wenn ich dich mit Willy und Joachim zusammen sehe, habe ich manchmal das Gefühl, dass du dich von ihrer Vitalität mitreißen lässt, um dir selbst zu beweisen, dass du lebendig bist.»

Ernst warf Paul einen weichen Blick zu: «Vielleicht ist dieses Gefühl, lebendig zu sein, in mir stärker, wenn ich mit dir allein bin, als wenn ich mit den beiden zusammen bin. Der Unterschied liegt in einem rein physischen Wohlgefühl in ihrer Gesellschaft und etwas – ja, wie soll ich sagen – Geistigem oder wenigstens Dichterischem bei dir.»

Paul sagte heftig: «In Wirklichkeit magst du keinen von uns so sehr, wie du denkst. Du willst so werden wir wir – unsere Körperlichkeit annehmen und das, was du meine Geistigkeit nennst –, und das ist etwas gänzlich anderes als Liebe. Liebe – das sind verschiedene Menschen, die an denselben Dingen Gefallen finden und nicht versuchen, das Leben des anderen zu absorbieren. Lieben heißt, dass jeder aus dem Anderssein des anderen Glück bezieht. Hinter deinem Wunsch, dir jene Eigenschaften eines anderen anzueignen, von denen du meinst, dass sie dir fehlen, steckt eine tiefe Missgunst, steckt der Wunsch, die Person mit diesen Eigenschaften zu zerstören.» (Hatte er versucht, Marston zu zerstören?) «Du sagst, du bewunderst Joachim wegen seiner sorglosen Vitalität, du besäßest gern seine Unbekümmertheit, aber trotzdem verachtest du ihn, weil er nicht besonnen und sorgfältig ist und sich nicht ausschließlich um Geschäftsdinge kümmert. Tief in dir bist du der Meinung, dass er geschäftlich erfolgreich zu sein hätte, und zwar nach kaufmännischen Maßstäben, selbst wenn du weißt, dass diese Maßstäbe tödlich sind, ein Mausoleum wie dein Elternhaus. Du bewunderst Joachim und Willy wegen ihrer Freundschaft, aber obwohl du Freundschaft so sehr schätzt (und sie dir wahrhaftig mehr als alles andere wünschst), hältst du die beiden letztlich für leichtfertig. Wenn du die Handschriften jener französischen und deutschen Genies analysierst, die du so bewunderst, tust du das weniger, um ihre Stärken herauszustreichen, als um die Aufmerksamkeit auf ihre Schwächen zu lenken. Du behauptest deine Macht durch das Aufdecken von Fehlern bei Leuten, die du für vernünftiger hältst als dich selbst. Du musst so handeln, weil ihre Vitalität deinen Glauben an deine eigene zerstört.»

Ernst sah sehr still und leichenblass aus. Dann sagte er: «Alles, was du sagst, ist wahr. Ich habe das alles schon lange gewusst, aber es vor mir selbst nie wirklich zugegeben. Es ist wahr. Ich bin tot.»

Es trat ein Schweigen ein, als wäre ein Schlusspunkt erreicht. Triumphierend brach Paul die Stille mit einem gewollten Lachen: «Natürlich bist du nicht tot, Ernst! Natürlich ist das, was ich gesagt habe, nicht wahr! Ich habe das alles aus einem Buch, das ich kürzlich gelesen habe.»

Ernst gab ein schwaches Zeichen von Wissensdrang: «Oh, aus einem Buch! Wie interessant! Darf ich den Namen des Autors erfahren?»

Er nahm einen Bleistift und ein kleines Notizbuch aus der Tasche seines Blazers.

«*Fantasia of the Unconscious* von D. H. Lawrence.»

Ernst schrieb das auf. Dann sagte er mit Grabesstimme: «Trotzdem ist es wahr, dass ich tot bin. Aber du kannst mir helfen, lebendig zu werden.»

«Lass uns jetzt spazieren gehen.»

Das Hotel lag am äußersten Ende von Altamünde, und genau gegenüber, unterhalb des Cafés, hörte die betonierte Promenade auf. Drei Steinstufen abwärts verlief ein Fußweg zwischen dem Strand und einem Kiefernwäldchen, wie es sie an dieser Küste häufig gab. Sie folgten diesem Weg. Zu ihrer Rechten lag der Strand, dahinter die See. Am Strand sahen sie Liegestühle, einige Zelte, Badegäste auf Handtüchern oder Matratzen. Manche trockneten sich im Stehen ab. Es hatte aufgeklart. Die Sonne schien. Der Strand war ein leuchtendes Gelb, gesprenkelt wie eine Eierschale; die Wellen rollten in parallelen Schaumkämmen auf die Küste zu. Jungen und Mädchen spielten im Sand. Landeinwärts wanderten Beine zwischen rosigen Kiefernstämmen, verschwanden im Schatten, blinkten im Licht wieder auf.

Paul begann Ernsts Probleme klinisch zu betrachten, als «Fall», wie Wilmot es mit Pauls Problemen getan hätte. Er kam zu dem Schluss, dass schöpferische Tätigkeit Ernst «retten» würde. (Paul neigte dazu, «Kreativität» für ein allen zugängliches Heilmittel zu halten. Das hätte Wilmot zweifellos nicht getan.) «Ich sag' dir was, Ernst, du solltest übersetzen. Du liebst die englische Sprache und sprichst sie besser als die meisten Engländer. Wenn du deine Liebe zum Englischen in schönes Deutsch umsetzen könntest, würde dich das glücklich machen.»

«Das habe ich schon ausprobiert. Was du unmöglich verstehen kannst, Paul, ist, dass ich einfach nicht den Willen habe, mich schöpferisch zu betätigen – obwohl mir durchaus klar ist, dass es die meisten meiner Probleme, wenn auch nicht alle, lösen würde, wenn ich mich dazu aufraffen könnte. Ich kenne mich besser als du. Ich habe kein Fünkchen Kreativität in mir.»

«Aber du willst, dass man dich mag und bewundert, du bist ehrgeizig.»

«Das ist bis zu einem gewissen Punkt wahr», sagte Ernst in fast genießerischem Selbstmitleid, «aber kannst du dir nicht jemanden vorstellen, der zwar Ambitionen hat, sich aber darüber im Klaren ist, dass das nur Schemen sind, wie die Kohlevorzeichnung zu einem Bild, von dem der Künstler weiß, dass er es nie malen wird und das immer eine Skizze bleibt. Die Ambition allein ist bloß Zeichenkohle, sie wird nie lebendige Farben annehmen. Und doch ist der Künstler gut genug, um die Kohleskizze aufzubewahren, und ihr Anblick quält ihn als eine nicht verwirklichte, nicht zu verwirklichende Möglichkeit. So bin ich. Aber ich kenne meine Schwächen und nehme daher weder meine Erfolge noch meine Misserfolge ernst. Im Ganzen bin ich einigermaßen glücklich, ich habe Bücher, ich habe mein Studierzimmer, ich habe Freunde. Und natürlich habe ich meine über alles geliebte Mutter, die mir die halbe Welt bedeutet, ich liebe Hamburg, und ich kann nach St. Pauli gehen, wann immer ich Lust dazu habe. Meine Weltanschauung, wenn du es so nennen willst, ist, dass ich glücklich bin, weil es keinen vernünftigen Grund für mich gibt, unglücklich zu sein.»

«Lass uns jetzt ins Wasser gehen.»

Sie zogen sich unter den Kiefern aus. Das Wasser war sehr seicht, und sie mussten weit hinauswaten, bis sie eine tiefe Rinne fanden. Sie schwammen fast eine Stunde. Sie kamen viel besser miteinander aus, wie sie so nebeneinander schwammen und sich nur gelegentlich etwas über das Wasser zuriefen.

Zurück im Hotel, gingen sie auf ihr Zimmer. Es war winzig. Es gab zwei schmale Betten, die nebeneinander standen, ein Waschbecken mit einem Spiegel darüber, eine Kommode und einen Schrank. Ernst ging zum Waschbecken und starrte in den Spiegel. Um das Gesicht genauer mustern zu können, blähte er die Backen auf wie ein Redner, der gerade zu einer Ansprache ansetzt. Es beunruhigte ihn, etwa einen Fingerbreit vom Mund entfernt auf seiner Wange ein kleines weißes Pünktchen zu entdecken, das sich, wie er wusste, zu einem entstellenden, furunkelähnlichen Pickel zu entwickeln drohte.

Zum Abendessen gingen sie in den Speisesaal hinunter, auf dessen schokoladenbraun gestrichener Kiefertäfelung als einziger Schmuck ein paar gerahmte Fotos von norwegischen Fjorden hingen. Mehrere Tische waren von lärmenden Ferienfamilien mit Beschlag belegt. An anderen saßen jungverheiratete Pärchen. An einem ein wehmütig-trauriger einsamer «Sonderling». (So jedenfalls schätzte Paul die anderen Gäste ein.)

Auf den Tischen standen hektografierte Speisekarten in lila Schrift. Sie boten zwei Menüs zur Auswahl an, eins zu 2,50 Mark, das andere zu 1,75 Mark. Paul, der einem Gastgeber ungern Kosten verursachte, sagte, er nehme das billigere. Ernst sagte: «Das ist aber kalt. Bist du sicher, dass du nicht lieber das andere Menü mit Brathühnchen haben möchtest? Aber ...», er konzentrierte sich auf die Speisekarte, «vielleicht hast du recht. In diesem Hotel müsste kaltes Fleisch eigentlich hervorragend sein. Ich glaube, ich nehme das auch.» Dann fuhr er unschlüssig fort: «Möchtest du vielleicht etwas zum Essen trinken?»

«Nein, wirklich nicht. Ich trinke nie etwas zum Essen, höchstens Wasser.»

«Ja, gut. Und du möchtest nicht ein Mineralwasser oder Zitronensprudel?»

«Zitronensprudel nehme ich gern.»

«Aber natürlich.» Er wandte sich zum Kellner: «Einen Zitronensprudel, bitte!» Paul fühlte sich hereingelegt.

Paul war klar, dass er ein ernsthaftes Gespräch mit Ernst anfangen müsste. Aber gerade in diesem Augenblick überfiel ihn ein wilder Wachtraum, der alles andere überdeckte und ihn daran hinderte, Ernst zu sehen oder gar zu hören, was er sagte. Die Restauranttür zur Promenade wurde plötzlich aufgerissen, und Simon Wilmot und William Bradshaw rauschten mit triumphierendem Grinsen herein. Sie sahen auf exzentrische Weise englisch aus. Simon trug einen grauen Flanellzweireiher mit offenem Hemdkragen und hielt einen Strohhut in der Hand, den er trug, um seinen hellen Teint gegen die Sonne zu schützen. Ein Monokel baumelte ihm vom Hals, und er hatte sich einen Spazierstock mit Elfenbeinknauf waagerecht unter den Arm geklemmt. Offensichtlich hielt er dies für den angemessenen Aufzug in einem Seebad. William Bradshaw trug eine graue Flanellhose, kein Jackett, sondern einen glattgestrickten weißen Pullover mit schmalen blauen Streifen. Er sah wie ein strahlend vergnügter junger Seemann aus.

Ihre Blicke waren die ganze Zeit einander zugewandt, als machten sie sich gemeinsam über etwas lustig. Ihre Belustigung galt Paul. Als sie ihn sahen, brachen sie gleichzeitig in schallendes Gelächter aus. «Paul!», riefen sie im Chor. «Wie um alles in der Welt seid ihr hierhergekommen?», fragte Paul.

«Na ja», sagte Simon, «du hast mir doch aus Hamburg deine neue Adresse geschrieben, nachdem du bei Stockmanns ausgezogen warst. Wir wollten dich besuchen, und deine Wirtin hat uns gesagt, du seist in Altamünde.»

William Bradshaw sagte: «Ich wollte schon immer an die Ostsee, also haben wir die Gelegenheit wahrgenommen, da wir wussten, dass du dich irgendwo am Strand herumtreiben würdest. Wir waren ziemlich sicher, dich hier zu treffen.»

«Bevor wir nach Hamburg fuhren, war ich in Berlin», sagte Wilmot. «Hast du meine Briefe bekommen?»

«Über deine Zeit am Institut für Sexualwissenschaften von Magnus Hirschfeld? Aber sicher doch», erwiderte Paul.

«Simon hat ein paar sensationelle Dinge herausgefunden», sagte William.

«Was denn?»

«Na, was wohl ... natürlich über die Liebe», sagte William. «Und was?»

«Solange du dich nicht schuldig fühlst, steckst du dich nicht an», sagte William.

«Das habe ich nie gesagt.»

«Ach ja, das habe ich vergessen: Die Voraussetzung ist, dass du die betreffende Person liebst.»

«Und dass die betreffende Person dich liebt, alter Knabe.»

«Na gut. Sie müssen einander lieben. Dann sind sie immun. Die Immunität beruht auf Gegenseitigkeit. Gegenseitigkeit bedeutet Immunität.»

Bradshaw fuhr fort: «Simons stolzeste Leistung ist, dass er einen Bischofssohn, der von Vaters Dom ausgerissen war, von Kleptomanie geheilt hat.»

«Oh, wie hat er das denn geschafft?»

«Er brachte ihn dazu, keine Schuldgefühle mehr wegen der Diebstähle zu haben. Er hat aus dem Stehlen eine Geschäftstätigkeit gemacht (was es letzten Endes ja auch ist –

ich meine das Geschäftemachen), so dass er sich nicht schuldiger fühlen musste als jeder andere Geschäftsmann. So unschuldig etwa wie der Vorsitzende der Bank of England.»

«Und wie hat er das gemacht?»

«Er hat ihm ein großes Rechnungsbuch gekauft und ließ ihn alles eintragen, was er gestohlen hatte, und gleichzeitig alle Beträge, die er für die gestohlenen Sachen auf dem Markt erlöst hatte.»

«Nein, nicht doch», berichtigte Simon. «Heute verdrehst du alles. Er hat für das, was er gestohlen hat, kein Geld bekommen. Er hat die gestohlenen Sachen bei mir in einen Schrank getan, und ich habe sie dort für ihn aufgehoben.»

«Und was ist passiert?»

«Erstaunlicherweise passierte gar nichts, bis er eines Tages einen Satz silberne Tauflöffel stahl. Beim Versuch, diesen Diebstahl samt einer Beschreibung der Ware in das Rechnungsbuch einzutragen, wurde der Bischofssohn ohnmächtig. Als er wieder zu sich kam, bestand er darauf, sämtliche gestohlenen Sachen an ihre Eigentümer zurückzugeben.»

William ergänzte: «Dadurch, dass Simon den Diebstahl zu einem rein geschäftsmäßigen Vorgang machte, hat er das Bild des romantischen Helden, das der Junge von sich selbst hatte, unterminiert und das Stehlen zu einer ebenso schmutzigen Angelegenheit gemacht wie die Leitung einer Bank. Und als die Apostellöffel ins Spiel kamen, brachte das den dogmatischen Symbolismus in Konflikt mit dem romantischen Traum, und die Welt des Jungen brach zusammen.»

«Was geschah dann mit ihm?»

«Er lief weg, aber ohne die Beute», sagte William. Er kicherte. Simon sah etwas verlegen aus.

In seinem Wachtraum hatte Paul den Tisch, an dem er mit Ernst saß, verlassen und war zur Tür gegangen, wo Simon und William standen. Sie verließen zu dritt das Restaurant und gingen zum Strand. Mysteriöserweise hatte Paul eine Kamera mit Stativ dabei, die er kürzlich gekauft hatte. Die Kamera hatte einen Selbstauslöser, mit dessen Hilfe man sich selbst aufnehmen konnte. Paul schraubte die Kamera auf das Stativ und stellte sie am Strand auf. Simon und William posierten grinsend auf der Promenade vor dem Hotel. Paul betätigte den Selbstauslöser, stellte sich schnell zwischen seine Freunde und legte den einen Arm um Simon, den anderen um William. So standen sie lachend da, im Hintergrund das Hotel.

Dieser Wachtraum war so intensiv, war so überwältigend, dass Paul nicht ein Wort von dem hörte, was Ernst sagte. Es war, als stünde Ernst am anderen Ufer eines Flusses, zu Paul drang kein Laut herüber, er konnte nur Ernsts Lippen sehen, die sich unverdrossen bewegten. Mit ungeheurer Anstrengung zwang Paul sich, ihm zuzuhören, er hatte das Gefühl, sich an jeden einzelnen Buchstaben jedes Worts klammern zu müssen, das Ernst von sich gab.

Paul hörte Ernst fragen: «Sag mal, wann hast du dieses Gefühl mir gegenüber zum ersten Mal gehabt?»

«Welches Gefühl?»

«Wann hat deine Antipathie gegen mich angefangen?»

«Möglicherweise an dem Tag, als du mich in Hamburg abholtest und ich dich am Bahnsteig warten sah. Du wirktest so ganz anders als in Oxford.»

«Warum gerade in dem Augenblick?»

«Du kamst mir sehr unglücklich vor.»

«An dem Tag war ich besonders glücklich. Es war der Tag deiner Ankunft.»

Der Kaffee wurde serviert. Er schmeckte stark nach Krabben. Paul verfiel einem neuen Wachtraum, der sich aus der

Frage entspann, warum ein Hotel an der Ostsee wohl kaltes Fleisch serviert, so zäh wie Schuhsohlen, und keine Köstlichkeiten frisch aus dem Meer. Aus der Küchentür traten sechs strahlend lächelnde, elegante Kellner mit Silberplatten voller Hummer, Steinbutt, Jakobsmuscheln, Krabben und Sprotten. Mit großer Anstrengung verscheuchte er auch diesen Wachtraum und konzentrierte seine Aufmerksamkeit wieder auf Ernst.

Da sein Plan, sich gleich nach dem Essen zurückzuziehen, Notizen zu machen und Rilke zu lesen, sich zerschlagen hatte, weil er mit Ernst ein Zimmer teilen würde, lag ihm daran, möglichst spät zu Bett zu gehen, so wie es ihm vorher nicht früh genug sein konnte. Er schlug vor, noch einmal am Strand entlangzugehen. Als sie vor dem Hotel standen und auf die abendliche See und den dunkelnden Himmel blickten, zwang er sich, mit Ernst ein Gespräch über Thomas Mann anzufangen, dessen frühe Romane und Erzählungen sich häufig mit Bürgern der nahen Hansestädte Lübeck und Hamburg befassten. Ernst bekannte, dass er als Heranwachsender beim Onanieren oft an Hans Castorp aus dem *Zauberberg* gedacht habe. Paul sagte, er habe diesen Roman in seinem ersten Trimester in Oxford zu lesen begonnen, dann aber aufgehört, weil die Schwindsuchtsymptome der Patienten des Schweizer Sanatoriums so lebhaft geschildert wurden, dass ihn Fieberschauer packten. Als nächstes fragte Ernst ihn über die jungen Dichter in Oxford aus. Paul versuchte, die Lyrik des zwei Jahre älteren Wilmot zu beschreiben, stellte aber fest, dass er dazu außerstande war. Nein, sie war nicht wie die von Rilke, soweit er davon einen Begriff hatte. Ernst setzte seine spöttische Miene auf und sagte: «Na schön, wenn du mir seine Gedichte nicht beschreiben kannst, kannst du mir vielleicht seine Lebenseinstellung erklären. Hugh Close erzählte mir, sie sei ziemlich merkwürdig.» Höchst unklugerweise ließ Paul sich darauf ein und begann mit dem, was offensichtlich gemeint war – mit Wilmots Einstellung zum Sex. «Er glaubt, dass der Geschlechtsakt als solcher unwesentlich ist. Entscheidend ist, keine Schuldgefühle dabei zu haben. Wenn man keine Schuldgefühle hat und reinen Herzens ist, holt man sich keine Geschlechtskrankheiten. Deshalb konnten die Heiligen im Mittelalter mit den Aussätzigen schlafen, ohne Lepra zu bekommen. Sie schliefen mit ihnen als Ausdruck der göttlichen Liebe, und sie fühlten keine Schuld.» Er zitierte den Ausspruch eines von Wilmot bewunderten unorthodoxen Psychoanalytikers: «‹Agape holt sich bei Eros keine Syphilis.› Die wichtigste Lebensregel ist: Zu lieben und keine Schuld zu empfinden, welche Form auch immer die Liebe annimmt. Schuld ist die Unfähigkeit zu lieben, sie wendet sich gegen dich und verursacht Neurosen, die sich als Krebs äußern.»

An diesem Punkt begann Paul, ziemlich konfus zu werden. Trotzdem fuhr er beharrlich fort, nicht zuletzt, weil er spürte, dass sein Verhalten im Sinne dieser Beweisführung als lieblos und unzulänglich zu kritisieren war. Wer von einer Person geliebt wird, die er körperlich nicht anziehend, ja sogar abstoßend findet, und sich den Annäherungsversuchen dieser Person nicht entzieht, verhielte sich wie ein Heiliger, weil er Liebe mit Liebe erwiderte. Paul konnte sich nicht vorstellen, diesen Grad von Heiligkeit zu erlangen, indem er beispielsweise mit einer runzligen lilahaarigen Dame der Gesellschaft schlief oder mit einem von Krankheit zerrütteten *poète maudit* wie Paul Verlaine. Vielleicht war Rimbaud ein saphiräugiger Seraph, weil er mit Verlaine geschlafen hatte.

Ob Paul dies alles wirklich zu Ernst gesagt hat oder nicht – das Gefühl, Ernst seine Version von Wilmots Weltanschauung vermittelt zu haben, bestimmte diesen Abend, während sie am Strand entlanggingen. Die Sonne stand jetzt so tief, dass sie von austergrauen Wolken verschleiert wurde und nicht mehr blendete. Wenn Paul direkt hineinschaute, sah er eine brennend zinnoberrote Scheibe. Er versuchte, nur die Sonne zu sehen und alles andere aus seinem Blickfeld zu verbannen – die bräunliche See und das Land, das einem riesigen, schuppigen Kraken glich, dessen Tentakel die Landzungen waren. Als die brennendrote Scheibe den Horizont berührte, schien sie sich zu verformen, wurde bauchig, und wenige Sekunden später zuckten ihre Ränder, so kam es ihm vor, wie das herausgerissene feurige Herz des Odysseus. Und wieder veränderte sie sich. Jetzt, dachte er, sah sie aus wie das Zelt Heinrich VIII. bei seinem Treffen mit François I. Zuletzt wie ein rotes Segel, das ein Sturm über den Horizont jagte. Die Wellen schossen daran empor, schlugen dagegen, zogen es hinab, bis es versank. Und dann, das fühlte er, mehr als er es sah, übergoss durchsichtiges Licht jenen Teil des Himmels mit Blut.

Sie waren zu einem Uferabschnitt gekommen, an dem sich ein Ferienlager befand, eine Gruppe von Zelten unter Bäumen. Ein paar einsame Camper trafen gerade Vorbereitungen für die Nachtruhe. Plötzlich hellte Ernsts Gesicht sich auf, und er rief grüßend einem abseits stehenden Mädchen zu: «Hallihallo! Wen haben wir denn da? ... Wie kommst du hierher?», sagte er, schon leiser, zu Irmi, die nun auf sie zukam. Sie trug weiße Shorts, ein weißes Hemd und weiße Socken, die aus ihren weißen Turnschuhen hervorsahen. Sie lächelte Paul über Ernst hinweg an und sagte: «Guten

Abend.» Er lächelte zurück und sagte ruhig: «Hallo.» – «Wir haben dich auf frischer Tat ertappt. Mit wem bist du hier?», fragte Ernst neckisch. «Ich bin allein. Allerdings sind auch noch Freunde von mir hier», sagte sie. «Und wer ist dieser Al Lein?», fragte Ernst. «Klingt sehr orientalisch. Ein Märchenprinz? Die Hälfte eines siamesischen Zwillings?»

«Al Lein veranstaltet Ostsee-Zeltreisen und betreibt auch dieses Lager. Ich bin für August bei Al Lein als Lagerleiterin angestellt. Ende August gehe ich wieder nach Hamburg.»

«Vielleicht treffen wir uns morgen wieder, wenn du hierher zum Schwimmen kommst», sagte Paul. «Ich muss dich leider daran erinnern, dass das höchst unwahrscheinlich ist», sagte Ernst schroff. «Du scheinst vergessen zu haben, dass unser Besuch bei Alerichs den ganzen Tag in Anspruch nehmen wird. Und am Abend musst du doch, soviel ich weiß, wieder in Hamburg sein. Das war dir doch so wichtig, oder?» – «Dann musst du eben schon bei Sonnenaufgang schwimmen gehen», sagte Irmi mit einer Stimme, die Pauls Wange federweich streifte. «Dann auf Wiedersehen, bis Hamburg», sagte Ernst und wandte sich zum Gehen. Sie erwiderte Pauls Abschiedslächeln hinter Ernsts Rücken mit einem Blick, als hätte er einen Federball in hohem Bogen über ein unsichtbares Netz geschlagen. Ernst und Paul machten sich auf den Rückweg; es war schon fast dunkel.

Sie waren noch nicht sehr weit gekommen, als sie Schüsse hörten, geballte Salven, die aus der Tiefe des Kiefernwaldes kamen. «Was ist das?» fragte Paul. «Jugendliche Schwachköpfe», sagte Ernst bewusst beiläufig.

«Was für jugendliche Schwachköpfe?» – «Sie nennen sich selbst Scharfschützen», sagte Ernst. «Auf wen schießen sie denn scharf?», fragte Paul scherzhaft. Ernst war alle Heiterkeit vergangen. «Ich fürchte, dass es in Deutschland noch immer Angehörige der Vorkriegsgeneration gibt, die Deutschlands Niederlage gegen die Alliierten und den verlorenen Krieg nicht wahrhaben wollen. Sie glauben, dass vaterlandslose internationale jüdische Finanziers den vaterlandsliebenden Deutschen einen Dolch in den Rücken gestoßen haben. Diese Reaktionäre ziehen jugendliche Abenteurer und brutale Kerle an wie die, die du hier in der Dunkelheit schießen hörst.»

«Ist der Besitz von Schusswaffen denn nicht illegal?» – «Das weiß keiner so ganz genau. Sie bilden sogenannte Vereine für Schießübungen. Die Verfassung der Weimarer Republik ist sehr liberal, und daher dürfen diese Vereine sich zu so etwas wie Privatarmeen entwickeln. Man erlaubt ihnen offenbar, Übungen abzuhalten, die im Grunde rein militärischen Charakter haben. Sie planen das große Erwachen Deutschlands, wenn es aufstehen wird, sich zu rächen und seine Feinde niederzuwerfen.» – «Wann wird das sein?» – «Nie, glaube ich. Die Republik ist zu fest etabliert, und die Deutschen sind gegen den Krieg, sie haben im letzten zu viel verloren. Sie haben sich von Militaristen und Reaktionären wie General Lenz, Joachims Onkel, abgewandt. Außerdem würden Franzosen wie Engländer nie ein militaristisches Deutschland zulassen.» Neuerliches Gewehrfeuer ertönte aus der Finsternis. «Dann sind sie also im Grunde ohne Bedeutung?», fragte Paul. «Das würde ich nicht sagen. Sie bedrohen die Stabilität.» – «Wieso?» – «Weil sie politische Morde begehen und an die schlimmsten Vorurteile einiger Deutscher appellieren (Ernst sagte «einiger Deutscher» fast so, als betrachte er die Deutschen als Ausländer), zum Beispiel an den Antisemitismus.» – «Wen haben sie denn umgebracht?» – «Walther Rathenau, einen jüdischen Finanzmann und liberalen Politiker – einen großen Mann, den Deutschland sehr gebraucht hätte. Aber lass uns heute Abend nicht über diese Leute reden», sagte er erschauernd und mit einem kleinen nervösen Lachen. «Ich möchte nicht, dass sie uns das Wochenende verderben.»

Sie kamen zurück zum Hotel und gingen auf ihr Zimmer. Sie wuschen sich, zogen sich aus und gingen zu Bett, jeder in seins, Seite an Seite. Ernst löschte das Licht, sagte «Gute Nacht» und griff im Dunkeln nach Pauls Hand, alles im selben Augenblick. Pauls erster Impuls war, seine Hand wegzuziehen, sobald ihm das möglich war, ohne damit Ernsts Freundschaft abzuweisen. Aber die Worte Wilmots, die er vorhin am Strand zitiert hatte, klangen noch in seinem Kopf nach, stellten ihn herausfordernd vor die Alternative, Liebe zu verschmähen oder zu erwidern, und verkehrten das Negativum – dass er sich von Ernst körperlich abgestoßen fühlte – in eine Bestätigung. Die beiden Betten standen so nah beieinander, dass kein Spalt dazwischen war. Anstatt die Hand wegzuziehen, rutschte Paul in Ernsts Bett hinüber. Er merkte rasch, dass es für seinen Kopf wesentlich leichter war, auf Ernsts Annäherungsversuche einzugehen, als für seinen Körper. Aus einer Art nervösem Ekel – oder vielleicht aus dem Verlangen, das Körperliche möglichst schnell hinter sich zu bringen – kam er sehr schnell. Es war das erste Mal, dass er mit jemandem schlief. Dann wurde ihm klar, dass er nicht wieder in sein Bett zurückkonnte, bevor Ernst Befriedigung erlangt hatte – sonst hätte er Ernst schlimmer gekränkt, als wenn er sich ihm von Anfang an verweigert hätte. Also blieb er in Ernsts Bett, und Ernst presste sich an ihn, wand sich und mühte sich verzweifelt ab, zum Orgasmus zu kommen. Paul begriff, dass er nach Wilmots Maßstab bereits versagt hatte. Seine unwillkürliche Reaktion bewies, dass er unfähig war, Liebe mit Liebe zu vergelten. Aber wenigstens, dachte er, konnte er Sympathie zeigen, indem er bei Ernst blieb, bis er gekommen war. Das aber dauerte eine Ewigkeit, bleierne Minuten, in denen Ernst um seinen schalen Höhepunkt rang. Paul, der auf der Seite lag und von Ernst halb umklammert war, hätte sich ihm nicht ferner gefühlt, wäre er in Hamburg gewesen und Ernst in Altamünde. Ja, er fühlte ein Alleinsein, das weit über sie beide hinausging, weit über ihn selbst sogar, als existierte er nicht, außer in diesem Alleinsein. Wie er so in der Dunkelheit lag, kam er sich vor wie ein Gefangener, der gezwungen war, unentwegt zu dem strahlend hell beleuchteten Wandmosaik in einer romanischen Kirche aufzusehen, mit all den Teufeln und Dämonen, die mit spitzen Stangen und Forken auf die nackten Sünder einstechen. Trotzdem war er nicht so schäbig – oder zu allein –, um Ernst mit einem Dämon zu identifizieren und ihm so die Schuld zuzuschieben. Er verspürte sogar Sympathie für Ernst. Die Hölle war er selbst. Und als Ernst endlich in einen ruhigen, tiefen Schlaf fiel, den Paul als erreichten Orgasmus deutete, fühlte er sich nur um Ernsts Willen erleichtert. Er wusste, dass er dazu verurteilt war, bis zum Morgengrauen wach zu liegen, während Ernst schlief, denn nur das Tageslicht würde seinen Ekel vor sich selbst lindern.

Von Schlaf konnte absolut keine Rede sein. Er war die Fleisch gewordene, gepeinigte Schlaflosigkeit.

Endlich schimmerte schwaches Licht auf – in jenem Norden, in jenem Sommer –, das sich mit besänftigender Ruhe über die Dunkelheit legte. Sobald die Gegenstände im Zimmer klarer hervortraten und als Bett, Schrank, Tisch, Stuhl und Wäsche kenntlich waren, kleidete Paul sich an (Ernst schnarchte noch immer), griff sich ein Handtuch, öffnete die Tür und lief die Treppe hinunter, durch die Hotelhalle, hinaus in die kühle Luft. Er lief den Sandweg zwischen Strand und Kiefern entlang, den Ernst und er am Vorabend gegangen waren, lief, bis er das kleine Zeltlager sah, wo er Irmi gute Nacht gesagt hatte. Er zog sich am Strand aus und ging ins Wasser, watete durch die flache See, bis er zu der tiefen Rinne kam, in der man schwimmen konnte.

Der Morgen war vollkommen still, Umrisse und Schattierungen der Kiefern oberhalb des Strands waren in jedem Detail so scharf zu erkennen, als hätte man sie in den Rand einer Glasschale eingraviert; die See war ein weiter flacher Spiegel unter einem Himmel abstrakten, farblosen, reinen Lichts. Paul schien mit seinen linkischen Kraulbewegungen das Wasser aufzureißen und aufzuwerfen, wie der Pflug ein glattes Feld im Morgendämmern furcht. Der Lärm, den er beim Schwimmen machte, schien diese friedliche Ruhe zu zerschmettern.

Dann merkte er, dass jemand neben ihm schwamm. Es war Irmi, und sie lachte beim Schwimmen. Sie sagten einander nur «Guten Morgen», wendeten dann und schwammen ins Flache zurück. Sie wateten an den Strand, wo er außer Hose, Hemd und Schuhen auch das Handtuch gelassen hatte. Kaum hatten sie diesen Platz erreicht, fing er wortlos an (sein mangelhaftes Deutsch und ihr schlechtes Englisch rechtfertigten das beredte Schweigen), sie zu küssen: ihr Haar, ihr Gesicht, ihre Schultern, ihre Brüste. Er legte die Hände um ihren Po und fühlte sein Glied gegen ihren Bauch hart werden.

Sie waren noch immer tropfnass und rieben sich zwischen Küssen mit dem Handtuch trocken, um sich dann wieder über und über mit Küssen zu bedecken. Dann breiteten sie das Handtuch auf dem Sand aus und legten sich darauf. Sie liebten sich.

Hinter ihnen hörte Paul einen Mann husten und aus seinem Zelt kommen, das zwischen den Kiefern oberhalb des Strands gerade eben zu sehen war. Irmi sprang als erste auf. Sie flüsterte: «Auf Wiedersehen» und lief, sich den Bademantel vorne zuhaltend, auf die Kiefern und die Zelte zu. Im Laufen vollführte sie sonderbar eckige Schwenkbewegungen mit Armen und Beinen, die ihm plötzlich vorkamen wie die eines fremdartigen Wesens. Paul stand da und sah ihr nach, alles in ihm jauchzte. Dann blickte er an sich herunter und sah etwas Flüssigkeit vom Nabel zu seinem Glied hinunterrinnen, das noch klebrig war vom Geschlechtsverkehr. Er lief zum Wasser und wusch sich, lief dann zurück zu seinen Sachen, hob das Handtuch auf und trocknete sich kräftig ab. Während er zum Hotel zurücktrabte, kehrte das Triumphgefühl in Wellen wieder. Und Verse von Rimbaud, allgegenwärtig, die ihm nie aus dem Sinn gingen, schienen die Küste entlang neben ihm herzulaufen:

Ô vive lui! chaque fois
Que chante le coq gaulois!

Im Hotel ging Paul in den Speisesaal und wartete lange. Endlich tauchte Ernst auf. Paul erklärte ihm, dass er früh aufgestanden sei, um noch einmal zu schwimmen. Ernst sah würdevoll aus. Er sagte, er sei verstört, weil der Pickel auf seiner Wange sich verschlimmert habe. Sie bestellten Frühstück. Paul bestellte zwei Spiegeleier extra, die im Preis für Zimmer mit Frühstück – das lediglich aus Kaffee, Brötchen und Butter bestand – nicht inbegriffen waren. Er fand, dass er sich die zwei Spiegeleier verdient habe. Sie redeten über den bevorstehenden Besuch bei Castor und Lisa Alerich. Ernst überraschte Paul, indem er sagte: «Da wir heute Abend noch die lange Zugfahrt nach Hamburg vor uns haben, fand ich, zwei Stunden mit dem Bummelzug zu den Alerichs zu fahren, wäre zu anstrengend nach dieser ruhelosen Nacht, und habe darum ein Auto gemietet. Ich fürchte, keiner von uns hat letzte Nacht viel geschlafen. Es war wie die Nacht mit deinem Freund Marston, von der du mir erzählt hast.»

Zwei Stunden später, als sie im Wagen saßen und Ernst mit Höchstgeschwindigkeit auf der ebenen Sandstraße durch den Kiefernwald fuhr, sagte er: «Letzte Nacht kamst du mir so unschuldig vor, so natürlich und spontan, Paul.»

BEI ALERICHS

Castor Alerich erwartete sie am Gartentor seines Hauses, einem weißen Betonwürfel, der aussah wie die stark vergrößerte Variante einer der Lampen in Joachims Studio. Ein Balkon lief um das gesamte Obergeschoß des einstöckigen Flachbaus. Castor trug knielange Lederhosen, ein grobes weißes Leinenhemd mit offenem Kragen und eine Jacke aus so etwas wie verblichenem braunem Kord. Er hatte blasse Haut und grünliche Augen, die einen durch die struppigen Fransen seines dichten hellblonden Haars anstarrten. Sein Schädel war riesenhaft und knochig. Seine breiten Schultern erweckten die Vorstellung von urzeitlicher Stärke. Bei seinem Anblick musste Paul unwillkürlich an jene geschichtliche Epoche denken, da die Pikten und Scoten in Höhlen lebten, die der Architektur der Moderne geglichen haben mochten.

«Na, Ernst, wie geht's?», sagte Castor und gab Ernst einen kräftigen Schlag auf den Rücken.

Ernst bemühte sich um ein entsprechend kraftvolles Auftreten und stellte Paul vor: «Mein Freund Paul Schoner, ein englischer Schriftsteller.» Castor ergriff Pauls Hand und sagte mit einer ironischen Verbeugung: «Welcome to you, my good sir.»

«Wir haben uns lange nicht gesehen, Castor. Ich hoffe, dir und Lisa geht es gut», sagte Ernst.

«Es geht. Wir haben kein Geld, aber das ist nichts Neues», sagte Castor und fuhr im selben Atemzug fort: «Ich muss euch leider etwas sagen. Lisa geht es nicht besonders gut. Möglicherweise wird sie darum nicht mit uns zusammen sein können. Sie hat sich letzte Nacht etwas erkältet, und in ihrem Zustand muss man vorsichtig sein.» Zu Paul gewandt, fragte er abrupt: «Haben Sie etwas übrig für Gärten?» Und er öffnete das Tor. «Ich habe nämlich einen sehr schönen Garten, oder vielmehr, er wird erst schön. Was man im Moment sieht, taugt gar nichts, aber ich arbeite Tag für Tag daran, damit im nächsten Sommer dann alles in Blüte steht.»

Sie gingen durch den Garten. Castor öffnete die vordere Haustür. Sie führte direkt in das Wohnzimmer, das drei Viertel der Grundfläche einnahm und durch ein Dachfenster erhellt wurde. Die Möbel waren aus glänzend weiß lackiertem Holz: Tische, Sessel und zwei Sofas mit Kissen, die mit einer Art Sackleinen in leuchtenden Farben bezogen waren. Die Lampenschirme bestanden aus dickem, weißlich oder gelblich durchscheinendem Papier. An den Wänden hingen zwei oder drei abstrakte Gemälde mit sehr pastosem Farbauftrag. Auf dem Boden lag ein grobgewirkter, schwarzrot gemusterter tunesischer Teppich. An einer Seite befand sich ein großer, rechteckiger steinerner Kamin. Raum und Interieur, von den kontrastierenden Materialien abgesehen, vermittelten den Eindruck wagnerianisch dimensionierter Behaglichkeit, als kehre man von einem Zechgelage zurück und ließe die behaarten, nackten Glieder in die Kissen eines

Sessels oder Sofas sinken, um sich athletischen Liebesspielen oder einem hundertjährigen Walkürenschlaf hinzugeben.

Castor sagte: «In diesem Haus gibt es keine Bücher, nicht ein einziges, nur das Telefonbuch und ein paar Architekturzeitschriften.»

Sie tranken Tee. Ernst und Castor begannen ein Gespräch, in dem sie ihre gemeinsamen Freunde und Bekannten durchgingen, teils auf Deutsch, teils auf Englisch. Paul vermutete, dass Willy und Joachim all diese Leute kaum besser kannten als er selbst. Ernst hatte verschiedene Freundeskreise, die er getrennt hielt und in denen er anscheinend gänzlich verschiedene Rollen spielte. Paul dachte wieder, dass Ernst, wenn er englisch oder französisch sprach, weniger locker wirkte, als wenn er deutsch redete.

Als sie mit dem Tee fertig waren, trompetete Castor händereibend: «Auf zu den Gartenabfällen. Ihr habt euren Tee bekommen, jetzt gehen wir nach draußen und machen ein Feuerchen!» Ernst und Paul verbrachten den restlichen Nachmittag damit, nach Castors knappen Anweisungen gehorsam Zweige und Äste aufzusammeln. Dann gab es ein leichtes Abendessen mit Salat, Schinken und Käse. Anschließend ging Castor nach oben, um nach seiner Frau zu sehen. Er kam wieder herunter und sagte, es gehe ihr nicht besser, sie fühle sich noch immer erkältet und habe Kopfschmerzen. Aber die Nacht sei so warm, dass Lisa das Feuer, wenn es im Garten brannte, vielleicht vom Balkon aus sehen könnte.

Als Castor die gesammelten Zweige und Äste aufgeschichtet hatte, stauchte er den Haufen mit Fußtritten zusammen und sagte: «Diese Geschichte, dass meine Frau ein Kind kriegt, ist zu viel für mich, ganz einfach zu viel. Wenn es soweit ist, fahre ich weg. Ich kann bei dieser Weibersache nicht dabei sein.»

«Sie fahren weg – wirklich?», fragte Paul ungläubig.

«Ja, wirklich. Ich nehme mein Fahrrad und radle durch Holland, Frankreich, Spanien und Italien.»

«Da hast du den modernen Ehemann», sagte Ernst.

Inzwischen war es fast dunkel. Castor hielt ein Streichholz an die Hobelspäne, die zuunterst lagen. Sie brannten hell, einige fingen außerhalb des Haufens am Boden Feuer, die Flämmchen züngelten nach der leeren Luft. Das Feuer brannte, es knisterte und drängte die Dunkelheit im weiten Umkreis zurück. Dann fiel es in sich zusammen, erstarb fast, nur aus seinem Innern war noch ein Brausen zu hören. Durch Hohlräume zwischen den Ästen sah Paul in das von Rauchschwaden und zischenden Dampfstrahlen fast verdeckte glühende Herz des Feuers. Endlich kam das Feuer richtig in Gang. Es loderte und toste.

Castor rief erregt: «Lisa, komm und sieh es dir an!»

Paul drehte sich zum Haus um, auf dessen weißen Mauern die Schatten des Feuers tanzten. Der Garten roch nach Rauch und Erde. Castor stürzte ins Haus und raste ins Schlafzimmer hinauf. Einen Augenblick später trat Lisa auf den Balkon hinaus. Castor kam wieder in den Garten zurück.

Lisa trug ein exotisches Nachtgewand aus roter Seide – vielleicht hatte Castor es aus Burma mitgebracht. Sie lächelte zu Paul hinunter und sagte: «Good evening!»

In dem starken Feuerschein sah sie so ätherisch aus, und es schien ihm so schwierig, sich mit der Stimme gegen das triumphierende Tosen der Flammen durchzusetzen, dass er nicht antwortete, sondern nur zu ihr hinaufstarrte, zu benommen, um zu lächeln. Währenddessen versuchte Ernst, sich aufzuspielen, legte den Arm um Castors Schulter, barg lachend sein Gesicht an dessen Brust und hob dabei die andere Hand, als wollte er den Hitzeschwall, der vom Feuer ausging, zurückstoßen.

Die Flammen schlugen immer höher. Große Funken schossen weit darüber hinaus, trieben außer Sicht, lösten sich in Luft auf oder gesellten sich den Sternen zu. Lisa neigte sich leicht über das Balkongeländer. Es schien um sie herum Funken zu regnen.

In dem Augenblick, als sie sich vom Balkongeländer löste, um wieder hineinzugehen, schleuderte das Feuer, vom Wind angefacht, einen noch stärker glühenden Lichtspeer. Der Windhauch fuhr leicht unter ihr Kleid, und Paul konnte die Wölbung ihres Leibes sehen.

Sie gingen ins Wohnzimmer zurück, um sich vom Feuer auszuruhen, das sie merkwürdig schläfrig gemacht hatte, als hätte ein aromatischer Rauch ihre Sinne betäubt. Sie lagen am Boden, die großen Kissen um sich herum, die Arme unter dem Kopf verschränkt. Castor versorgte sie mit Erfrischungen – Bier und Brot, das die Konsistenz von Hundekuchen hatte. Es wurde dunkel, aber keiner wollte das Licht anmachen. Paul genoss es, wachend zu träumen.

Castor stand auf, ging in eine Ecke des Zimmers, wo sich ein Grammophon befand, und sagte, während er daran kurbelte: «Bücher habe ich nicht, aber Schallplatten. Hat nicht irgendein englischer Schriftsteller oder Philosoph gesagt, Architektur sei gefrorene Musik? Vielleicht liebe ich sie deshalb so sehr. Weil ich Architekt bin. Meine Frau kann Musik nicht ausstehen.»

«Ruskin vielleicht», sagte Paul.

Castor legte das Allegro aus Mozarts Klarinettenquintett auf. Paul legte sich ganz zurück, er zog die Arme unter dem Kopf hervor, so dass sie auf den Kissen an seiner Seite ruhten. Die Musik schien den Raum anschwellen zu lassen, als könnte er den Garten, dann den Wald, den Himmel, die Sterne, das Universum und schließlich auch Gott mit umfassen. Der Klarinettenklang war ein Wasserfall, der weiß über Felsen floss, Noten blinkten zwischen Kiefern auf, waren kurz zu sehen, dann wieder nicht. Brisen formten den Klang nach ihren eigenen verborgenen Impulsen. Die Melodie erklang außerhalb von ihm und füllte doch ganz seinen Kopf, seinen Schädel, sein Gehirn; Klänge, in denen er leben oder ebenso glücklich sterben konnte. Es war Musik, die alles Gesehene in Gehörtes verwandelte.

Als der Satz zu Ende war, stand Ernst auf und sagte, wenn sie den Zug nach Hamburg noch erreichen wollten, müssten sie jetzt gehen. Paul hatte das Empfinden, ewig zwischen den Kissen auf Castors Fußboden liegenbleiben zu können. Er stand aber dennoch auf.

Auf der Bahnfahrt nach Hamburg sagte Ernst: «Die Stelle auf meiner linken Backe, die mich so nervös gemacht hat, ist weg. Der Pickel ist in der Hitze aufgeplatzt, als ich dicht am Feuer stand.»

Paul dachte an Castor, wie er, über die Lenkstange gebeugt, die Haare im Gesicht, aus grünen Augen geradeaus starrend, durch die Länder Europas radelte, durch Holland, Frankreich, Spanien und Italien, und sich die dortige Architektur ansah. Was war sein Ziel? Das hätte er gern gewusst.

In Hamburg trafen sie sich mit Joachim und Willy zu einem sehr späten Abendessen in einem Restaurant an der Alster. Während sie vor dem Essen noch einen Drink an der Bar nahmen, zog Joachim Paul beiseite. Er werde, erklärte er, Anfang September eine Geschäftsreise nach Köln machen. Er schlug vor, Paul solle nachkommen. «Wir könnten uns ein paar Tage lang Köln ansehen und dann zusammen eine Rheinwanderung machen. Du würdest einen Teil Deutschlands sehen, der nicht Hamburg ist und in dem es weder Ernst noch Hanni Stockmann gibt.» Paul sagte mit größtem Vergnügen zu.

DIE RHEINWANDERUNG

September 1929
Joachim holte Paul am Kölner Hauptbahnhof ab. Paul war ziemlich entgeistert darüber, dass Joachim in einem der teuersten Hotels der Stadt ein Zimmer für sie genommen hatte. Joachim erklärte, dass er dort wohnen müsse, da er die Firma seines Vaters vertrete. Außerdem würden sie nur drei Tage in Köln bleiben und dann ihre Rheinwanderung beginnen.

Paul war mittags angekommen. Nachdem sie im Hotel zu Mittag gegessen hatten, gingen sie schwimmen. Paul hätte gern vorher ausgepackt, aber Joachim sagte auf seine unglaublich gedehnte Sprechweise: «Ich glaube, das kannst du auch später tun.» Schon die kurze Verzögerung, als Paul seine Badesachen zusammensuchte, schien ihn ungeduldig zu machen. Doch kaum waren sie draußen vor dem Hotel, war er guter Laune, und Pauls Ärger über Joachims anmaßende Art verflog. Er fragte Joachim, wie die Geschäftsbesuche verlaufen seien. Der antwortete, er reise gern für die Firma seines Vaters und genieße die Gespräche mit den Kunden, weil er sie immer dazu bringe, das zu kaufen, was er ihnen verkaufen wolle – selbst wenn sie es gar nicht haben wollten.

Auf einer breiten Brücke überquerten sie den Rhein. Sie mussten hintereinander gehen, weil so viele Menschen unterwegs waren und auf der Straße so viel Verkehr herrschte. Sie konnten sich nicht unterhalten. Paul beobachtete Joachim genau. Er war nach Hamburger Art im englischen Stil gekleidet und wirkte damit in Köln ziemlich fremd. Er trug graue Flanellhosen und ein hellblaues Jackett. Im Gehen hielt Joachim sich sehr gerade, was seine Größe noch betonte, und er trug den Kopf hoch. Das Köfferchen mit ihren Badesachen und den Fotoapparat hielt er auf eine nonchalant selbstbewusste Art in seiner Linken. Die Sonne fiel auf seine gebräunte Haut. Er warf geradezu herausfordernde Blicke um sich, immer leicht amüsiert und bereit, andere zu amüsieren. Die Leute drehten sich nach ihm um.

Am anderen Ende der Brücke folgten sie einem breiten Weg, der von der Straße abging und durch ein Parkgelände an dem langgestreckten modernen Bau für internationale Messen und Ausstellungen vorbeiführte. Auf diesem Rheinufer schien alles sauber, neu und blank geputzt wie ein Kanonenrohr. Das Messegebäude, dessen niedrige Flügel mit ihren symmetrischen Fensterreihen sich in langen Linien zu beiden Seiten des Mittelturms erstreckten, wirkte verkleinert, ja fast mikroskopisch im ungeheuer grellen Nachmittagslicht.

«Ist es nicht herrlich?», sagte Joachim zu Paul und lachte ihn an. Er hielt das Gesicht in die Sonne und hob einen Arm, um die Augen abzuschirmen. «Wie das Sonnenlicht blendet», sagte er, «ich kann kaum hinsehen.» Dann legte er die Hand auf die Betonbalustrade am Ufer und zog sie rasch wieder zurück. «Oh, ist das heiß! Man kann es kaum anfassen! Komm, lass uns schnell schwimmen gehen.»

Nach kurzer Zeit erreichten sie das Freibad. Sie zogen sich um und gingen gemächlich zum Wasser hinunter. Paul blieb hinter Joachim zurück, bis dieser sagte: «Wieso kannst du nicht Schritt halten? Ist das so schrecklich schwer?»

Der Rhein hat bei Köln eine sehr starke Strömung, und sie riss Paul um, kaum dass er im Wasser war. Joachim grinste: «Was ist denn los mit dir, Paul? Du stehst wohl nicht besonders fest auf deinen Füßen.» Aber er sagte es neckend und lachte dabei.

Paul kam mühsam wieder auf die Füße und ging weiter hinein. Der Strom zerrte an seinen Beinen, als zöge jemand mit Stricken daran.

«Versuch jetzt, gegen die Strömung zu schwimmen!»

Paul schwamm, so kräftig er konnte, aber der Strom schwemmte ihn zurück.

«Schwimm! Schwimm!», rief Joachim lachend. «Ich schwimme mit dir um die Wette!» Er warf sich neben Paul ins Wasser und schien schnell voranzukommen. Aber als Paul auf das Ufer sah, merkte er, dass es vorwärts glitt und nicht rückwärts. Selbst Joachim kam nicht ganz gegen die Strömung an.

Paul gab jeden Versuch auf, den Rhein zu besiegen. Er schwamm stromabwärts und genoss die unglaubliche Geschwindigkeit, mit der das Wasser ihn trug. Joachim war unter den Holzpontons hindurchgetaucht, die das Freibad umgaben, und schwamm weit in die Strommitte hinaus. Als eine Kette von Lastkähnen rheinabwärts kam, zog er sich an einer der Schuten seitlich hoch und machte von der anderen Seite wieder einen Kopfsprung ins Wasser. Paul war froh, dass Joachim weg war, er konnte nicht so gut schwimmen und bekam leicht Krämpfe. Nun brauchte er nicht mehr den guten Sportler zu mimen. Er fand es herrlich, sich auf dem Rücken treiben zu lassen und über Gedichte nachzudenken.

Nach dem Schwimmen legten sie sich an den Strand und ließen sich von der Sonne trocknen. Lange Zeit lagen sie mit geschlossenen Augen da, fühlten das Sonnenlicht auf ihren Körpern und sagten kein Wort. Später setzten sie sich auf und begannen, wie Genesende ihre Umgebung zu mustern. Joachim erzählte aus seiner Kinderzeit: wie seine Mutter, als er fünf war, einen Arbeiter davon abgehalten hatte, ihm einen Groschen zu geben. Seitdem habe er immer mit Arbeitern reden wollen. Plötzlich berührte er Pauls Hand. «Sieh mal!», sagte er.

Er deutete auf einen Jungen, der ein paar Meter von ihnen entfernt im Sand lag. Der Junge hatte das Gesicht in den Sand geschmiegt und die Arme weit ausgebreitet, als wollte er ihn umarmen. Die Sonne brannte so stark auf seine Hände und Schenkel, dass das Fleisch durchscheinend zinnoberrot wirkte.

«Ja und?», fragte Paul.

«Es ist so komisch. Er weiß längst, dass ich ihn beobachte, und tut so, als merkte er das nicht. Er ist so froh.»

«Und was willst du jetzt tun?»

«Warte hier. Ich hole mir eine Zeitung. Dann werde ich so tun, als wäre ich ganz in die Lektüre versunken, und dann kann er nicht mehr verheimlichen, wie sehr er möchte, dass ich ihn ansehe.»

Joachim stand auf und ging lässig weg. Kaum war er gegangen, blickte der Junge auf, stützte sich auf den Ellbogen und schaute sich enttäuscht um. Er suchte mit den Augen das Ufer ab, und als er ein paar Augenblicke später Joachim zurückkommen sah, schaute er hinaus auf den Rhein. Als Joachim näher kam, wurde er rot.

«Worüber lachst du, Paul?»

Paul erzählte ihm, was passiert war.

«Tatsächlich? Ich habe mir schon gedacht, dass er etwas von mir will. Also gut, er muss jetzt nicht mehr lange warten.»

Er schlug die Illustrierte auf und begann, sich die Fotos darin sehr sorgfältig anzusehen. Er hielt Paul das Blatt hin, um ihm ein Bild zu zeigen. Er flüsterte: «Sieh jetzt zu dem Jungen hin.»

Der Junge hatte sich auf die Ellbogen gestützt und nach vorne gebeugt, unfähig zu verbergen, wie begierig er war, über Joachims Schulter das Bild anzusehen.

Joachim beendete seine Betrachtung, faltete die Zeitschrift sorgfältig zusammen und warf sie neben sich. Dann drehte er sich rasch um, als sei ihm plötzlich etwas eingefallen, hob die Zeitschrift wieder auf und hielt sie dem Jungen hin.

«Möchtest du sie dir ansehen?», fragte er auf Deutsch.

Der Junge lächelte dankbar und nahm das Blatt.

«Vielen Dank. Es ist schön, wenn man in der Sonne liegt und sich etwas ansehen kann.»

«Ja, es ist ein herrlicher Tag, nicht wahr?» Joachim umfing Himmel, Fluss und Stadt mit seinem Blick.

«Herrlich. Bei diesem Wetter kann man den ganzen Tag baden.»

«Ja. Außer man hat etwas anderes zu tun. Hast du etwas zu tun? Arbeitest du?»

«Ich? Arbeiten? Noch nicht. Ich bin erst siebzehn. Ich gehe noch zur Schule. Im Moment habe ich den ganzen Tag frei, weil Ferien sind.»

«Ich wünschte, ich hätte noch so lange Ferien. Möchtest du eine Zigarette?»

«O ja. Vielen Dank.» Er nahm eine Zigarette und untersuchte sie genau. «Ja, die ägyptischen mag ich.»

Paul stand auf.

Joachim sagte auf Englisch: «Wo gehst du hin? Verlässt du uns?»

«Ich will nur ein bisschen herumgehen und mir die Leute ansehen, die da drüben Gymnastik machen.» Er zeigte auf eine etwas entferntere Stelle, wo Männer und Frauen sich im Stehen drehten und wanden, als grillte man sie am Spieß.

«Gut. Aber bleib nicht zu lange weg.»

Er wandte sich dem Jungen zu. «Kannst du Englisch?»

Der Junge lächelte geschmeichelt und nickte.

«Darf ich dir meinen Freund Paul vorstellen? Wie heißt du?»

«Groote. Kurt Groote.»

«Aha, Kurt. Ein schöner Name. Ich heiße Joachim.»

Sie gaben sich die Hand. Paul ging zu der Stelle, wo die Leute turnten.

Er beobachtete die sich krümmenden Gestalten dieser jugendbewegten Deutschen mittleren Alters. Wie er sie so anschaute – Männer, Frauen, Jungen, schweinchenrosa, gelb oder mahagonifarben –, kamen sie ihm albern vor, selbst die gutaussehenden, und einige sahen wirklich gut aus. Nachdem er nun seit mehr als zwei Monaten in Deutschland war, merkte er, dass das selbstbezogene Getue der Deutschen um ihren Körper ihn allmählich anödete. Sie beten den Körper an, als wäre er ein Tempel. Aber warum können sie sich nicht so akzeptieren, wie sie sind, dachte er. Ich habe all diese Leute satt, die sich endlos anstrengen, einen vollkommenen Körper zu erlangen und die sich durch die Turnerei kaputtmachen, bloß weil sie unfähig sind, ihren Körper so zu mögen, wie er ist. Sie sind nicht fähig, sich zu verzeihen, dass sie den Körper haben, mit dem sie auf die Welt gekommen sind. Joachim ist natürlich wunderbar im Umgang mit Jungen. Er bewegt sich von einem Jungen zum anderen, und wird das auch tun, wenn er älter wird, immer auf der Jagd nach Schönheit, nach der großen Liebe, immer wird er selbst die Knabenrolle spielen und sich an dem schönsten Knaben der Welt messen müssen.

Da draußen auf den Sanddünen verdrehten diese ultramodernen Deutschen ihre Körper wie Schlangenmenschen in Agonie, jeder verleugnete seine Individualität, jeder wollte ein vollendetes Kind der Sonne werden.

Paul fragte sich, ob er den Versuch machen sollte, so wie Joachim zu werden. Ein paar Augenblicke lang war ihm dann restlos klar, dass er das nicht könnte, und der Wunsch in ihm erlosch. Er wandte sich von den ewig kreisenden Turnern auf der Sanddüne ab, einer Szene aus dem *Purgatorio*.

Er ging langsam zu Joachim und Kurt zurück. Joachim lachte mit seinem neuen Freund und konnte die Augen nicht von ihm lassen. Joachim saß im Sand, hatte die Knie dicht an den Körper gezogen und die Knöchel mit den Händen umfasst. In einer Hand hielt er eine Zigarette. Er schnipste die Asche von seinem großen Zeh und begann, eine neue Geschichte zu erzählen.

Kurts Gesicht leuchtete vor Freude, er war hingerissen, lag entspannt auf dem Rücken, die Ellbogen in den Sand gebohrt. Sein Blick folgte jeder Handbewegung Joachims. Und Joachim beobachtete unablässig Kurts Gesichtsausdruck.

Als die Geschichte zu Ende zu sein schien, gesellte Paul sich zu ihnen.

«Hallo, Paul», sagte Joachim mit ziemlich schläfriger

Stimme. «Was hast du gemacht? Bist du wieder im Wasser gewesen?»

«Ich habe den Leuten bei ihren Turnübungen zugesehen.»

«Nichts anderes? Das muss ziemlich langweilig gewesen sein.»

Er stand auf und hielt Kurt die Hand hin: «Ich glaube, wir müssen jetzt gehen. Denk an morgen. Auf Wiedersehen!»

Beim Abendessen im Hotel redete Joachim pausenlos von Kurt. «Ich habe mit ihm ausgemacht, dass wir morgen etwas zusammen unternehmen. Ich hoffe, es ist dir recht.»

«Ja, sehr.»

«Wie schön. Morgen früh um neun wartet er vor dem Hotel auf uns.»

Nach dem Essen gähnte er und sagte: «Was würdest du jetzt gern tun?»

«Ich weiß nicht. Ich habe nicht darüber nachgedacht. Was möchtest du tun?»

«Ich habe dich gefragt», sagte Joachim etwas ungeduldig. «Gibt es denn nichts, was du selbst tun möchtest? Willst du immer das tun, was ich will?»

«Ich würde gern durch die Straßen bummeln und am Rhein entlang und mir die Leute und die Geschäfte ansehen. Aber das langweilt dich sicher.» Paul fiel nichts ein, das ihm aufregend genug für Joachim schien.

«Genau das würde ich auch tun. Allerdings würde ich zum Schluss noch irgendwo etwas trinken.»

Sie gingen über den Domplatz und kamen zu einer Straße, die an Sommerabenden für den Verkehr gesperrt war, weil sie zu dieser Jahreszeit als Promenade diente. Leute schlenderten auf und ab, alle auf der rechten Seite. Joachim ging langsam, fast in der Mitte der Fahrbahn, er hatte Paul untergehakt. Er starrte die Vorübergehenden geradezu unverschämt an. Für ihn war das Ganze eine Parade, und jeder hatte darin eine bestimmte Rolle.

«Ich beobachte die Leute mit Interesse. An der Art, wie sie gehen oder einen ansehen, lässt sich so viel erkennen. Wenn ich auf einer Party bin, schaue ich mir jeden an, der hereinkommt. Der eine kommt herein und ist nichts, niemand bemerkt ihn. Aber dann kommt vielleicht ein anderer, und sofort spüren alle seine Anwesenheit. Er sieht einen an, und man fühlt: der ist lebendig, der ist stark.»

Sie redeten nicht sehr viel, nur gelegentlich signalisierten sie einander in knappen Kommentaren ihre Meinung über einen der Entgegenkommenden. Die ganze Zeit beobachteten Paul und Joachim dasselbe, zu zweit genossen sie Licht und Bewegung der Straße viel mehr, als jeder es für sich allein getan hätte.

Sie hatten das Ende der hell erleuchteten Promenade erreicht und bogen in eine Straße ein, die zum Rhein hinunterführte. Joachim lehnte sich über die Uferbalustrade und sagte: «Ich bin sehr gern mit Jungen wie Kurt zusammen. Am liebsten würde ich den ganzen Tag mit ihm schwimmen, wandern oder sonst etwas unternehmen und nicht viel reden.»

Sie kamen zu einem Café und bestellten sich dort etwas zu trinken. An einem Tisch in ihrer Nähe saß ein junger Mann mit schwarzem Filzhut, der sie eingehend beobachtete, während sie ihr Bier tranken. Joachim kam auf seine übliche Art bald mit dem jungen Mann ins Gespräch und bestellte für ihn auch etwas zu trinken. Der junge Mann hieß Nicolas. Er sagte, er sei russischer Emigrant und lebe in Paris. Er schilderte ihnen sein Leben dort, seine Schulden, seine Freundschaft mit Cocteau, das Ballet Russe.

Arm in Arm gingen sie langsam zum Hotel zurück. Den

größten Teil des Weges redeten sie über Nicolas, dessen Geschichten sie halb amüsant, halb rührend fanden.

Sie gingen auf ihr Zimmer. Paul zog sich rasch aus und schlüpfte ins Bett. Joachim dagegen brauchte lange für seine Toilette, deren Höhepunkt darin bestand, dass er sich ein Haarnetz überzog, damit das Haar nach hinten frisiert blieb. Auf Paul wirkte das unenglisch.

Schließlich war Joachim aber doch fertig. Er setzte sich auf Pauls Bettkante, nahm dessen Hand und sah ihn aus seinen großen aufmerksamen Augen an, hinter deren Dunkel – eine Dunkelheit wie im Theater – immer ein Fünkchen Belustigung glomm. Dann nahm er auch Pauls andere Hand und gab ihm einen Gute-Nacht-Kuss.

«Ich glaube, es ist eine gute Sache, dass wir zusammen hierhergekommen sind, Paul. Meinst du nicht auch? Ich hoffe, es wird eine schöne Reise.»

Er ging in sein Bett, und sie schliefen beide ein.

Wie ausgemacht standen sie Punkt neun draußen auf der Straße neben dem Hotelportier, der sich durch ihre Anwesenheit sichtlich belästigt fühlte, als beraubten sie ihn seiner Würde. Aber er konnte nichts anderes tun, als ihnen von Zeit zu Zeit empörte Blicke zuzuwerfen. Es war wieder ein strahlender Morgen. Der größte Teil der Straße lag im Schatten des Doms, mit Ausnahme eines wenige Meter breiten Sonnenstreifens vor dem Hotel, auf dem vorbeifahrende Autos aufblitzten.

Als die Domuhr halb zehn schlug, fragte Joachim Paul, ob es ihm etwas ausmache, noch ein wenig zu warten, während er vom Hotel aus Kurt anrufe.

Paul wartete draußen, eine geschlagene halbe Stunde. Um zehn tauchte Joachim im Hoteleingang auf und sagte, er habe das Telefonbuch durchgesehen, aber unter «Groote» niemanden mit einer Adresse gefunden, die Kurts Angaben entsprach. Paul sagte nichts dazu, dass Joachim ihn so lange hatte warten lassen. «Also gut», sagte Joachim, «dann ziehen wir eben alleine los. Ich habe keine Ahnung, was passiert ist.»

«Vielleicht hat er vergessen, wo wir uns treffen wollten.»

«Das glaube ich nicht. Ich nehme an, dass er nach Hause gekommen ist und seinen Eltern erzählt hat, wie er uns kennengelernt hat, und dass sie ihm nicht erlaubt haben zu kommen. Das ist am wahrscheinlichsten.»

Den ganzen Tag redete er von Kurt. Sie gingen zu derselben Badestelle, um ihn vielleicht dort zu treffen, aber er war nicht zu sehen. Sie legten sich an den Strand, und Joachim sagte: «Es ist zu schade. Weißt du, ich kann einfach nicht aufhören, an ihn zu denken. Jede Minute hoffe ich, dass er kommt und wir uns wieder wie gestern unterhalten können.»

Paul war zu dösig, um auf Joachims Bemerkungen einzugehen. Joachim erklärte Paul, dass er wahnsinnig gern jemanden kennenlernen würde, in den er sich verlieben könnte.

Bevor sie aus Köln abreisten, notierte Paul:

Gestern Abend hatte ich einen leichten Sonnenstich. Ich hatte heftige Kopfschmerzen und legte mich vor dem Abendessen hin. Ein unglaubliches Gefühl. Sobald ich die Augen zumachte, sah ich den brennendheißen weißen Nachmittagshimmel lebhaft vor mir. Und fand ihn nur noch bedrückend. Ich hasste diese starke, grelle Sonne. Sie machte mich krank. Mir graute vor einem weiteren Tag im Freien, so wie mir davor grauen würde, seekrank zu sein. In meiner Fantasie war die Sonne jetzt nicht mehr eine heilende Kraft, sondern etwas Böses, Giftiges, Schlangenhaftes: so wie sie in der furchtbarsten Jahreszeit erscheint, wenn der Himmel eine leere Bühne ist, die auf die Wirbelstürme wartet: schweigend, der Stimme des Donners harrend. Ich malte mir einen Himmel aus, an dem keine Wolken zu sehen waren, nur eine graue Masse wie ein aus Sand aufgetürmter Kontinent, an dessen scheckigen Rändern sich die fahle Blässe der Sonne zeigt. Vielleicht lag wirklich eine üble elektrische Spannung in der Luft, die alles verdarb. Doch wenn dem so war, war es nur ein Stirnrunzeln auf dem Antlitz des Sommers, das rasch verflog, denn es kam kein Sturm. Ich glaube, falls etwas verdorben wird, bin ich es selbst.

Joachim hatte an ihrem letzten Tag in Köln sehr viel zu tun. Er musste einiges für die väterliche Firma erledigen und verbrachte eine Menge Zeit mit Einkäufen. Er kaufte sich drei Hemden, eine Kordhose, eine Baskenmütze, Socken und feste Lederschuhe für die Wanderung. Paul ging ins Wallraf-Richartz-Museum und in einige Ausstellungen. Er kaufte sich nichts zum Anziehen. Ihm war klar, dass er sich nicht mit Joachim messen konnte. Und er hatte auch nicht genug Geld, um sich etwas anderes kaufen zu können als Bücher.

Am nächsten Morgen nahmen sie den Zug von Köln nach Bingen. Nachdem sie ihre Sachen in den Gasthof gebracht hatten, gingen sie zur Uferpromenade hinunter. Es war Abend. Hinter sich, aus den Restaurants und Weinstuben des Städtchens, hörten sie den Gesang deutscher Lieder. Die Tage wurden schon kürzer. Überall gingen Lichter an. Bingen, das sich hinter ihnen den Hügel hinaufzog, sah aus wie aus Karton geschnitten. In einem Restaurant wurde gefeiert, sie hörten, wie mit Weingläsern angestoßen wurde. Neben ihnen bewegten sich Gestalten auf geheimnisvolle Weise, verharrten plötzlich, bewegten sich wieder, verharrten wieder, ein Mann und eine Frau, zwei Männer, ein Mann, eine Frau, allein, dann nicht allein, sie schauten über den Rhein zu den Bergen am anderen Ufer. Paul spürte ein Frösteln in der Luft – das Ende des Sommers 1929.

«Sieh doch, Paul.»

Von Joachims Zielstrebigkeit beeindruckt musterte Paul den Jungen an Joachims Seite. Anders als der Junge in Köln trug dieser bayerische Tracht: kurze Lederhosen, ein besticktes Hemd mit offenem Kragen, eine lose Jacke in Jägergrün, unter der Hirschhornschnitzereien auf ledernen Hosenträgern zu sehen waren.

Paul sagte: «Ich traue ihm nicht.»

«Du magst ihn nicht?»

«Nein.»

Joachim schien erfreut. Der Junge drehte sich um, und Paul gab zu: «Er ist schön.»

«Möchtest du eine Zigarette, Paul?»

«Ja, bitte.»

Joachim gab Paul eine Zigarette. Dann bot er dem Jungen eine an, der sie mit mehr Anmut als Dankbarkeit annahm.

Joachim fing ein Gespräch mit dem Jungen an. Er hieß Heinrich. Joachim sagte: «Wir wollen gerade essen gehen, Heinrich. Kommst du mit?»

«Gern.»

Sie gingen zu dritt hügelaufwärts durch das Städtchen zu einem Restaurant mit Garten, von dem aus man einen zart verschwommenen, betörenden Abendausblick auf den Fluss und die Berge hatte.

Paul war Joachims Vorgehen mittlerweile so vertraut wie die Eröffnungszüge beim Schach. Es übte eine Faszination auf ihn aus, als zöge Joachim diese Schau nur zu seiner Unterhaltung ab. Joachim hatte sich mit Paul den idealen Zuschauer für diese Vorführung mitgebracht.

Der Abend war noch so warm, dass es angenehm war, draußen zu essen. Paul aß schweigend, beobachtete Heinrich und beobachtete Joachim, der Heinrich beobachtete. Der Junge hatte langes blondes Haar, das ihm in Wellen über Brauen und Ohren fiel und an den Schläfen zurückgebürstet war, als bliese eine sanfte Brise es nach hinten. Er hatte einen sehr hellen Teint. Die Sonne hatte seine Haut nicht im Geringsten gegerbt, in Farbton und Glätte glich sie Alabaster. Sein Gesicht zeigte ein sinnliches Verlangen, eine stete Wachheit, die poetisch gewirkt hätte, wäre nicht etwas Kleinliches darin gewesen. Er hatte volle Lippen. Ein überverwöhnter Zug um die Nase wurde noch durch die Augen verstärkt, die eng zusammenstanden wie die einer kleinen Wildkatze. Wegen dieser Augen mit ihrem ziemlich grausamen Ausdruck hatte Paul ihn im ersten Moment abstoßend gefunden.

«Woher kommst du?», fragte Joachim den Jungen.

«Aus Bayern.»

Er nannte eine Ortschaft und fügte hinzu, wie oft er in München gewesen sei. Er beantwortete alle Fragen von Joachim prompt, ruhig und freundlich, als wären seine Lippen ein winziges Horn, das eine verborgene Melodie blies. Dennoch spürte man ein leises, naiv feinfühliges Zögern, als überlege er, welches die wirkungsvollste Antwort auf die gestellte Frage sei. Wenn Heinrich redete, beobachtete Paul sein Gesicht, und er stellte sich eine Fotografie vor, in der hinter dem oberflächlichen Abbild ein kaum wahrnehmbares zweites, wahres Porträt aufschien. Das geisterhafte Bild hinter Heinrich zeigte einen hageren Alten: einen gewöhnlichen, schlauen Dorfbewohner. Paul fiel auf, dass Heinrich beim Reden immer von Joachim weg traumverloren in die Ferne schaute, bis er mit seinem Satz fertig war, und dann ruckartig den Blick wieder Joachim zuwandte, wobei Paul ausgeschlossen blieb. Joachim fragte: «Was machst du hier am Rhein?»

«Ich wandere.»

«Du wanderst?! Warum bist du aus Bayern weggegangen? Hast du dort Arbeit gehabt?»

«Ja, ich war in einem Laden angestellt und habe den Leuten im Dorf ihr albernes Zeug verkauft», sagte er mit einer Andeutung von Abscheu für das armselige Bauernvolk. «Meine geliebte Mutter ist von zarter Gesundheit, und ich habe gearbeitet, um sie unterstützen zu können ... Meine Mutter ist mir teurer als irgendetwas sonst auf der Welt.» Er sagte das in einem Ton, als wolle er – ob wahr oder unwahr – unbedingt daran glauben. Er machte eine Pause, warf Joachim einen raschen Blick zu und fuhr dann unter kurzem Auflachen fort: «Aber es stellte sich heraus, dass ich nur sehr wenig verdienen konnte. Du weißt ja, wie niedrig die Löhne auf dem Land sind. Das Geld reichte gerade für mich, aber nicht für meine Mutter und mich. Sie war krank, und ich habe wirklich geschuftet und konnte ihr trotzdem nichts abgeben. Schließlich ging es ihr dann doch ein bisschen besser, so dass sie zu Hause ohne meine Hilfe zurechtkam. Ich hasste meine Arbeit und verdiente gerade eben genug für mich. Also habe ich mir gedacht, was soll ich hierbleiben. Ich kann meiner Mutter nichts Gutes tun, ich bin ihr nur eine Last und bin selbst noch unglücklich. Jetzt kommt meine Mutter wieder allein zurecht, jetzt kann ich weggehen. Also habe ich die Lederhose angezogen und bin losmarschiert. Bis hierher bin ich gekommen, wie du siehst.»

«Wie lange bist du schon unterwegs?»

Er lachte und zuckte die Schultern mit einer Bewegung, die ihm das Haar ins Gesicht fallen ließ. Dann warf er den Kopf mit einer schönen, frischen Bewegung zurück. Das Haar saß wieder wie vorher.

«Ich weiß es nicht genau. Zehn oder zwölf Wochen vielleicht.»

«Und das ist alles, was du dabeihast?», fragte Joachim und legte die Hand auf Heinrichs Ranzen.

«Ja, mehr besitze ich nicht», lächelte er. Er machte den Ranzen auf und lachte vergnügt. «Schau, das ist alles, was ich darin habe.»

Er zog ein Hemd, einen Kamm, Rasierzeug und ein kleines ledergebundenes Notizbuch aus dem Ranzen. Er schlug das Notizbuch auf und sagte: «Hier ist ein Gedicht, das ich über meine Mutter geschrieben habe. Soll ich es vorlesen?» Er hielt Joachim das Büchlein hin, und Joachim legte die Hand auf Heinrichs Schulter. Heinrich las das Gedicht sehr langsam und gefühlsbetont.

Joachim sagte: «Mein Freund Paul schreibt auch Gedichte.»

Paul widerstand dem Drang, aufzustehen und nie mehr zurückzukommen.

Heinrich lächelte Paul interessiert an. Dann blickte er fragend von Paul zu Joachim. Joachim berührte wieder seine Schulter.

Nach dem Abendessen ließ Paul die beiden allein. Er sah, dass Joachim begonnen hatte, sich etwas einzureden; ein Mechanismus war damit in Gang gesetzt, und am Ende würde Joachim womöglich Heinrich lieben. Bliebe er bei den beiden, so war vorauszusehen, dass Joachim und Heinrich seine beobachtende, lauschende, neidvolle Anwesenheit bald als unangenehm empfinden würden. Paul ging in ein Café am Rhein und aß ein Eis. Dann las er in einer Auswahl von Hölderlin-Gedichten, die er in der Jackentasche bei sich trug. Ernst hatte ihm das schmale, schön gedruckte Bändchen zum Abschied geschenkt.

Später ging er zu dem Gasthof zurück, in dem sie wohnten. Er wollte gerade ihr gemeinsames Zimmer betreten, als er einen Zettel bemerkte, der über dem Türgriff befestigt war. Er war von Joachim. Er schrieb, dass er für Paul ein anderes Zimmer genommen habe, auf der gegenüberliegenden Seite des Flurs, weil er sein Zimmer nun mit Heinrich teile.

Paul verließ den Gasthof wieder und ging die Straße durch die Weinberge hinauf. Bald kam er in offenes Gelände. Während er durch die Dunkelheit ging, wechselten sich Ärger, Scham, Selbstmitleid und Verzeihen in ihm ab, gingen ihm Gedanken durch den Kopf wie Variationen über ein musikalisches Thema. Manchmal dachte er wütend, Joachim habe ihn absichtlich damit beleidigen und verletzen wollen, dass er ihn allein in einem Zimmer schlafen ließ. Manchmal wieder schien es ihm eine vernünftige, wenn auch etwas taktlose Entscheidung. In Joachims Wunsch, das Zimmer mit Heinrich zu teilen, lag keinerlei Absicht, Paul zu kränken. Schließlich ist es kein Verrat an unserer Beziehung, dachte Paul, wenn er so handelt. Denn welcher Art ist unsere Beziehung? Ich bin der Freund, mit dem er über Dinge reden kann, über die er mit Jungen wie Kurt und Heinrich nicht reden kann. Falls Joachim ihm Unrecht getan hatte, wollte Paul es vergessen. Sie machten schließlich Ferien.

Von der Anhöhe aus, zu der er gelangt war, sah er am anderen Rheinufer die Lichterkette einer Ortschaft entlang der Eisenbahngleise. Der Wind war kühl. Plötzlich erinnerte er sich, wie sehr er es Ernst verübelt hatte, dass er in Altamünde das Zimmer mit ihm teilen musste. Ich bin albern, dachte er. Jetzt habe ich das Zimmer, das ich unbedingt haben wollte. So betrachtet, war er froh, allein zu sein und ein Zimmer für sich zu haben, in dem er lesen und Notizen niederschreiben konnte. Um Dichter zu sein, dachte er, muss ich allein sein. Vielleicht wollte Joachim, der doch so begabt war, deshalb kein Künstler sein, weil er das Alleinsein nicht ertragen konnte. In seiner Vorstellung hieß leben, mit lebendigen Statuen aus Fleisch und Blut zusammen zu sein, und nicht, tote aus Marmor zu erschaffen.

Binnen kurzem hatte Paul sich in eine Gemütsverfassung versetzt, in der er Mitleid für Joachim empfand, der dazu verdammt war, immer irgendwelchen Kurts oder Heinrichs nachzulaufen.

Am nächsten Morgen nahm Paul Joachim nach dem Frühstück beiseite und sagte: «Joachim, ich werde dann also abreisen.»

Joachim starrte Paul an: «Aber wieso denn, Paul? Was soll das heißen?»

«Nun, du hast doch jetzt einen anderen Wandergefährten.»

«Du bist doch nicht etwa eifersüchtig auf Heinrich?»

«Nein, aber ihr zwei wollt sicher allein sein, Joachim.»

«Wovon redest du?»

Es war offensichtlich, dass Joachim nie auf die Idee gekommen wäre, Paul könnte abreisen wollen – so offensichtlich, dass Paul ganz verblüfft war. «Na gut. Dann bleibe ich eben und sehe, wie es läuft.»

«Gut.» Joachim schien sich zu freuen. Dann brach es aus ihm heraus: «Oh, ich muss dir erzählen, wie wunderbar es letzte Nacht mit ihm war. Heinrich hat mir seine ganzen Reiseabenteuer erzählt. Ich glaube, er ist der interessanteste Junge, dem ich je begegnet bin. Findest du ihn nicht auch wundervoll? Habe ich dir nicht gesagt, dass ich mir gewünscht habe, auf dieser Reise jemanden kennenzulernen, mit dem ich ein Leben lang zusammenbleiben könnte?»

«Womit hat er seinen Unterhalt bestritten, seit er aus Bayern fort ist?»

«Das weiß ich nicht. Und ich mag ihn jetzt noch nicht danach fragen. Vielleicht hatte er sich ein bisschen was von seinem Lohn als Verkäufer zusammengespart. Aber ich werde es bestimmt noch herausbekommen. Ich glaube, was er mir erzählt, ist alles wahr.»

An diesem Morgen wanderten sie durch ein Wäldchen am Hügelkamm, um eine Rheinschleife abzuschneiden. Es war strahlende Sonne. Das Morgenlicht fiel durch die Blätter und sprenkelte ihren Weg, oder es lag in großen Lachen auf dem Gras, wenn im Laubdach hoch oben Lücken auftraten. An diesem Morgen empfand man den Frühherbst als das glühende Gegenstück des Vorfrühlings.

Joachim redete mit Heinrich deutsch und unterbrach sich nur gelegentlich, um Paul einige von Heinrichs Bemerkungen zu übersetzen. Paul konnte nicht umhin, von ihrer Hochstimmung angesteckt zu werden. Er begann, Heinrich zu mögen.

Sie hatten den Waldrand erreicht. Durch den Blättersaum blickten sie auf ein kleines Tal, auf dessen Abhängen terrassenförmig angelegte Weinberge im Gegenlicht lagen. Joachim machte eine Aufnahme von dem sonnenbeschienenen Tal mit den Konturen der hochgelegenen Steinterrassen und aufgebundenen Weinreben. Dann sagte er zu Paul: «Ich möchte ein Foto von Heinrich und dir machen.»

Er setzte Heinrich und Paul auf eine kleine Mauer. Heinrich musste den rechten Arm um Pauls Schulter und die linke Hand auf Pauls Knie legen, Paul den linken Arm um Heinrichs Taille. Heinrich war zärtlich. Paul konnte nur lachen. Er fühlte sich durch die Aufmerksamkeit dieser zwei jungen Deutschen geschmeichelt.

Als sie nach einer weiteren Stunde Fußmarsch die Abkürzung über die Hügel geschafft hatten, sahen sie im Tal den Rhein, der sich unterhalb der Schleife verbreiterte. Schleppzüge warteten auf Durchfahrt durch eine schmale Fahrrinne. Die drei liefen hügelabwärts auf die Lastkähne zu. Beim Laufen wurde ihnen heiß. Unten am Fluss stießen sie auf einen Weg, der am Ufer entlangführte, und Joachim und Heinrich fingen an zu singen. Paul hatte mittlerweile seinen Groll ganz vergessen. Stattdessen empfand er es fast als Privileg, am Beginn der Freundschaft zwischen Joachim und Heinrich teilzuhaben. Er war in Festtagsstimmung.

Mittags kletterten sie die Felsen zum Wasser hinab. Heinrich sagte, daheim in den Bergen habe er nie schwimmen gelernt. Er ging bis zu den Knien ins Wasser und sah Joachim und Paul beim Schwimmen zu. Joachim war entzückt, dass Heinrich nicht schwimmen konnte, teils weil er von allem, was er tat oder nicht tat, entzückt war, teils aus Vorfreude, es ihm in den kommenden Wochen beibringen zu können.

Joachim und Paul schwammen gemeinsam flussabwärts. Joachim schwamm wieder zurück, gegen den Strom, während Paul am Ufer entlang zu Heinrich zurückging. Als auch Joachim dort ankam, half Paul ihm an Land. Joachim kletterte ans Ufer und sagte: «Habe ich nicht gesagt, bevor wir hierher kamen, dass ich mir wünschte, etwas Wunderbares zu erleben, *une grande passion*? Und nun ist es eingetroffen, es ist wirklich eingetroffen.»

Paul sagte nichts.

«Glaubst du mir nicht, Paul?»

«Ich begreife nicht ganz, wie du dich in jemanden verlieben kannst, bloß weil du gesagt hast, dass du dich verlieben wolltest.»

«Aber ich liebe ihn. Ich weiß es.»

Heinrich stand noch immer bis zu den Knien im Wasser und war damit beschäftigt, sein Hemd zu waschen. Das begeisterte Joachim mehr als alles, was er bisher mit ihm erlebt hatte. Er stieg über die Felsen und fotografierte Heinrich, wie er sein Hemd wusch. Das freute Heinrich und er sagte, er werde seiner Mutter einen Abzug schicken.

Kein Zweifel, Heinrich war schön. Seine Gliedmaßen schimmerten, als wären sie aus einem kostbaren, dünn gefirnissten, elastischen hellen Holz. Als er mit dem Waschen fertig war – und nachdem Joachim ein zweites Foto gemacht hatte –, watete er aus dem Wasser und kletterte zu ihnen hinauf. Er balancierte auf den schmalsten Felsvorsprüngen, wobei er die Arme über den Kopf hob, um das Gleichgewicht zu halten, und sein Körper schwankte von einer Seite zur anderen. Auf diesem nur wenige Meter langen Weg zeigte er eine Abfolge von geradezu malerischen Körperhaltungen.

Paul beobachtete die wellenartige Muskelbewegung, die an den Schenkeln einsetzte und über den Rumpf bis zum Armansatz verlief. Richtung und Antrieb dieses Körpers waren einfach und doch komplex – wie bei einer Statue mit beredt ausgestreckter Hand.

«Er sieht so selbstzufrieden aus», sagte Joachim, «er stolziert einher wie ein Hahn, wie ein Pfau.»

Er ließ den Fotoapparat sinken.

«Ich möchte jetzt gern noch einmal ein längeres Stück schwimmen. Kommst du mit, Paul?»

«Nein», sagte der müde, «ich bleibe lieber hier und lege mich in die Sonne.»

«Schon gut. Ich bleibe nicht lange weg.»

Joachim stieg zum Wasser hinab und schwamm dann mit langen, ruhigen Zügen, die ihn fast aus dem Wasser zu heben schienen, bis zur Flussmitte.

Heinrich kam von dem Felsblock herunter, auf dem er gestanden hatte. Er setzte sich neben Paul und sah ihn schweigend an. Dann sagte er sehr bedächtig, mit ziemlich kindlicher Stimme: «You – spik – English?»

«Ja, ich bin Engländer.»

Heinrich lachte wieder. Dann legte er den Arm um Paul, rückte ganz nah an ihn heran – wohl um sich besser verständlich zu machen (die Lippen gegen Pauls Ohr gepresst), weniger aus anderen Gründen. Mit der freien Hand zeigte er erst auf sich und dann auf Paul: «I learn – from you – spik English?»

Paul lächelte und nickte zustimmend.

Heinrich lachte wieder. Dann küsste er Paul ganz plötzlich und wandte sich ebenso plötzlich wieder ab. Er hielt ihn noch am Arm und sagte schwerfällig auf Deutsch: «Ich bin so glücklich, dass wir drei, du, Joachim und ich, hier zusammen sind. Du wirst nicht fortgehen, weil ich hier bin, nicht wahr?»

«Nein.»

«Ich bin so froh. Dann sind wir alle drei glücklich. Joachim und ich mögen dich sehr.»

Jeden Vormittag, während sie wanderten, unterhielten sich Joachim und Paul nun auf Englisch. Joachim berichtete Paul, was Heinrich ihm in der Nacht zuvor erzählt hatte – Bemerkungen oder Geschichten, die Joachim wunderbar fand. Am dritten oder vierten Tag ihrer Reise sagte er zu Paul: «In der Schule haben wir natürlich auch Gedichte gelesen, Schillers *Glocke* und Goethes *Braut von Korinth*, und irgendwie hat mir das auch gefallen. Aber ich verstehe einfach nicht, warum man selbst Gedichte schreibt. Wieso bist du Dichter?»

Paul fühlte sich völlig außerstande, das zu beantworten, da er aber Joachim nicht beleidigen wollte, indem er nichts dazu sagte, tat er sein Bestes: «Ich versuche, mit Worten Bilder zu machen aus dem, was ich zu bestimmten Erlebnissen und Erfahrungen empfinde, Gedichte, die über die individuelle Erfahrung hinausgehen und ein Eigenleben haben.»

«Wie? Wie geht das denn?», fragte Joachim verwirrt. «Während ich lebe, bin ich, soviel weiß ich. In diesem Augenblick erfahren wir uns selbst als lebendige Wesen auf unserer Rheinwanderung. Ist das nicht genug? Dass wir das jetzt tun? Morgen machen wir dann eine andere Erfahrung.»

«Es kommt aber darauf an, die Erfahrung für andere lebendig werden zu lassen, so dass sie an ihr teilhaben können. Vielleicht für jemanden, der noch gar nicht geboren ist.»

«Aber warum?»

«Das weiß ich nicht. Ich möchte es ganz einfach tun.»

«Wenn ich etwas Angenehmes tue und mir dabei vorstelle, welche anderen Bedeutungen mein Tun oder meiner Person haben könnte, dann lebe ich doch gar nicht in jenem Moment, sondern bin irgendwo anders. Bin mit den Gedanken schon halb in der Zukunft oder sonstwo. Das würde mir nicht liegen. Ich möchte ganz und gar der sein, der ich bin, hier und jetzt. Außerdem bin ich es, der hier ist, in meiner eigenen Welt, nicht jemand anderes, und wie sollte ich den an etwas teilhaben lassen, was nur ich bin?»

«In dem Fall lebst du nur für dich und nur für den Augenblick.»

«Was könnte ich denn sonst tun, wenn ich aufrichtig bin? Ich kann mein Leben nicht für jemand anderes leben oder für etwas, das nach meinem Tod geschieht.»

«Aber du solltest für etwas mehr als nur für den Augenblick leben.»

«Das tue ich ja schon, glaube ich», sagte Joachim. «Ich lebe für eine ganze Reihe von Augenblicken, die sich gerade jetzt zu unserer Wanderung am Rhein summieren. Das ist mehr als nur ein Augenblick, nehme ich an. Aber ich kann nur für mich selbst leben, ich kann das nicht für einen anderen tun, nicht für einen, der heute lebt, und schon gar nicht für einen, der noch nicht geboren ist. Was ich mir wünsche, ist, jeden Moment meines Daseins voll gelebt zu haben, solange ich bin.»

«Was meinst du mit ‹leben›?»

«Wahrscheinlich meine ich, dass ich mit Körper und Seele, mit jedem Atom, das ich bin oder das ich als mich selbst bezeichne, das, was außerhalb von mir ist, in mich aufnehme und zu meiner Erfahrung, zu meinem Leben mache. Und das kann ich nur in der Gegenwart tun, nicht in der Vergangenheit, die schon vorbei ist, oder in der Zukunft, die noch nicht da ist. Deswegen fotografiere ich gern, weil auf einem Foto die Vergangenheit Vergangenheit ist und nicht vorgibt, die Zukunft zu sein. Und für denjenigen, der es ansieht, wird das Foto nicht Teil seines Lebens. Es gehört der Vergangenheit an und bleibt als Bild außerhalb der Person, die es betrachtet.»

Paul spürte, dass alles, worauf es ihm in seiner Arbeit,

seinem Leben wirklich ankam, in Frage gestellt wurde. Ein Gefühl, als wollte ihm jemand die Luft abdrehen. Er erinnerte sich an Mozarts Klarinettenquintett bei Castor Alerich und sagte so leidenschaftlich, dass Joachim ihn erstaunt, vielleicht sogar belustigt anstarrte: «Wenn du, sagen wir, ein Quartett von Mozart, Beethoven oder Schubert hörst, findest du in der Anordnung der Töne, die von den Instrumenten gespielt werden, bei jedem Komponisten etwas ganz Eigenes. Jeder Komponist ist in seiner Musik auf einzigartige Weise er selbst, und so sehr er es auch versuchte, er könnte keiner der anderen sein. Er hat eine Stimme, die nur die seine ist, die ihn überdauert und die noch nach mehr als hundert Jahren aus der Musik Mozarts, Beethovens und Schuberts zu uns klingt.»

«Mag sein», sagte Joachim, «aber mir wäre nichts daran gelegen, für andere eine Stimme zu sein, wenn ich dafür meine Fähigkeit opfern müsste, das zu erleben und zu erfahren, was ich unbedingt erleben und erfahren will. Ich denke mir, dass Menschen, die nach ihrem Tod ein körperloses Leben weiterführen, auch schon zu Lebzeiten ein körperloses Leben geführt haben. Sie haben ihr Leben dem Traum der Unsterblichkeit geopfert. Ich würde nur dann nach meinem Tod als Beethoven existieren wollen, wenn ich bereit wäre, auch als Lebender Beethoven zu sein. Gerade das würde ich aber verabscheuen nach allem, was ich über ihn gehört habe.» Er lachte, und seine Augen funkelten vor Entschlossenheit, als er das Wort *verabscheuen* aussprach.

Paul sagte: «Aber ich hoffe, dass ich bereit wäre, zu sein, was immer von mir verlangt würde, wenn ich nur Großes in meinen Gedichten leisten könnte.»

Joachim starrte ihn mit großen Augen vollkommen ungläubig an: «Warum bist du dann mit uns hier?»

Er brach in wildes Gelächter aus und stürmte den Hang hinunter zu Heinrich, der am Ufer stand und sich auszog. Inzwischen war es Mittag, die Zeit, zu der Joachim Heinrich täglich Schwimmunterricht gab, wobei ziemlich viel herumgealbert wurde. Danach machten sie ein Picknick und verzehrten die Lunchpakete, die sie sich morgens im Gasthof hatten mitgeben lassen. Tagsüber aßen sie nur wenig. Die reichliche Abendmahlzeit, zu der sie Rheinwein tranken, bildete den Höhepunkt des Tages. Sie gingen früh schlafen, weil sie vom Tag an der frischen Luft müde waren.

Das Wetter war die ganze Woche lang makellos schön, so dass sie sich durch Tage zu bewegen schienen, die sich in ihrer Vollendung bis zum Horizont erstreckten und noch jenseits davon friedlich die Welt durchpulsten. Jeden Morgen, wenn sie wieder in einem anderen Dorfgasthof aufwachten, war die Luft spätsommerlich kühl, und Dunst hing über dem Fluss. Aber schon bald löste der Dunst sich auf, und die Sonne trieb einen Glutkeil durch die oberen Schichten der Schäfchenwolken. In den frühen Vormittagsstunden, wenn sie wanderten, fielen ihre Strahlen schräg auf den Fluss und warfen Lichtreflexe in die Schattenzonen unterhalb der überhängenden Felsen am Ufer. Wenn Joachim und Paul ihre Gespräche beendet hatten, fingen Joachim und Heinrich an, ihre Lieder zu singen, bis es Zeit zum Baden war. Und mittags, wenn es fast schon zu heiß wurde, um in der Sonne zu liegen, zog hoch oben am Himmel ein dünner Wolkenschleier auf, und sein Schatten war wie ein Riesenschwarm winziger Falter.

Am sechsten Tag ihrer Wanderung stiegen sie in aller Frühe einen Hügel empor, auf dem sich das berühmte Standbild der Germania befand. Dieses bronzene Kolossalstandbild einer kräftigen Jungfrau in Rüstung, die in alle

Ewigkeit mit Donnermiene über den Rhein hinweg gen Frankreich blickte, war ein berühmtes Wahrzeichen. Deutsche Reisegruppen standen an seinem Sockel und lauschten ehrfurchtsvoll einem Führer, der darlegte, wie bei der Enthüllung des Standbildes der Kaiser samt der Germania nur knapp einem Bombenattentat entgangen war. Ganz in der Nähe hatte ein Terrorist eine Bombe versteckt, aber zum Glück war sie nicht explodiert.

Heinrich war an diesem Vormittag sehr still, offensichtlich bewegte ihn, was der Führer gesagt hatte. Sie wanderten wieder zum Rhein hinunter, aber ihre Stimmung war umgeschlagen. Das lag zum Teil an Heinrichs ernster Miene, zum Teil auch daran, dass die Landschaft sich verändert hatte. Bisher hatten zu beiden Seiten des Rheins steile Hügel mit Weinbergterrassen und niedrigem Buschwerk – kaum mehr als grüne Flechten auf nacktem Stein – sie begleitet. Nicht weit von hier floss der Rhein an einem Felsen vorbei, der die Lorelei genannt wurde; dort hüteten die Rheintöchter einen goldenen Hort, von dem die deutschen Lieder und Sagen erzählen. Doch nun kamen die Wanderer in eine ganz anders geartete Gegend, wo die Berge sich nach Osten zurückzogen und das Land sanft gewellt war. Von der Höhe der Germania kletterten sie zum Fluss hinunter. Als sie das Ufer erreicht hatten, sagte Heinrich ernsthaft und um die richtigen Worte bemüht: «Ich bin Kommunist. Dieses ganze alte patriotische Zeug» – er deutete zur Germania hinauf – «ist Quatsch. Es ist verrottet – sentimental – überholt! Weg damit!» Er sprach erstaunlich heftig. Seine Stimme klang zornig.

«Ein Kommunist aus einem bayerischen Dorf!», rief Joachim. «Nein, wie wahnsinnig komisch!»

Paul war überrascht. Er hätte nie gedacht, dass Heinrich

sich zu irgendeinem Thema aufrichtig – und offenbar ohne Rücksicht auf die Einstellung seiner Kameraden – äußern könnte. Der Anblick der Germania und das patriotische Gerede des Führers hatten sichtlich einen Konflikt heraufbeschworen, der jetzt aus ihm herausbrach.

Joachim jedoch irritierte die Vorstellung, Heinrich könnte ernstlich eine Meinung haben. Lachend und zugleich ein bisschen verächtlich hob er ihn hoch und warf ihn ins Gras.

«Du ein Kommunist!», rief er. «Und was erzählst du mir das nächste Mal, was du bist, he? Wer hat dir gesagt, du seist Kommunist?»

Heinrich lag zusammengekrümmt im Gras, und Paul sah, wie er Joachim einen hasserfüllten, wütenden Blick zuwarf. Für ihn war es das einzige Zeichen auf ihrer ganzen Reise, dass Heinrich eine selbständige Persönlichkeit war, die einen eigenen, wenn auch unterdrückten, aber rebellischen Willen hatte. Dann lachte Heinrich wieder auf seine weiche, kindlich hemmungslose Art, die Joachim so bezauberte. Er stand auf und sagte, während er sich Gras und Staub von den Schultern bürstete: «Zu uns ins Dorf ist mal einer gekommen und hat den Bauern vom Kommunismus erzählt. Er hat gesagt, wenn wir alle Kommunisten werden, hat jeder viel Geld, und es gibt keine Kriege mehr, und meine Mutter ist versorgt, und lauter wundervolle Dinge passieren.» Er beobachtete Joachim scharf aus seinen engstehenden Augen, als er hinzusetzte: «Wahrscheinlich war das alles Blödsinn, was er gesagt hat, aber ich habe ihm geglaubt wie der letzte Idiot.» Der versonnene, bezauberte Ausdruck kehrte auf Joachims Gesicht zurück. Die Räder des Sommers rollten weiter.

Joachim und Heinrich entkleideten sich für ihr mittägliches Bad. Als Joachim sich gerade das Hemd auszog, rief er aus: «Ein kommunistischer Redner in eurem bayerischen Dorf! Zu komisch! Ich dachte, der große Redner in München sei dieser Nationalist, von dem mir meine Freunde erzählt haben. Er soll eine so hypnotische Wirkung ausüben, dass sie zu seinen Auftritten gehen wie in eine Theateraufführung. Während er redet, sagen sie, überzeugt er einen restlos, man glaubt alles, was er sagt. Aber kaum hat man den Saal verlassen, wird einem klar, dass es alles totaler Schwachsinn ist und dass man einem Verrückten zugehört hat.»

«Ja, genau den habe ich gehört», sagte Heinrich. «Er hat uns alle im Dorf überzeugt, mich auch. Jetzt sehe ich, dass es nur Schwachsinn war. Aber ich dachte, er wäre Kommunist.»

Joachim wandte sich schulterzuckend ab, und Paul sah, dass Heinrich ihm wieder einen Blick nachschickte wie vorhin, als Joachim ihn ins Gras geworfen hatte.

Dass Joachim diesen Blick, den Paul so deutlich wahrnahm, überhaupt nicht bemerkte, hatte für Paul zur Folge, dass Joachim ihm unsensibel und beschränkt erschien. Erstmals kam ihm die Wanderkleidung, die Joachim in Köln erstanden hatte, lächerlich vor: die knielangen Kordhosen, das khakifarbene Flanellhemd, die Baskenmütze, die dick besohlten Wanderschuhe aus hellbraunem Leder. Paul verabscheute Baskenmützen – außer an Franzosen – mehr als jede andere Kopfbedeckung. Jetzt fiel ihm auf, wie diese leicht verwegen aufgesetzte Baskenmütze Joachim, wenn auch nur in diesem Moment, ein flegelhaft-geltungssüchtiges Aussehen verlieh, was durch die bloßen Knie noch unterstrichen wurde. Paul selbst trug alte graue Flanellhosen, sogenannte «Oxfordsäcke», und ein billiges grün gestreiftes Hemd. Aber ihn beschäftigte Joachim und nicht, wie schlampig er selbst aussah. Paul erkannte, dass seine nahezu verächtliche Reaktion auf Joachims Äußeres der momentane physische Ausdruck einer wesentlich schwerer zu benennenden Empfindung war, die er gegenüber Joachim und Heinrich hegte. Aus Heinrichs konfusen Äußerungen zur Politik zog Joachim ganz einfach den Schluss, dass Heinrich dumm war. Was ihm entging, war, dass Heinrich einen winzigen unvorsichtigen Augenblick lang etwas zeigte, womit es ihm ernst war. Joachim sah darin bloß das Aufblitzen einer Wirklichkeit, die er an Heinrich nicht wahrhaben wollte und auf die er damit reagierte, dass er ihn zu Boden warf. Wenn er Heinrich liebt, dachte Paul, müsste er das lieben, was an ihm wirklich ist, auch wenn es ihm unannehmbar erscheint.

Er bemerkte, wie groß der Gegensatz zwischen Joachims spöttischem Profil und dem großzügigen, humorvoll wachen und sympathischen Eindruck war, den man von ihm hatte, wenn man ihn von vorn sah. Im Profil war er der Azteke mit dem höhnischen Mund, der arroganten Nase, den harten Augen: grausam, beschränkt, stur, faul, krumm, eigensinnig. Paul konnte Heinrichs hasserfüllten Blick verstehen.

Paul hatte sich angewöhnt, mit Heinrich auf eine halb spielerische, halb liebevolle Art umzugehen, ihn wie ein Kätzchen zu streicheln, nicht ernsthaft. Am Abend nach ihrem Ausflug zur Germania kam es Paul so vor, als begänne Joachim, ihm seine Art des Umgangs mit Heinrich übelzunehmen. Aber vielleicht fühlte Paul sich auch nur schuldig, weil er Zeuge jener kurzen Augenblicke geworden war, in denen Heinrich Joachim so erbittert nachgeblickt hatte. Paul hatte nun das Gefühl, dass er so bald wie möglich abreisen sollte. Bei ihrer morgendlichen Unterhaltung sagte er das Joachim. Der wollte zuerst nichts davon wissen, dann sagte er: «Ich hoffe, du fühlst dich nicht verschaukelt, was unsere gemeinsame Reise angeht.»

Paul versicherte aufrichtig, dass er das nicht so empfinde, aber trotzdem der Meinung sei, Joachim und Heinrich sollten die letzten Tage der Reise allein miteinander verbringen. Joachim protestierte weiterhin, aber Paul konnte erkennen, dass er einverstanden war.

Anderntags nahmen sie den Dampfer nach Boppard. Joachim, ganz Geschäftsmann, hatte von Köln aus arrangiert, dass ihnen ihr Gepäck in ein Hotel des Ortes nachgeschickt wurde, damit sie von Boppard aus den zweiten Teil ihrer Reise planen konnten. Joachim und Heinrich gingen in das Hotel, während Paul zunächst einen Spaziergang durch das Städtchen machte. Pauls Gepäck wurde zum Bahnhof geschickt, Joachims blieb im Hotel. Heinrich hatte ja keines. Joachim und Heinrich blieben diese Nacht im Hotel und deponierten Joachims Gepäck vorerst weiterhin dort, weil sie in den nächsten Tagen an der Mosel wandern wollten.

Bevor Pauls Zug ging, war noch Zeit. Sie setzten zum anderen Rheinufer über, wo sich ein Freibad befand. Nachdem sie geschwommen waren, sprang Heinrich auf die Mitte einer Wippe und balancierte dort, während Joachim und Paul wippten. Dann stieg Paul hinunter, und Joachim ließ die Planke, auf der Heinrich stand, allein auf und ab wippen. Der Junge lachte wild, während er das Gleichgewicht zu halten versuchte. Die Anspannung ließ die Muskeln an seinen Oberschenkeln hart hervortreten. Sie glänzten wie Mahagoni. Es war gefährlich, in der Mitte zu balancieren, und Heinrich ruderte dabei mit den Armen, erst in die eine Richtung, dann in die andere. Das Haar fiel ihm ins Gesicht und gab ihm ein verwegenes Aussehen. Dann sprang er mit wildem Geheul mit fast schon erschreckender Behendigkeit herab. Aus dem Geheul hörte man Wut und Lachen, dachte Paul.

Am Bahnhof löste Paul eine Fahrkarte für den Abendzug. Außerdem kaufte er ein Taschenmesser mit mehreren Klingen – das Abschiedsgeschenk für Heinrich. Dann ging er zum Hotel zurück, wo er Joachim und Heinrich vorfand. Sie konnten sich nicht halten vor Lachen. Sie hatten das Hotelpersonal und einige Gäste schockiert, weil sie in kurzen Hosen und offenem Hemd gekommen waren. Inzwischen hatten sie sich umgezogen; Joachim hatte sich stadtfein gemacht. Er hatte Heinrich einen Anzug geliehen, der geradezu lächerlich groß für ihn war, aber doch gut genug saß, dass Paul sich vorstellen konnte, wie vollkommen verwandelt Heinrich in Bürokleidung aussehen würde: wie ein Dörfler im Sonntagsstaat. Und wie ein Provinzjüngling hatte er sich das Haar mit viel Brillantine zurückgekämmt.

Paul gab Heinrich das Geschenk. Es schien ihn zu freuen. Er sagte, sobald er nicht mehr alles, was er verdiene, seiner Mutter schicken müsse, werde er Paul ein noch kostspieligeres Geschenk kaufen. Sie aßen zu Abend, tranken Wein und stießen mit Paul auf seine Reise und eine glückliche Rückkehr nach England an. Joachim und Heinrich benahmen sich Paul gegenüber liebevoll, wie zwei Menschen es einem Dritten gegenüber tun, dem sie zeigen wollen, dass sie ihn mögen, dessen Anwesenheit sie aber daran erinnert, dass sie einander in die Arme stürzen werden, sobald er fort ist. Sie würden die Reise, die Joachim für Paul und sich geplant hatte, nun ohne Paul fortsetzen. Sie versicherten Paul, sie seien überzeugt, dass sie sich alle drei bald in London wiedersehen würden. Doch er konnte sich Joachim und Heinrich nicht in London vorstellen.

Sie gingen gemeinsam zum Bahnhof. Heinrich lief voraus,

um einen guten Sitzplatz für Paul zu finden. Kaum war er außer Hörweite, sagte Joachim: «Glaubst du mir jetzt, dass ich ihn liebe?»

Paul erwiderte, er sei sich dessen sicher.

Heinrich rief, er habe ein leeres Abteil gefunden. Paul gab beiden einen Abschiedskuss und stieg ein. Der Zug setzte sich in Bewegung.

Die Fahrt nach Köln führte größtenteils am Rhein entlang. Paul sah aus dem Fenster auf die Lichter der Ortschaften, die sie durchwandert hatten; in manchen hatten sie auch übernachtet. Alles zog an ihm vorbei wie ein Film im Rückwärtslauf. Bald passierte der Zug in großer Geschwindigkeit Bingen. In Köln stieg er in den Schnellzug nach Hamburg um. Dort packte er seine Sachen zusammen, bezahlte sein Zimmer und bestieg den Fährzug. Von nun an war das Land völlig eben. Er war allein im Abteil. Er zog die Rollos nicht herunter. Die Nacht faszinierte ihn mit ihren gelegentlichen Lichtgarben von Verladestationen und Bahnhöfen, die kurz über die Decke huschten und dann verloschen.

Der Rhythmus des Zuges erregte ihn, so dass er vor dem Hintergrund des monotonen Hämmerns Heinrich und Joachim ganz deutlich ihre Mittagslieder singen hörte. Meistens erinnerte er sich nur an die Melodien, aber eine alberne, sentimentale Zeile aus einem albernen, sentimentalen Lied ging ihm einfach nicht aus dem Kopf: *«Es war so wunderwunderschön.»*

Von London und Oxford, wohin es ihn jetzt rasend schnell trug, schien eine unaussprechliche graue Leere auszugehen, ein dauernder Nebel. Der Sommer, den er hinter sich ließ, schien mehr als Glückseligkeit gewesen zu sein: Er war eine Offenbarung. Einen Augenblick lang dachte er, er müsse verrückt gewesen sein, Joachim und Heinrich zu verlassen.

Er hätte auf ewig mit ihnen den Rhein hinab wandern sollen. Sein einziges Lebensziel war nunmehr – so schnell wie möglich nach Deutschland zurückzukehren. Er würde das in sein Notizbuch schreiben.

    Er fiel in einen Halbschlaf, in dem die Erinnerungen an die Wege, die sie gewandert waren, und die Stellen, wo sie gebadet hatten, an ihm vorbeizogen. Der Fluss selbst wurde zu einem Strom von Licht, der Land und Himmel überflutete. Er sah zu, wie die leuchtenden Schaumteller vom Wasser aufstiegen und im Raum zergingen. Die Sonne dieses Sommers, die Sonne! Die Sonne! Sonnetrunken schlief er ein.

ZWEITER TEIL

DUNKLEN ZEITEN ENTGEGEN

1986

Erst im November 1932 kam Paul wieder nach Hamburg. Mittlerweile hatte er einen Gedichtband und einen Erzählungsband veröffentlicht. Von den Gedichten waren etwa tausend, von den Erzählungen zweitausend Exemplare verkauft worden. Die Gedichte hatten gute, die Erzählungen schlechte Kritiken erhalten. Rezensionen und gelegentliche Artikel verschafften ihm mittlerweile kleine, aber regelmäßige Einnahmen; doch erst im Frühjahr 1932 konnte er sicher sein, zwischen 4 und 5 Pfund pro Woche zu verdienen. Das gab ihm die Möglichkeit, wieder nach Hamburg zu fahren.

Seine 4 bis 5 Pfund entsprachen 80 bis 100 Mark. Das Zimmer in der Pension Alster, die am Südende der Außenalster in Innenstadtnähe lag, kostete pro Woche 20 Mark, inklusive Frühstück und Mittagessen. Der Preis für ein Mittag- oder Abendessen betrug in einem billigen Restaurant 1 Mark, in einem besseren 1,50 oder 2 Mark.

1932

Die Pension Alster war ein Gewirr von Räumen, die alle von einem Korridor abgingen, der sich wie ein Gedärm durch das gesamte Etablissement zog. In der Mitte befand sich ein Empfangsraum mit zwei üppigen chintzbezogenen Sofas und plumpen Sesseln, das Ganze spärlich erhellt von Lämpchen mit gelben Schirmen. An den Wänden hingen sepiafarbene Aquatinten nach Gemälden von Nymphen,

Sylphiden und einer Hermesstatue, die von weiblichen Gestalten in wallenden Gewändern umringt war, von Rittern in Harnisch und Friedrich dem Großen. Außerdem eine gerahmte Fotografie des Bismarck-Denkmals oberhalb der Landungsbrücken, eines riesigen granitenen Pfefferstreuers. Im Winter roch es in diesem Interieur, das von einem mächtigen gusseisernen Ofen beheizt wurde, wie im Innern einer Pappschachtel.

In Pauls Zimmer standen ein Bett, ein Stuhl, ein Tisch und ein Kleiderschrank (auf den er seinen Koffer schob), alle aus dem gleichen fleckigen Kiefernholz voller Astlöcher. Die Tischplatte, die aus zwei Kieferbrettern zusammengeleimt war, erinnerte Paul an ein Schiffsdeck, das klar zum Gefecht war. Zum Gefecht mit Feder, Papier und Schreibmaschine.

Er fühlte sich eingesperrt, aber das lag nicht an seinem Zimmer, sondern am Wetter. Das war in Gestalt von Schimmel und nassen Flecken an Wänden und Decke tatsächlich bis in sein Zimmer vorgedrungen.

Aus Pauls Notizbuch:
Seit meiner Ankunft vor einer Woche hat es ununterbrochen geregnet. Das Land zwischen Hamburg und der Nordsee ist flach, so dass der scharfe Nordwestwind mit voller Kraft über die Stadt fegt. Jetzt, Anfang November, peitschten sturzbachartige Regenböen durch die Straßen. Der Regen schlägt gegen die Häuser und durchnässt die Wände, als wären Stein und Beton nicht mehr als Papier. Der Wind springt in den Alleen von einer Seite zur anderen. Die Alster ist zu Tausenden von Wasserspitzen aufgepeitscht, und wenn die Hagel- und Regennadeln darauf treffen, ist es wie ein Zähneknirschen im Mund von Erde und Himmel. Der Wind hat

die Stadt erobert wie ein böser Riese. Die Einwohner sind vor ihm geflohen, die Verkehrsgeräusche sind zu einem Flüstern gedämpft.

Natürlich hatte Paul nicht erwartet, dass Hamburg im November so sein würde wie im Juli. Aber auf einen solchen Ingrimm, auf einen so anhaltenden, düsteren nordischen Winter war er nicht gefasst gewesen. Es war so sehr das Gegenteil des strahlenden Sommers 1929, dass Paul, vielleicht auch infolge des Schocks, es über eine Woche lang nicht fertigbrachte, an das Leben von damals anzuknüpfen. Er hatte selbstverständlich angenommen, dass alle seine Freunde da wären, und hatte keinem von ihnen seine Ankunft brieflich angekündigt.

Manchmal, wenn er in seinem Zimmer auf dem Bett lag und der Sturm an Dach und Fenstern rüttelte, sah er Joachim, Willy oder Ernst vor sich, von Sonnenlicht übergossen, im Schwimmbad, im Kanu, auf der Außenalster oder einem der Kanäle, am Strand, beim Essen oder Trinken an einem Tisch auf dem Bürgersteig. Er rief sich die Bilder jenes einen Tages, der einen Sommer lang gedauert hatte, ins Gedächtnis zurück, die Orte, an denen sie gewesen waren. Er verspürte nicht den geringsten Wunsch, die Freunde jetzt in dumpfen, muffigen Innenräumen wiederzusehen.

Es kam ihm vor, als müsse er für alle Zeiten mit dem Kopf gegen die Zimmerwand schlagen und dem Wetter zuschreien: *Aufhören!*

Um Geld zu sparen, aß er fast immer in der Pension zu Mittag. Er saß mit den übrigen Gästen im Speisezimmer an einer langen Tafel mit einem dicken grünen Tischtuch, das an den Ecken dreieckförmig überhing und das mit Troddeln und

Quasten eingefasst war. Der jüngste Gast, Herr Macker, ein blasser Bankangestellter mit Nickelbrille, dunklem Anzug und weißem Kragen, dem das Haar wie eine braune Filzkappe auf dem Kopf saß, war mindestens fünf Jahre älter als er. Paul gab vor, weniger Deutsch zu verstehen, als es der Wirklichkeit entsprach, um sich nicht an der mittäglichen Unterhaltung beteiligen zu müssen, die sich hauptsächlich um das abscheuliche Wetter drehte. Sein Schweigen hatte die unvermeidliche Folge, dass Dr. Schulz, ein Mann mit weißgrauem Stoppelhaar und kurzem Schnurrbart, die Mittagsstunde damit verbrachte, ihm in seinem grauenhaften Englisch (dem Paul zeitweise mit seinem erheblich besseren Deutsch aushalf) zu erzählen, der einzige Weg, die Sprache zu lernen, sei, sich eine deutsche Braut zuzulegen. Fräulein Weber, die immer ein burgunderrotes Strickkleid trug und, wie sie sagte, früher als Gouvernante auf einem Landsitz in Peebleshire gearbeitet hatte, unterhielt ihn in ihrem schottisch gefärbten Englisch mit einer Nacherzählung von Wagners Ring – äußerst schwierig nachzuvollziehen, fand Paul. Abends ging er fast immer aus, oft, um allein in einem Lokal zu essen und dem Gespräch am Nachbartisch zuzuhören – Stoff für sein Notizbuch.

Im Sommer 1929 war Paul nie allein in die Stadt gegangen – immer waren Ernst, Joachim oder Willy dabei gewesen –, jetzt aber setzte er sich das Ziel, die Stadt allein zu erkunden, sofern das Wetter es zuließ, zwischen den Stürmen also. Er nahm nie ein öffentliches Verkehrsmittel, sondern durchmaß die Straßen mit langen, schnellen Schritten, manchmal sogar im Laufschritt, um gegen die Eiseskälte anzukämpfen. Er war barhaupt und trug einen Überzieher, den er von den Knien bis zum Hals zugeknöpft trug und der wie ein

Husarenmantel aussah. Er hatte ihn von seiner Großmutter bekommen. Der Mantel war so gut wie neu, stammte aber aus dem Jahr 1916, als sie ihn für ihren Lieblingssohn Edgar gekauft hatte, der von der Westfront auf Urlaub nach London gekommen war. Als Leutnant Schoner einen Monat später in Frankreich fiel, hatte er diesen Mantel nur zweimal während seines Urlaubs getragen, und nach seinem Tod hatte Mrs Schoner ihn zusammen mit anderen Dingen, deren Anblick sie nicht ertragen konnte, in einen Schrank weggeschlossen, bis Paul ihr eines Tages erzählte, er wolle den Winter in Deutschland verbringen. Da hatte sie in einer unklaren Gedankenverbindung gemeint, ihr Lieblingsenkel solle in Deutschland den Mantel tragen, den ihr Lieblingssohn nur zweimal in London angehabt hatte, bevor er in Frankreich fiel, ohne den Mantel zu tragen.

Eines Nachmittags ging Paul nach St. Pauli, weil er die Gegend bei Tageslicht sehen und ein paar Aufnahmen machen wollte. Die Bekanntschaft mit Joachim und russische Filme wie die von Eisenstein hatten ihm eine Vorstellung von Schwarzweißfotografie vermittelt, die er nun mit seiner Voigtländer in die Tat umsetzen wollte. Bei diesem ersten Besuch sah er jedoch nichts, was ihm fotografierenswert erschien. Er kam zurück mit einem veränderten Bild von St. Pauli – nicht mehr das strahlend hell erleuchtete Vergnügungsviertel seiner nächtlichen Streifzüge mit Joachim, Willy und Ernst, sondern eine trostlose Gegend, nasses graues Pflaster, Hafenstraßen, in denen junge Männer, die absolut nichts zu tun hatten, herumstanden und auf demontierte Docks starrten. Etwas für sein Notizbuch: Wie die Arbeitslosen mit ihren Schirmmützen sich an das Geländer lehnten und endlose, leere Tage lang über den Hafen schauten oder wach oder schlafend auf Bänken lagen; oder die wenigen Groschen, die sie hatten, für Zigaretten ausgaben. Die Hand zum Mund zu führen und den Rauch zu inhalieren und auszustoßen war wenigstens irgendeine Tätigkeit, ein einschläfernder Akt der Betäubung. Sie waren völlig mittellos, hatten keinerlei Zuflucht, nichts von dem, was Pauls Leben ausfüllte, das dem Lesen und Schreiben gewidmet war. Das Fehlen einer Verbindung zwischen seinem Tun und ihrem Nichtstun erschien ihm wie die Unterbrechung einer Stromleitung, die man hätte schließen müssen, um das Tun mit Fantasie aufzuladen. Ohne diese Verbindung machte die Inaktivität dieser Menschen seine Fantasien sinnlos. Diese arbeitslosen Arbeiter waren nur dazu geboren und erzogen, ihren Chefs ihre Arbeitskraft zur Verfügung zu stellen. Und da nun diese Chefs ihre Arbeitskraft nicht mehr brauchen konnten, waren sie ausgemusterte Maschinen – nur dass sie, anders als Maschinen, auch Gedanken und Gefühle hatten und verhungern würden.

Als eine Woche vorbei war, rief Paul Willy an, der jetzt nicht mehr mit Joachim zusammenlebte, sondern eine winzige eigene Wohnung hatte. Sein Name stand im Telefonbuch. Willy war überrascht, erfreut und auf komische Weise entrüstet, Pauls Stimme zu hören: «Paul, warum hast du uns nicht wissen lassen, dass du nach Hamburg kommst? Ich hätte dich am Bahnhof abgeholt! Du hättest schreiben sollen! Deine Freunde hier hätten ein Fest für dich gegeben ...» Paul glaubte nicht, dass er Willy in sein Zimmer in der Pension bitten konnte, daher trafen sie sich im Café Europa, das an der Binnenalster lag, mit Blick auf die Geschäftshäuser der Innenstadt.

Von seiner Seite des Marmortischchens aus, auf dem man

ihnen Kaffee mit Sahne und Kuchen serviert hatte, studierte Paul Willys Gesicht. Die Falten auf seiner Stirn und um den Mund waren blass wie die Rippen eines Herbstblatts. Paul erinnerte sich an seine erste Begegnung mit Willy und Joachim, als Ernst ihn mit ins Schwimmbad genommen hatte. An jenem herrlichen Tag, als Ernst und er auf die beiden zugingen, warf Willy gerade Joachim einen bunten Wasserball zu, und Joachim, die Augen zum Himmel erhoben wie ein Heiliger in einem Renaissancetriptychon, wartete darauf, dass ihm der Ball in die ausgestreckten Hände fiele ... Und danach die Party in Joachims Studio ... und die Unterhaltung mit Fedi, dem kleinen Zeppelinkommandanten, der 1916 über der Ostsee abgeschossen worden war ... und wie er mit Irmi tanzte (später dann Irmi in Altamünde!) ... Paul spann im Geist seine Erinnerungen fort – die Bilder verwandelten sich in Wunschbilder –, bis er schließlich durch Willy wieder in die Gegenwart und das Café zurückgeholt wurde: durch den Ausdruck auf seinem Gesicht, mit dem er von seiner Tischseite aus Pauls um drei Jahre älter gewordenes Novembergesicht musterte.

Willy lächelte ihn an und sagte: «Ist dir klar, dass du in Hamburg ziemlich berühmt geworden bist?»

«Berühmt? Wieso?», fragte Paul, ganz hoffnungsvoller Jungautor, und errötete. «Wegen meiner Gedichte oder Erzählungen?»

Willy lachte, diesmal vernehmlich. «Nein, nein, nicht deswegen. Ich fürchte, deine Veröffentlichungen sind in Hamburg nicht weiter vorgedrungen als bis zu Ernst Stockmann. Wegen etwas ganz anderem ...»

«Und zwar?»

«Als der geheimnisvolle englische Dichter, der mit Joachim auf die Rheinwanderung gegangen ist, auf der Joachim Heinrich kennengelernt hat. Sag mal, wie hat sich das eigentlich abgespielt?»

Paul beschrieb den ersten Abend in Bingen, als ihnen Heinrich aufgefallen war, wie er am Ufer stand und auf den Rhein blickte und Joachim ihm eine Zigarette anbot und wie sie dann in dem Lokal oberhalb des Städtchens zusammen gegessen hatten und Heinrich von seiner Mutter erzählte. Von dem Zettel, den Joachim an die Tür ihres gemeinsamen Zimmers geheftet hatte, erzählte er nichts.

«Ach, so war das also. Ganz einfach. Und wie hast du es empfunden? Mochtest du Heinrich?»

Vor dem Goldhintergrund des Cafés flackerten Bilder auf wie im Film und verdrängten die Gegenwart. «Im ersten Augenblick in Bingen mochte ich ihn nicht. Aber später hat er mich interessiert.»

«Inwiefern?»

«Ich sah, dass er doch komplizierter war – dass sich unter Heinrichs Charme jemand sehr Zorniges verbarg.»

«Hattest du das Gefühl, dass er Joachim guttat?»

«Ich glaube nicht, dass Joachim jemanden wollte, der ihm guttat. In Köln, bevor wir Heinrich trafen, hatte er mit mir darüber gesprochen, dass er sich eine leidenschaftliche Beziehung wünschte – zu jemandem, der auch bösartig sein konnte oder zumindest nicht gut oder gut für ihn. Du hast ihm, glaube ich, gutgetan, Willy.»

«Ich hatte jetzt eigentlich nicht uns – ihn und mich – im Sinn. Ich dachte nur, wie viel Joachim kann und wie sehr er einen Freund braucht, der ihm hilft, seine Begabung zu entwickeln. Jeder müsste seine Fotos kennen. Und er müsste in ganz Deutschland berühmt sein.»

«Ich kann mir nicht vorstellen, dass Heinrich ihm in dieser Hinsicht hilft.»

«Warum nicht?»

«Er hat nicht die geringste Ader für Kunst.»

«Was für ein Jammer. Joachim braucht doch Anerkennung. Er ist ganz sicher ein Genie!»

Der Ausdruck «Genie» ärgerte Paul. Er kannte ein Genie, nämlich den Dichter Simon Wilmot. Und ein Genie war genug. Er wechselte das Thema, indem er noch einen Kaffee bestellte. Dann fragte er Willy, was er in den vergangenen drei Jahren gemacht habe.

«Nun, während du damals mit Joachim unterwegs warst und ihr Heinrich auf eurer berühmten Rheinwanderung kennengelernt habt, bin ich nach Medes gefahren, ein kleines Tiroler Dorf. Ich habe da für meine Examina gelernt. Ich hatte dir, glaube ich, doch erzählt, dass ich Lehrer werden wollte.»

«Hast du dich in Medes einsam gefühlt?»

«In den ersten Wochen vielleicht ein bisschen – Joachim fehlte mir sehr –, aber dann bekam ich Kontakt zu den Dorfleuten. Weil ich immer so viele Bücher mit mir herumschleppte, aus denen ich draußen in der Sonne lernte – geschwommen bin ich kaum, ich nahm das Lernen schrecklich ernst –, geriet ich im Dorf in den Ruf, über lauter Dinge Bescheid zu wissen, von denen ich nichts verstand, wirklich nicht das Geringste. Es war zu komisch. Die Dorfleute, vor allem die jungen Burschen, aber nicht nur sie, auch viele Mädchen, kamen mit ihren Problemen zu mir. Ich wurde andauernd irgendwelche albernen Sachen gefragt. Na ja, so albern waren sie manchmal gar nicht.»

«Dann warst du dort glücklich?»

«Ja, sogar sehr. Es war einfach herrlich. Ich fände es schön, immer in einem solchen Dorf zu wohnen und von den Dorfleuten bewundert und um Rat gefragt zu werden und so berühmt zu sein, wie du es nach Ernsts Aussage in England geworden bist. Außerdem ist in Medes alles so friedlich, man braucht sich nie um irgendetwas Sorgen zu machen.»

«Hast du in dem Dorf jemanden kennengelernt?»

«Viele Menschen, so wie ich es dir eben erzählt habe. Wen hätte ich sonst noch kennenlernen sollen?»

«Ich meine jemanden, der dir so viel bedeutet wie Joachim.»

Willy setzte eine goldgeränderte Brille auf (Paul hatte ihn noch nie zuvor mit Brille gesehen) und warf ihm einen forschenden Blick zu, vielleicht um sich ein Bild davon zu machen, wie Paul sich in den letzten drei Jahren verändert hatte. Durch die Brillengläser wurden seine klaren blauen Augen ein wenig vergrößert; eingebettet in weiches rosiges Fleisch, sprach aus ihnen nun nichts mehr als die völlige Unschuld eines wohlmeinenden Lehrers, der seine ganze Befriedigung und Erfüllung darin fand, das Los anderer zu verbessern. Seine überschäumende, heitere sexuelle Ausstrahlung von vor zwei Jahren war restlos verschwunden. Paul durchfuhr ein kleiner Schauer angesichts dieses neuen Menschen mit seiner Reformhaus-Mentalität, aber im nächsten Augenblick schon rührte ihn Willys grundsätzliche Gutartigkeit, seine Einfalt, so wie er es sah.

«Nein, ich habe niemanden kennengelernt, der für mich wie Joachim war. Weißt du, alles das ist auch nicht notwendig. Das habe ich jedenfalls auf dem Dorf gelernt. Ich hatte immer gedacht, ich würde überhaupt nicht ohne Joachim leben können. Aber ich habe gelernt, dass man auch allein glücklich sein kann. Man muss nicht unbedingt jemanden haben.»

«Vielleicht hält man das einen Monat lang aus oder zwei. Aber für immer?»

Er zuckte mit den Schultern. Es schien ihn nicht zu interessieren: «Vielleicht gilt das für andere. Nicht für mich. Ich weiß es nicht.» Er schien noch etwas hinzusetzen zu wollen, verstummte dann aber.

Paul fragte ihn, ob er Ernst in letzter Zeit gesehen habe. «O ja, wir sehen uns ziemlich oft. Ich mag Ernst jetzt sehr. Ich glaube, dass er viel netter ist, als wir alle gedacht haben. Vor drei Jahren, als du hier warst, waren wir alle gegen Ernst, das war unfair, und er verhielt sich daraufhin uns gegenüber so, dass wir erst recht misstrauisch wurden. Er schauspielerte immer, und das machte ihn viel zu befangen ...» Er machte eine Pause und fügte dann hinzu: «Du hast sicher gehört, dass Hanni, seine Mutter, gestorben ist?»

Pauls erste Reaktion war, sich übergangen zu fühlen, weil Ernst ihm keine Nachricht hatte zukommen lassen. Er fragte mit gleichgültig klingender Stimme: «Hat es Ernst sehr mitgenommen?»

«Er hat sich sechs Wochen lang in der großen Villa an der Alster eingeschlossen und wollte niemanden sehen. Als er wieder auftauchte, wirkte er verändert. Zum Teil sicher deshalb, weil er die Firma seines Vaters übernommen hatte, was auch der Grund dafür gewesen war, dass er für niemanden mehr Zeit hatte. Er musste so vieles erledigen, und sein Vater war senil geworden, völlig außerstande, etwas zu tun. Aber schließlich gab er doch bei sich zu Hause ein Fest für seine alten Freunde und schien dabei viel zugänglicher, freundlicher und offener, als ich ihn jemals erlebt hatte. Es waren viele Leute auf diesem Fest, einige von ihnen hatte ich noch nie gesehen, und zu Joachims und meiner großen Überraschung gab es massenhaft zu essen und zu trinken. Wir haben uns alle schrecklich betrunken, vor allem Ernst, er war sehr ulkig. Außerdem hat er etwas getan, was er früher nie gemacht hätte – er hatte einen seiner jungen Freunde eingeladen, der in einer Bar als Geiger arbeitet (da musst du unbedingt einmal hin), er ist aus Litauen und heißt Janos Soloweitschik. Solange Hanni lebte, hätte er das nie getan. Und letztens hat Ernst sich sehr großzügig benommen, ich meine, wirklich richtig großzügig! Er hat mir sogar Geld gegeben, damit ich meine Studiengebühren bezahlen konnte. Wenn du auch sicher sagen wirst, dass mein Englisch nicht sonderlich gut ist für jemanden, der Englischlehrer werden will.» Er hatte jetzt wieder ganz die alte Art, lachte und redete lebhaft. Doch nun stand er auf und sagte: «Ich muss jetzt gehen und für mein Englischstudium lernen.»

Paul blieb noch kurz am Tisch sitzen, um die Rechnung zu bezahlen. Währenddessen kam Willy mit bekümmertem Gesicht zurück. «Ich bin eigentlich zu früh dran für die Uni», sagte er und setzte sich wieder. «Paul, da ist noch etwas, das ich dir nicht erzählt habe.»

«Was denn?»

«Ich habe dir nicht ganz die Wahrheit gesagt. Ich dachte, es würde dich durcheinanderbringen. Und das hat mich nervös gemacht.»

«Was ist denn los?»

«Die Sache ist die, dass ich eine Braut habe. Sie heißt Gertrud. Gertrud und ich wollen heiraten.»

Alle Erinnerung an die Vergangenheit war mit einem Schlag wie weggewischt: Willy auf der ersten Party in Joachims Studio, Willy, wie er im Schwimmbad Joachim einen Ball zuwarf – diese Bilder waren aus Pauls Gedächtnis gelöscht. Paul sah Willy über den Tisch hinweg an. Willy lächelte zurück, mit einem fast mädchenhaft scheuen, ein wenig ängstlichen Ausdruck im Gesicht. Paul fragte: «Hat sie blonde Zöpfe und blaue Augen?»

Willy platzte los vor Lachen. «Ja, beides, aber sie schlingt die Zöpfe hinten zu einem Knoten zusammen, so dass man kaum sieht, dass es Zöpfe sind.»

«Hat sie so blaue Augen wie du?»

«Ja, aber woher weißt du das?»

«Trägt sie eine Brille, wie du es jetzt tust?»

«Sie hat eine, aber sie trägt sie nicht mehr als notwendig. Ich glaube, sie ist ein bisschen eitel – lange nicht so schlimm wie ich! Ich mag es nicht, wenn sie ihre Augen hinter der Brille versteckt, und deshalb trägt sie sie nicht.»

«Wie hast du Gertrud kennengelernt?»

«In Medes. Sie ist allerdings nicht von dort. Sie machte da Ferien, mit Wiener Freunden. Sie ist so lieb und freundlich, Paul. Und sie leistet großartige Arbeit für die Partei.»

«Für die Kommunisten?»

«Aber nein, doch nicht in Wien, das ist lächerlich. Für die Nazipartei», lachte er.

Paul fühlte sich wie in einem Fahrstuhl, der vom obersten Stockwerk in den Keller abstürzte und drauf und dran war, das Betonfundament zu durchschlagen und ihn tief unter der Erde zu begraben. Mit erstickter Stimme sagte er: «Dann bist du also Nazi?»

«Nein, ganz und gar nicht. Ich habe Gertrud gesagt, dass ich das nie sein könnte.»

«Warum nicht?»

«Mir gefällt vieles an ihrer politischen Linie nicht, und ich bin mit dem, was sie über die Juden sagen, nicht ganz einverstanden. Deshalb nicht, weil ich schließlich Ernst sehr gut kenne. Aber in Medes habe ich gesehen, was für großartige Arbeit die Partei bei der Jugend leistet, besonders bei den arbeitslosen Jugendlichen. Sie macht ihnen Hoffnung, wenn niemand anderes es mehr tut, schon gar nicht die

Alten, weder Brüning noch Papen noch dieser senile Tattergreis Hindenburg. Weißt du, was man über Hindenburg erzählt?»

«Nein.»

«Ein Sekretär im Empfangsbüro des Präsidenten soll einen Besucher, der ein Päckchen Butterbrote bei sich hatte, gebeten haben, das Butterbrotpapier nicht liegenzulassen, andernfalls würde der Präsident es garantiert unterzeichnen.» Er lachte unbändiger denn je, seine weißen Zähne blitzten hinter den rosigen Lippen auf.

«Ach. Hast du jemals einen der Naziführer gesehen? Oder einen von ihnen reden hören?»

«Ja, einmal habe ich hier in Hamburg Goebbels gehört. Ich bin aus bloßer Neugier hingegangen, einfach um ihn mir anzusehen. Was er gesagt hat, ist an mir vorbeigerauscht. Aber ich habe gesehen, dass er ein Krüppel ist. Dass er immer Schmerzen hat. Man sieht seinem Gesicht an, dass er seine Schmerzen immer mit seinem Glauben niederkämpft. Ein solches Leuchten lag auf seinem Gesicht, als er von Deutschlands Zukunft sprach, ein so strahlendes Lächeln. Was immer er gesagt hat, Schwachsinn möglicherweise, sein Lächeln war das eines Heiligen.»

Paul stand ruckartig auf. «Ich muss ein paar Anrufe erledigen», sagte er und ließ Willy am Tisch zurück. Er fühlte sich vor Wut wie betäubt. Er hasste die Nazis, weil jeder denkende Mensch, den er kannte, sie hasste. Aber er wusste nicht, warum er sie hasste. Vielleicht hatte Willy Recht, und doch konnte er das nicht glauben. Was er hier hatte erleben müssen, war, wie Willys Dummheit seine eigene Unwissenheit aufwog.

Als er an diesem Abend in die Pension Alster zurückkehr-

te, fand er einen Brief vor. Per Einschreiben und Eilboten, von William Bradshaw. Auf der Rückseite standen in winziger, gestochen klarer Schrift Williams Name und Adresse in Berlin, wo er sich zurzeit aufhielt. Die vielen Briefmarken und der Einschreibaufkleber auf der Vorderseite bewirkten, dass Paul sich vorstellte, wie William den Brief dem Berliner Postbeamten gab und ihn in seiner typischen Art und Weise aufforderte, «ihm ordentlich was zu verpassen».
William schrieb:

Mein Roman kommt langsam voran. Unterdessen verdiene ich Geld, indem ich mich bei der Filmindustrie prostituiere. Sei nicht überrascht, wenn Otto und ich dich demnächst unangemeldet überfallen. Ich arbeite mit Georg Fischl an einem Film und kann mich deshalb auf kein bestimmtes Datum festlegen. Hier passiert alles, wann es eben passiert, ohne Vorankündigung. Ich habe Fischl noch nichts davon erzählt, aber ich habe vor, eine ekelerregende Szene ganz besonderer Art zu schreiben, die in Hamburg aufgenommen werden muss. Otto will mich begleiten, weil sein Vater Lotse in Hamburg und Cuxhaven war, bevor Otto geboren wurde. Sobald die Wolken aufreißen, machen wir sicher eine Blitzreise in eure Gegend. Otto macht eine sehr interessante Phase durch, in der er seiner Herkunft nachgeht.

Otto, das wusste Paul, war der «Karl» in einer Geschichte Bradshaws, die in Berlin spielte.

Der Brief versetzte Paul in das Hochgefühl, einer Familie anzugehören, die außerhalb seiner eigenen und außerhalb von Williams Familie existierte. Sie schrieben – und das machte Blut und Geist ihrer Freundschaft aus. Jeder schrieb für sich, unter den eigenen Lebensumständen, und doch war jeder ein Glied des einen Körpers, der Literatur, die sie alle verband. Er freute sich über ihre Erfolge, und während ungünstige Kritiken seiner Werke ihn entmutigten, empfand er bei Angriffen auf ihre Werke oder auf sie als «Gruppe» die Kritiker als Idioten und die Freunde als Genien des Lichts, die gegen die Mächte der Finsternis kämpften.

Die unmittelbare Folge der Lektüre von William Bradshaws Brief war, dass Paul ein Name wieder in den Sinn kam, an den er nicht mehr gedacht hatte, seit er vor drei Jahren mit Joachim, Willy und Ernst die halbe Nacht in St. Pauli zugebracht hatte. Es war Lothar, der Name des Jungen, der sie zum Schluss auf der Heimfahrt mit der letzten Bahn ein paar Stationen begleitet hatte. Im Lokal *Drei Sterne* hatte Lothar Paul erzählt, er arbeite in einem Vergnügungspalast, in dem man pornografische Peepshowfotos anschauen konnte. Er hatte zu Paul gesagt, er solle kommen und sie sich ansehen. Paul spürte den dringenden Wunsch, Lothar selbst zu sehen, an dessen Gesicht er sich ganz deutlich erinnerte. Er steckte Williams Brief in sein Notizbuch, zog den riesenhaften Soldatenmantel über und rannte auf die Straße, rannte den ganzen Weg bis nach St. Pauli.

Diesmal war es Nacht. Es regnete noch immer; gelbe, rote und blaue Lampen warfen glitzernde Lichter auf Bürgersteige und Motorhauben, auf hell erleuchteten Fensterscheiben lockten krude Werbesprüche und Fotos Kunden an – und Paul kam sich vor, als hielten seine Hände die Hebel einer Maschine zur Herstellung von Glück. Der Vergnügungspalast war leicht zu finden. Er lag an der Freiheit und erstreckte sich über eine beträchtliche Länge. Kaum hatte er den gleißenden, reißerisch beleuchteten Eingang passiert, erblickte er Lothar, der sich an den Hebeln einer Maschine zu schaffen machte, an der man seine Körperkräfte testen konnte. Lothar erkannte ihn sofort wieder. «Ach du, Paul, der Engländer», rief er und ergriff ihn gleich bei der Hand.

Dann musste Lothar Paul stehenlassen und einen glatzköpfigen Kunden mit vorgewölbter Brust, dem die Brusthaare oben aus seinem rotgestreiften Seemannshemd hervorstachen, in die Handhabung des Kraftmessers einweisen. Lothar, der die ganze Zeit nur zu Paul hinsah und nicht zu seinem Kunden, packte die Griffe zu beiden Seiten der Maschine, zerrte und drückte daran, wobei seine Züge sich ebenso verspannten wie seine Hände. In den drei Jahren war sein Gesicht knochiger und kantiger geworden, wie ein in Stein gehauener Römerkopf, in den Augen aus einem anderen Mineral – Onyx oder Kristall – eingelassen waren. Während Lothar sich an der Maschine abquälte und sein Gesicht, seine Hände, sein ganzer Körper sich immer mehr verkrampften, sah er weiter mit einem Gesichtsausdruck zu Paul hin, in dem tiefe Qual und strahlendes Lächeln miteinander verschmolzen waren. Oberhalb der Maschine drehte sich eine Nadel auf einer Scheibe, sie zeigte 20-30-40-50-60-70-80-90 und sprang dann plötzlich wieder auf Null. Lothar atmete schwer, sprang mit einem Ausruf beiseite und überließ es dem Kunden im gestreiften Hemd, seine Kraft zu messen.

«Weißt du noch?», fragte Paul und erinnerte Lothar an jene Nacht vor drei Jahren. «Ach so», sagte Lothar. Er hatte den Herrn Doktor seither mehrmals gesehen und war auch in seinem herrlichen Haus an der Alster gewesen. Paul erinnerte Lothar an sein Versprechen, ihm die Peepshows mit den Pornobildern zu zeigen. Lothar lachte.

Sie gingen in einen anderen Teil des Vergnügungspalasts

hinüber, wobei Lothar sich immer wieder vorsichtig umsah, als ob er den neugierigen Fragen eines Aufsehers ausweichen wollte, dann winkte er Paul in einen Nebenraum, wo die Apparate mit ihren doppelten Gucklöchern standen. Wie Paul so in seinem Soldatenmantel von 1916 dastand, hatte er das Gefühl, an der Brustwehr eines Schützengrabens durch ein Periskop ins Niemandsland zu spähen; aber anstatt feindlicher deutscher Soldaten in Schützengräben erblickte er, was wohl alle verfeindeten Soldaten zu Wasser und zu Lande am liebsten durch ein Periskop erblicken würden – schmutzige Bilder. Verschmiert, braun, mit weißen Flecken an den Rändern, waren sie grobe Varianten der Bilder in der *Enzyklopädie der pornografischen Kunst*, jenem Prachtband, den Ernst ihm vor drei Jahren gezeigt hatte. Und anstatt eine reiche Ernte aus der gesamten Geschichte und Geografie der Menschheit darzubieten, schien der Gegenstand dieser Fotografien ein rein deutscher zu sein – vielleicht eine patriotische Auswahl. Die Aktfotos schienen deutsche Bankiers, preußische Offiziere und Berliner Zimmerwirtinnen zu zeigen, deren Körper Paul alles andere als erregten, ihm vielmehr wie die Gussformen ihrer abgelegten Kleider vorkamen.

Während Paul durch die Gucklöcher schaute, nahm er aus dem Augenwinkel Lothar wahr, der wie ein römischer Zenturio neben ihm Wache hielt. Sobald Paul sich von dem Gerät aufrichtete, kehrte Lothar zu den Kraftmessern zurück und kümmerte sich um einen neuen Kunden. Paul ging zu ihm hin, drückte ihm das Geld für die Show in die Hand und sagte dabei: «Lothar, ich möchte dich fotografieren.»

«Wo denn?», fragte Lothar, sein Blick verschwamm vor Freude.

«Komm zu mir in die Pension Alster, Zimmer Nummer

siebzehn», sagte Paul, froh, dass er endlich einen Freund gefunden hatte, den er dort empfangen konnte.

«Aber ich habe hier erst um Mitternacht Schluss.»

«Dann komm um Mitternacht. Geh in den obersten Stock des Hauses hinauf und klopf ganz leise an die Eingangstür. Ab Viertel nach zwölf warte ich hinter der Tür auf dich. Hier hast du Geld fürs Taxi.»

Um vor Lothar zurück zu sein, nahm Paul auch ein Taxi zur Pension. In seinem Zimmer schraubte er die Voigtländer auf das Stativ. Er verschob den Stuhl, das Bett und den Tisch so, dass er die Aufnahme aus möglichst großer Entfernung machen konnte, und stellte dabei versuchsweise den Stuhl – er stand für Lothar – auf den Tisch, um von der Tür aus die richtige Schärfe einzustellen.

Während Paul seine Kamera in Position brachte, und auch noch, als er damit fertig war, dachte er fieberhaft über Lothar nach. Er hatte ihn einzig zu dem Zweck eingeladen, das Foto zu machen, und Lothar war ganz offensichtlich beglückt bei dem Gedanken, fotografiert zu werden. Lothar musste aber der Meinung sein, dass ein Bestandteil ihrer Abmachung und der Grund der Einladung Sex war. Die Vorstellung, dass ihre Beziehung auf einer kommerziellen Abmachung basierte – dass Lothar seinen Körper verkaufte –, war Paul zuwider, obwohl er die Heuchelei in diesem Widerwillen durchschaute. Dennoch, so sagte er sich, war er vollkommen aufrichtig darin, dass er Lothar nicht das Gefühl geben wollte, einzig deswegen hergekommen zu sein, um mit ihm ins Bett zu gehen.

An diesem Punkt erinnerte sich Paul an Lothars Gesichtsausdruck vor drei Jahren, als Ernst im *Drei Sterne* seine Jacke betastete. Lothar hatte nicht protestiert, aber er hatte unbeteiligt, mit einem stillen Leuchten in den Augen, weggeschaut, während Ernst sich an seiner Jacke zu schaffen machte. Paul hatte diesen Blick nie vergessen. Und als er vorhin in den Vergnügungspalast gekommen war und Lothar ihn mit «Ach du, Paul, der Engländer» begrüßt hatte, war das sicher der Gruß eines Freundes gewesen.

Diese Gedanken rührten nicht zuletzt von Lothars körperlicher Erscheinung her. Es war natürlich unsinnig, ihn als «unschuldig» ansehen zu wollen in dem Sinn, wie Marston es zweifellos gewesen war, und doch hatte er, dachte Paul, den körperlichen Adel und den leuchtenden Blick, die das Wesen der Unschuld ausmachten. Ihm fiel ein, wie Wilmot in Bezug auf Marston gesagt hatte: «Du willst zurückgewiesen werden, weil du dich vor einer körperlichen Beziehung fürchtest.»

Um zehn nach zwölf stand er wartend im Flur. Um zwanzig nach klopfte es sehr leise an die Tür. Paul öffnete. Lothar kam herein.

Paul fasste Lothar an der Schulter und schob ihn an drei Türen vorbei in sein Zimmer, die Nummer siebzehn. Kaum waren sie drinnen, schloss er die Tür ab und sagte: «Zieh dich aus!» Was Lothar mit lächelnder Bereitwilligkeit tat. «Stell dich auf den Tisch da.» Paul ging hinter die Kamera, die neben dem Bett auf dem Stativ stand, richtete sie aus, schaute mit zusammengekniffenem Auge zur offenen Rückklappe hinein und stellte die Schärfe genau auf Lothar ein. Im Objektiv stand Lothar seitenverkehrt auf dem Kopf. Es war wie die Spiegelung einer Marmorstatue in einem See. Paul korrigierte im Geist dieses Bild und sah jetzt Lothar aufrecht auf der Tischplatte stehen. Seine Muskeln waren perlmuttfarbene Wolkenschichten, an den Schultern horizontal verlaufend, rund an Brust, Bauch, Hinterteil und Schenkeln.

Über dem Nacken saß der helmartige Haarschopf, unter dem im Profil das kommagleiche Auge, das L der geraden Nase und die Biegung der Lippen zu sehen waren.

Paul machte die Aufnahme aus demselben Winkel, aus dem Joachim den Akt des jungen Mannes am See aufgenommen hatte – jenes Foto, das Paul nicht mehr losließ, seit er es vor drei Jahren in Joachims Studio gesehen hatte, und das für ihn *Der Tempel* hieß. Er verknipste den ganzen Film – zwölf Bilder – und alle seine Blitzlichter. In dem schwarzen Kamerakasten hatte er Lothars Bild genauso eingefangen, wie es eine Stunde, nachdem er ihn am Kraftmesser hatte stehen sehen, ausgesehen hatte und wie es, unabhängig davon, was ihm oder Lothar später im Leben noch wiederfuhr, für immer bleiben würde: ein Augenblick heroischer Vision, der immer weiter in die Vergangenheit zurückwich.

Trotzdem war es ganz offensichtlich, dass Lothar, was immer ihn sonst noch zum Kommen bewogen hatte, eine Bezahlung erwartete. Und Paul hätte jetzt Lust gehabt, ihm so viel zu geben, wie wenn er mit ihm ins Bett gegangen wäre (20 Mark), und dann zu sagen: «Hier ist das Geld, ich verlange nichts dafür. Was immer wir tun oder nicht tun, ich gebe es dir, weil wir Freunde sind, und was immer wir in Zukunft miteinander tun, geschieht, weil wir Freunde sind. Wenn du Geld brauchst und ich in der Lage bin, dir welches zu geben, hat das nicht das Geringste damit zu tun.»

Diese Gedanken weckten in Paul ein erregendes Gefühl von Freiheit. Gleich darauf begriff er, welche Heuchelei darin lag.

«Ist das alles?», fragte Lothar, bevor er sich wieder anzog.

«Für diesmal, ja», sagte Paul und gab ihm 20 Mark. «Lass uns etwas für morgen ausmachen.»

«Du bist mein englischer Freund», sagte Lothar.

Auf einem losen Blatt, das später in das Notizbuch eingeklebt werden sollte, notierte Paul am 11. November in der vegetarischen Gaststätte, während er auf Joachim Lenz wartete:

> Der Freund, von dem man im Voraus annimmt, dass er zu spät kommt, kommt meistens noch später, als man erwartet hat. Er überzieht den Zeitkredit, den man ihm eingeräumt hat. Doch gerade wenn man mit der Geduld am Ende ist und den Ort, an dem man mit ihm verabredet ist, verlassen will, taucht er auf – und die Freude und Erleichterung, ihn zu sehen, tilgt seine Überziehung im Augenblick der Umarmung.

Joachim kam eine Dreiviertelstunde, nachdem Paul dies geschrieben und Muße genug gehabt hatte, sich daran zu erinnern, wie er vor drei Jahren in Köln vor dem Hotel auf Joachim gewartet hatte, als der die Anschrift von Kurt Groote, dem Jungen aus dem Freibad, herauszufinden suchte.

Joachim nahm Pauls Hand und begrüßte ihn so herzlich, dass die Wartezeit (nicht eine Stunde, sondern die drei Jahre zwischen September 1929 und November 1932) im Nu überbrückt war. Joachim sagte: «Paul! Du siehst ein bisschen blasser aus, aber das macht sicher der Winter.» Dann musterte er ihn eingehend: «Vielleicht bist du etwas voller im Gesicht geworden. Hast du so viel gegessen?»

Sein Gesicht schien nicht im Mindesten verändert, die Falten mochten sich etwas tiefer eingekerbt haben. Sein Teint war sonnengebräunt wie damals im Sommer, aber vielleicht kam das von dunklem Puder.

Die vegetarische Gaststätte mit ihren Holztischen hatte etwas angenehm Leichtes, Luftiges und sah aus, als bemühte man sich hier um eine anspruchsvollere Küche. Joachim bestellte Nusskoteletts und einen Nachtisch aus frischem Obst, Paul ein Omelett und Salat.

«Ich bin zu spät gekommen», sagte Joachim, ohne sich jedoch zu entschuldigen, «weil ich den ganzen Vormittag auf die denkbar dümmste Art zugebracht habe. Purer Schwachsinn!»

«Was hast du denn gemacht?»

«Dieser Tage ist Reichstagswahl, ich bin wahlberechtigt, und da ich von Politik nichts verstehe, habe ich den ganzen Vormittag nichts anderes getan, als die Programme von fünfzehn verschiedenen politischen Parteien zu lesen.»

«Gibt es fünfzehn Parteien?»

«Noch viel mehr. Alles in allem, glaube ich, siebenunddreißig.»

«Wieso das?»

«Das liegt an dem fabelhaften Wahlsystem, das wir hier in der Weimarer Republik haben.»

«Was für ein System?»

«Ich weiß nicht genau, wie man es nennt, aber es hat zur Folge, dass jede politische Partei, die in ganz Deutschland mindestens ein Fünfhundertstel aller Stimmen bekommt (oder wie viele Sitze es im Reichstag gibt), ein Mitglied in den Reichstag entsendet. Ich glaube, es gibt auch eine Partei der Dackelfreunde.»

«Und wen wählst du nun?»

«Ich gehe nicht zur Wahl.»

«Warum nicht?»

«Nachdem ich sämtliche Parteimanifeste durchgelesen habe, bin ich zu dem Schluss gekommen, dass das einzig vernünftige das der Kommunisten ist.»

«Und warum wählst du sie dann nicht?»

«Ich bin Kaufmann. Wenn ich die Kommunisten wähle, stimme ich gegen meine eigene Existenz. Außerdem könnten die Kommunisten jemanden wie mich nicht tolerieren, der für Dinge lebt, die mit Politik nichts zu tun haben. Nach ihrer Ansicht ist alles politisch, entweder für sie oder gegen sie. Ich will nicht in einer Welt leben, in der alles, was ich tue, als politisch oder antipolitisch beurteilt wird. Selbst wenn ich sonst in allem mit den Kommunisten einer Meinung wäre, könnte ich darin nicht mit ihnen übereinstimmen.»

«Ich habe ein Gedicht über unsere Rheinwanderung geschrieben», sagte Paul.

«Ein Gedicht? Über unsere Rheinwanderung? Ich wusste, dass du ein Buch mit Erzählungen veröffentlicht hast, Ernst hat es mir erzählt, aber ich habe nicht gewusst, dass du jetzt wieder Gedichte schreibst.»

Sie bestellten Kaffee. «Hier ist es», sagte Paul, fischte das Manuskript aus seiner Jackentasche und reichte es Joachim über den Tisch, der es sogleich zu lesen begann. Paul beobachtete Joachims Augen, wie sie hin und her wanderten, während er eine Zeile nach der anderen las – die erste, die zweite, die dritte. Paul kannte das Gedicht auswendig und konnte jede Zeile verfolgen, die Joachim las, als könnte er es spiegelverkehrt von der Rückseite eines durchsichtigen Papiers ablesen. Die Anfangszeilen lauteten:

Der Zeitgeist, dieser allgemeine Richter,
Verlangt aus Laune Liebe, nicht den Tod der Freunde.
Unter dem Himmelsdom, der starken Sonne,
Stehen drei nackt: der braungebrannte neue Deutsche,
Der Kommunist und ich, aus England.

Paul wollte, dass Joachim nicht abgelenkt würde. Er hätte den Leuten im Lokal am liebsten zugerufen, sie sollten aufhören zu reden und nicht einen solchen Lärm mit Messer und Gabel auf den Tellern machen, nicht die Nüsse und knackigen Salatblätter so geräuschvoll mit ihren omelettegelben Zähnen zermalmen. Er selbst verhielt sich vorbildlich still und aufmerksam und beobachtete Joachim, wie dieser seine Verse betrachtete.

Es machte ihm Sorgen, dass die ersten beiden Zeilen schwer verständlich waren. Halb erwartete er, dass Joachim ihn deswegen fragen werde. Doch obwohl Joachims Augen zu zögern schienen, bevor sie sich zur dritten Zeile weiterbewegten (und auch noch an anderen Stellen), las er das Gedicht von Anfang bis Ende durch. Dann hob er den Blick und sah Paul ohne ein Wort ernst in die Augen. Er nahm das Gedicht wieder und las es noch einmal durch, dieses Mal schneller. Dann las er die beiden ersten Zeilen laut.

«‹Der Zeitgeist, dieser allgemeine Richter, / Verlangt aus Laune Liebe, nicht den Tod der Freunde.› Das verstehe ich nicht.»

Zitternd und sehr rot, unternahm Paul eine ungeheure Anstrengung.

«Das Gedicht spielt im Sommer 1929», sagte er, «als du und ich und später auch Heinrich den Rhein entlangwanderten und ununterbrochen die Sonne schien. Zwölf Jahre früher wäre das nicht möglich gewesen, weil 1917 die jungen Deutschen und jungen Engländer einander im Krieg töteten. In dem Gedicht sage ich:

Doch dreh das Rad zwölf Jahre nur zurück –
Zu Waffen greifen zwei und nehmen Haltung an.

Danach fährt das Gedicht mit der Prophezeiung fort, dass es in weiteren zehn Jahren einen neuen Krieg geben wird, diesmal eine Weltrevolution:

Oder es rollt um weitre zehn voran,
Dann baut der Kommunist, die Augen weltgekränkt,
Mit roten Händen seinen Himmel:
Nimmt unsre Knochen als Gerüst des Friedens her.

Der ‹Zeitgeist› in dem Gedicht ist nicht nur eine Mode, sondern die Menschheitsgeschichte – ‹der allgemeine Richter›, und der erscheint allerdings als durchaus launisch: Nach seinem Ratschluss waren junge Deutsche wie du und junge Engländer wie ich 1917 damit beschäftigt, einander zu töten; 1929 hingegen gestattete er uns, Freunde zu sein. Vielleicht liebten wir einander 1929 umso mehr, weil wir uns dabei unbewusst als die wiedererstandenen Leiber, die Fleisch gewordenen Geister derjenigen empfanden, die 1917 gefallen sind oder vielleicht 1939 fallen werden.»

Joachim starrte zu ihm hinüber, die Augen genauso geweitet wie damals, als Paul und er sich während ihrer Wanderung über das Schreiben von Gedichten unterhalten hatten. Paul fühlte sich gedrängt fortzufahren. In dozierendem Ton, der das ganze Restaurant zu füllen schien, sagte er: «Ein englischer Dichter, der im Krieg als Offizier in Frankreich stand – er hieß Wilfred Owen und fiel im November 1918 –, schrieb ein Gedicht mit dem Titel *Seltsame Begegnung*, in dem ein englischer und ein deutscher Soldat, die sich gegenseitig getötet haben, kurz nach ihrem Tod ein Gespräch miteinander führen. Sie reden von dem Leben, das sie hätten führen können und an dem der Krieg sie gehindert hat, von der Liebe, die zwischen ihnen hätte herrschen sollen und die in Hass verkehrt wurde, von den künftigen Kriegen, die aus so viel angestautem Hass erwachsen werden. Das Gedicht endet mit der Zeile: ‹Ich bin der Feind, den du getötet hast, mein Freund›; hier werden zwei Ideen verbunden, nämlich dass sie Feinde sind, die zum mechanischen Töten gezwungen sind, und zugleich Freunde, die einander im Frieden hätten lieben können, vielleicht sogar ein Liebespaar geworden wären.»

Paul war über dem Versuch, Joachim sein Gedicht zu erklären, ins Schwitzen geraten. Seine Stimme mit ihrem durchdringenden Englisch schien das an den Nachbartischen gesprochene Deutsch zum Verstummen gebracht zu haben.

«Dann bist du also der Meinung», sagte Joachim, «dass 1939, zehn Jahre nach 1929, wir Deutschen euch Engländer töten und dass der Kommunist mit den ‹weltgekränkten Augen› uns beide im Namen der Weltrevolution ermorden wird? Und dass wir 1929 Freunde waren, nackt unter der Sonne standen, schwammen und Spaß miteinander hatten, anstatt einander zu töten.» Er griff sich wieder das Gedicht und wiederholte: «‹Stehen drei nackt: der braungebrannte neue Deutsche, / Der Kommunist und ich, aus England.› Der braungebrannte neue Deutsche, das bin ich, und du bist ‹ich, aus England›. Aber wer ist der Kommunist», er hob das Gedicht hoch und las weiter, «der ‹mit roten Händen seinen Himmel› baut? Wie kommst du darauf?»

«Ich glaube, ich habe dabei an Heinrich gedacht, obwohl er damit nicht wirklich gemeint ist. Das Entscheidende ist, dass das Gedicht für seine Aussage eine handelnde Person braucht, die die beiden anderen 1939 in einem Revolutionskrieg tötet – eine völlig neue Situation –, und Heinrich hat auf der Wanderung etwas gesagt, das in diese Richtung ging.»

«Trotzdem, wenn dieser Kommunist, der im Weltkrieg oder in der Revolution seine Freunde tötet, den Deutschen und den Engländer, wenn dieser Kommunist also nicht Heinrich ist, dann kann das Gedicht nicht wirklich von uns dreien auf unserer Rheinreise handeln», sagte Joachim, der, wie Paul deutlich merkte, absichtlich nicht verstehen wollte.

Paul bestand verzweifelt darauf, zu beweisen, dass es in seinem Gedicht um Joachim, Heinrich und ihn selbst ging. «Aber erinnerst du dich nicht mehr an den Tag, als wir von der Germania wieder zum Rhein abstiegen und Heinrich sagte, er sei Kommunist? Erinnerst du dich nicht mehr, dass du Heinrich zu Boden geworfen hast?»

Über diesen Vorfall hatten sie nie gesprochen.

Joachim sah Paul sehr scharf an und schüttelte langsam den Kopf. «Nein, ich kann mich nicht daran erinnern, dass Heinrich je gesagt hätte, er sei Kommunist. Geschweige denn, dass er behauptet hätte, er habe ‹weltgekränkte Augen›. Das hat nur etwas mit deinem Gedicht zu tun. Heinrich ein Kommunist! Was für eine absurde Vorstellung! Und bestimmt habe ich ihn nie zu Boden geworfen, außer spaßeshalber, im Spiel. Nicht damals! Nicht auf unserer Rheinwanderung! Später vielleicht, in Hamburg.»

«Na gut, dann handelt das Gedicht nicht von uns. Dann ist es einfach ein Gedicht.» Paul gab auf.

Joachim gab Paul das Gedicht zurück, als wäre damit das Thema Lyrik ein für alle Mal beendet. Er sagte langsam und sehr bedächtig – er wollte nicht darüber nachdenken, wollte nicht verstehen: «Aber das mit dem Kommunisten trifft auf Heinrich unmöglich zu. Er war nie einer.»

«Was war er? Was ist er?»

«Er ist Nazi», sagte Joachim. Ihr Gespräch stockte.

«Ist er schon immer einer gewesen?», fragte Paul.

«Nein, nicht schon immer. Erst seit ein paar Wochen, glaube ich», und, leise zweifelnd: «Sagt er jedenfalls.»

«Was war er dann, als wir ihn kennenlernten?»

«Nichts. Nichts. Absolut gar nichts. Er war nur er selbst, war Heinrich, jemand Bösartiges vielleicht, aber eben Heinrich, ein Mensch. Er war schön.»

Um das Thema zu wechseln, fragte Paul: «Wie war die letzte Reisewoche? Ich meine für Heinrich und dich, nachdem ich abgereist war?»

Joachim machte ein glückliches Gesicht. Er erglühte. Er entfloh in diese Vergangenheit. Seine Augen schienen alles noch einmal zu sehen. «Es war wundervoll! Einfach wundervoll!»

«Ihr seid weiter an der Mosel gewandert?»

«Es war genauso wie vorher. Das Wetter hielt sich bis zu unserem allerletzten Tag. Ich weiß, du meintest, du müsstest Heinrich und mich allein lassen – das war sehr nett von dir –, aber wir haben dich vermisst. Auch Heinrich. Aber ich habe dich vielleicht noch mehr vermisst, weil mir unsere Vormittagsgespräche fehlten, bei denen du und ich allein waren und sehr ernsthaft geredet haben, fast so ernsthaft wie wir jetzt gerade sind, vielleicht nicht ganz so sehr.»

«Und wie ging es hinterher weiter, nach der Wanderung?»

«Ich hatte für unsere Firma geschäftlich in Berlin zu tun. In der Zeit wollte Heinrich seine Mutter in Bayern auf dem Dorf besuchen. Ich gab ihm etwas Geld für sie mit, weil er doch gesagt hatte, er habe sie immer mit dem, was er verdiente, unterstützt. Erinnerst du dich nicht mehr, dass er das gesagt hat? Er war damals auch drei Tage in München. Ich habe keine Ahnung, was er da gemacht hat, aber anscheinend hat er dort den neuen Anzug, den ich ihm geschenkt hatte, irgendwie eingebüßt. Vielleicht hat er ihn verkauft und das Geld seiner Mutter als seinen ‹Verdienst› gegeben? Aber wie auch immer, ich war richtig froh darüber, weil Heinrich nämlich, als ich ihn ein paar Tage später in Hamburg am Bahnhof abholte, wieder seine kurzen Lederhosen mit den Hosenträgern und sein altes Hemd anhatte – genau dieselben Sachen wie am ersten Tag in Bingen. Es war einfach wunderbar, ihn in diesem Aufzug unter all den Geschäftsleuten und Reisenden auf dem Bahnsteig zu sehen!»

«Und ist er weiter so herumgelaufen?»

«Natürlich nicht, ich habe ihm mindestens fünf verschiedene Anzüge gekauft, für Herbst und Winter, Frühjahr und Sommer, sogar einen englischen mit Nadelstreifen. Und er hat sich das Haar auf Fasson schneiden und sich eine große Welle legen lassen, und er trug nur noch hochglänzende braune Lederschuhe. Er sah so elegant aus und war bald ganz der typische junge Hamburger, obwohl er immer etwas Provinzielles an sich hatte, was ihn aber in den Augen einiger meiner Freunde besonders unschuldig wirken ließ. Die Lederhosen behielt er für Kostümfeste. Sie fanden großen Anklang. Er hatte ziemlichen Erfolg bei vielen meiner Freunde und einer Reihe anderer Leute, die nicht unbedingt meine Freunde sind, aber bei Ernst nicht – der mochte ihn nie.»

«Hat dir das etwas ausgemacht?»

«Das mit Ernst? Nein, ich war ja froh, dass endlich jemand ihn nicht mochte. Ich war oft wahnsinnig eifersüchtig und machte *schreckliche* Szenen. Wir schrien uns an. Aber im Grunde hat es mir nichts ausgemacht, weil ich dachte, selbst wenn er ein fürchterlicher Lügner ist, bleibt er damit und mit all seinen anderen Schwindeleien doch sich selbst treu. Für mich war er nie *gut*. Ich mochte ihn, weil er gerissen war, weil er all diese Lügen über sein Dorf erzählte wie damals an unserem ersten Abend. Es war so komisch. Dass er bösartig war, hat mich überhaupt nicht gestört.»

«Das heißt, du wolltest, dass er immer gleich bliebe?»

«Ja, so wie er war, als du sagtest, du magst ihn nicht.»

«Das war nur der erste Eindruck.»

«Er war ein Luchs oder ein Fuchs, ein kleines schlaues Tier, ein Lügner.»

Paul rutschte unbehaglich auf seinem Stuhl hin und her.

«Was hat er in Hamburg den ganzen Tag gemacht?»

«Er hat monatelang in meinem Studio gewohnt und war entweder dort oder ging aus, manchmal mit Freunden von mir, manchmal weiß Gott wohin. Vielleicht verdiente er irgendwo Geld, um es seiner Mutter zu schicken. Jedenfalls war es schwierig, Arbeit zu finden. Bei uns herrscht so viel Arbeitslosigkeit. Aber schließlich wurde mir klar, dass er *irgendetwas* tun musste. Da fiel mir Erich Hanussen ein, der ein Inneneinrichtungsgeschäft hat, in dem er lauter englische Sachen verkauft – Tische, Stühle, Lampen, Stoffe, Keramik, alles sieht wie handgemacht und handbemalt aus –, ziemlich *dummes* Zeug, habe ich immer gedacht. Ich stellte mir vor, es würde von alten englischen Damen angefertigt, die mit ihren Katzen in kleinen Häuschen auf dem Lande leben. Du weißt, wie die Hamburger alles Englische einfach vergöttern. Das Geschäft heißt Das schöne Haus, und du kannst dir denken, was für Witze gemacht wurden, als Heinrich dort zu arbeiten anfing – er bekam nämlich sofort eine Stelle, sobald Hanussen ihn gesehen hatte. ‹Ist das schönste Stück im Schönen Haus zu verkaufen?›»

Joachim zündete sich eine Zigarette an. Die Zeit verging, und das Restaurant leerte sich allmählich. «Erich Hanussen heißt hier ‹Erich der Schwede›. Nicht, dass er Schwede wäre, aber der Name Hanussen ist schwedisch und klingt *sehr* nordisch. Erich kommt aus Lübeck, er hat blondes Haar, ganz blassblaue Augen und orangerote Sommersprossen.» Joachim stieß Rauchkringel aus und machte ein Gesicht, als wollte er Hanussen damit verächtlich wegblasen. «Er hat ein Haus an der Ostsee, nicht weit von Altamünde, wo du doch dieses einmalig schöne Wochenende mit Ernst verbracht hast, erinnerst du dich?»

«Es gibt kaum etwas, an das ich mich genauer erinnere! Ich weiß noch jede Sekunde! Jede Sekunde kam mir wie ein Jahrhundert vor.»

«Heinrich verbringt fast jedes Wochenende mit Hanussen und seiner Familie in Altamünde.»

«Haben sie ein Verhältnis?»

«Nein, ganz sicher nicht. Erich hat eine blonde Frau, zwei blonde Söhne und zwei blonde Töchter, alle genauso wie er. Heinrich und er schlafen nicht miteinander. Nie.» Er schien seine Behauptung abzuwägen und für zutreffend zu befinden: «Nie», sagte er noch einmal.

«Warum geht Heinrich dann dahin?»

«Weil er weiß, dass Hanussen für alles steht, was ich hasse.» Wieder trat eine Pause ein.

Paul bat Joachim um eine Zigarette. «Glaubst du wirklich, dass Heinrich dich hasst?»

Eine direkte Frage, die Joachim wieder nicht direkt beantwortete. «Seit Heinrich die Wochenenden bei Hanussens verbringt, hat sich seine Haltung mir gegenüber verändert. Natürlich nur sehr langsam. Er hat sich ein überlegenes, verächtlich-herablassendes Benehmen zugelegt. Zunächst amüsierte es mich, wenn er alle Möbel und Kunstobjekte in meinem Studio als bourgeois bezeichnete und all die großen Künstler, die am Bauhaus unterrichtet haben, Gropius, Moholy-Nagy, Paul Klee – erstaunlicherweise kannte er diese Namen und sprach sie auch richtig aus, er ist also doch nicht so ungebildet –, als Juden und als dekadent, als kulturell entartet abtat. Ihn zu hören, wie er dieses Gewäsch über Dekadenz und Bourgeoisie von sich gab, war zuerst ziemlich *komisch*. Aber allmählich begriff ich, wer ihm das alles beibrachte. Das war, als er mir erklärte, ich sei unfähig, die neue Generation vaterlandsliebender, reinrassiger Deutscher zu begreifen, weil ich ein dekadenter, individualistischer Ästhet sei, dem Kunst, Schönheit und individuelle Selbstverwirklichung mehr bedeuteten als das deutsche Volk. Und er fing an, von der nordischen Rasse und von der Überlegenheit des deutschen Volkes zu schwafeln. Es war, als hätte er aufgehört, die Person zu sein, die ich kannte, und als wäre er ein anonymer Bestandteil dieser *Jugend* geworden, die in Uniform herumstolziert und die Ansichten ihres Führers nachbetet. Dann fand ich heraus, dass er an den Wochenenden an den militärischen Übungen von Hanussens Anhängern teilnahm, die im Wald Schießübungen machen und lernen, wie man den politischen Gegner umbringt – Kommunisten, Sozialisten, Liberale und auch Leute wie dich und mich.»

«Trotzdem beweist nichts von all dem, was du gesagt hast, dass Heinrich dich hasst. Hanussen, der ja. Und Heinrich steht unter Hanussens Einfluss. Aber es könnte auch nur ein Zeichen dafür sein, dass er dir etwas sehr verübelt. Vielleicht nimmt er es dir gerade deshalb so übel, weil er dich liebt.»

Joachim wirkte müde, signalisierte aber doch Interesse: «Wie meinst du das?»

«Er könnte dir übelnehmen, dass du ihn als den liebst, für den du ihn hältst – nämlich für jemand Bösartiges. Er könnte meinen, deine Art, ihn zu lieben, zeige, dass du auf ihn herabsiehst.»

«In dem Fall würde er mir übelnehmen, dass ich ihn liebe, wie er wirklich ist – oder war. Jetzt, mit Hanussen, ist aus ihm ein Niemand geworden, ein Nichts. Du willst doch nicht behaupten, er sei kein Lügner, oder?»

«Er mag durchaus so sein, wie du sagst. Worauf ich hinauswill, ist etwas anderes: Wenn er das Gefühl hat, dass du darauf bestehst, ihn deswegen zu lieben, könnte er das als Einengung empfinden, so als ob du ihn an das Bild fesseln wolltest, das du von ihm hast. Vielleicht gibt es einen Teil in ihm, der anders sein will, und er möchte, dass du diesen Teil an ihm liebst.»

Joachim reagierte mit massiver Ironie, die Paul entmutigend fand: «Er zeigt also seinen Groll gegen mich, indem er zu etwas Schlimmerem wird, als ich je in ihm sah? Wandelt sich von der Person, die ich liebte, in jemanden, der keine Person mehr ist, niemand, nichts, kein menschliches Wesen. Bloß eine Nummer in einem Programm politischer Gewalt.»

«Empfindest du das wirklich so?»

«Ja, und ich sage dir auch, warum. Den größten Teil der letzten Woche, einschließlich des Wochenendes, tauchte Heinrich im Studio nicht auf – wahrscheinlich war er an der Ostsee. Er hatte mir nicht erzählt, dass er wegfahren würde. Ich beschloss herauszufinden, was eigentlich vor sich ging, und durchsuchte alle seine Sachen bei mir im Schrank. Was ich fand, und weshalb ich beschlossen habe, mich von ihm zu trennen, war eine SA-Uniform – eine sehr schicke Uniform, ich nehme an, seine beste, die für spezielle Anlässe gedacht ist, denn sonst hätte er sie ja mitgenommen.»

«Was hast du getan, als du sie gefunden hast?»

«Was ich getan habe? Du wirst mich für völlig idiotisch halten. Was hätte ich schon tun können? Ich will dir sagen, was ich getan habe. Ich habe darauf gespuckt, nicht einmal, nicht zweimal, nein, mindestens hundertmal. Jetzt ist sie mit Schleimspuren übersät. Wenn Heinrich sie findet, wird er sich wundern, was mit seiner schönen Uniform passiert ist. Die Spucke wird bis dahin getrocknet sein – ich denke mir, er wird sie für lauter Schneckenspuren halten. Dann habe ich ihn angerufen und ihm gesagt, dass wir uns trennen müssen.»

«Hat er die Uniform inzwischen gefunden?»

«Nein, er ist bis heute mit Hanussen weggewesen. Aber heute Abend findet er sie bestimmt, wenn er ins Studio zurückkommt, falls er das tut, was ich aber annehme. Er wird sicher seine Sachen holen und ausziehen wollen, ohne sich von mir verabschieden zu müssen, denn davor hat er schreckliche Angst. Er weiß, dass ich heute Abend nicht da bin, sondern zu meiner Mutter gehe.»

Die Kellner säuberten die Tische und legten die Abendgedecke auf.

Joachim stand auf, er hatte plötzlich eine Idee. «Wir könnten doch hingehen und sie besuchen!»

«Wen besuchen?»

«Lass uns zum Schönen Haus gehen. Eigentlich wollte ich noch ins Büro, aber das ist egal. Ich möchte, dass du Erich Hanussen siehst und mir dann sagst, was du von dem Ganzen hältst. Heinrich wirst du ebenfalls sehen, und das wird dich ohne Zweifel freuen. Du hast ihn so lange nicht gesehen. Du wirst merken, wie sehr er sich verändert hat. Das Schöne Haus ist nur zehn Minuten zu Fuß von hier. Du wirst dich ganz gerne darin umtun, falls du Heimweh nach England hast.»

Sie verließen die vegetarische Gaststätte und gingen bis zu einer Querstraße mit hell funkelnden Geschäften. Auf der gegenüberliegenden Seite erblickten sie das Schöne Haus. Es befand sich in einem Gebäude aus grauem Stein von schönen, klaren Konturen wie die Linien auf dem Reißbrett, einem der frühesten Beispiele moderner Architektur in Hamburg. Es stammte aus dem Jahre 1912. Der Ausstellungsraum war strahlend hell erleuchtet, seine Wände mit einem Material tapeziert, das satinierter Zeder glich. Es gab Tische und Stühle, rosafarbene Vorhänge, bestickte Kissen, Papierkörbe aus Weidengeflecht, Holzkästchen, Lampen, Lampenschirme, handbemalte Teller mit Wildblumendekor, Geldschatullen, Streichholzbehältnisse, Zigarettenspender, kleine Shakespearebüsten.

Der erste Mensch, den Paul erblickte, war Heinrich, wie er sich von einer Dame verabschiedete, die einen pomadisierten Zwergpudel auf dem Arm trug. Kein Zweifel, Heinrich war wie verwandelt, war eine andere Person. Die Welle, in der sein Haar aus der Stirn gebürstet war, rührte nicht mehr von den Winden der bayerischen Alpen her (falls das jemals der Fall gewesen war); sie war das Ergebnis von Shampoo, Trockenhaube, Föhn und Spray. Er trug einen anthrazitgrauen Leinenanzug und ein blassrosa Hemd mit lose flatternder blauer Krawatte. Kaum hatte er Paul gesehen, glitt er quer durch das Geschäft auf ihn zu, um ihn zu begrüßen. Mit einer schnellen Drehung des Kopfes warf er Joachim einen verächtlichen Blick zu, während er gleichzeitig Pauls Hände ergriff und auf Englisch ausrief: «Paul, was für eine großartige Überraschung!» Sein Englisch hatte einen leichten Akzent, der nicht ohne Reiz war. «Wir haben uns nicht mehr gesehen, seit wir uns in Boppard am Bahnhof verabschiedet haben – das muss vor drei Jahren gewesen sein! Ich bin so glücklich, wirklich glücklich, dich jetzt in Hamburg wiederzusehen! Entschuldige, ich muss mich um einen Kunden kümmern.» Er drehte sich um und entfernte sich schnell.

Paul stand da und versuchte, das Bild dieses kraftlos säuselnden Heinrich mit Joachims Beschreibung des SA-Mannes, der an der Ostsee militärische Kampftrainings absolviert, in Einklang zu bringen. Dabei war das gar nicht so schwierig. Alles eine Frage des Aufzugs. Im Moment trug Heinrich die Uniform des Schönen Hauses. In der Naziuniform wäre er schlichtweg eine andere Person. Es gab sanft blickende, sanft sprechende Nazis. Das machte sie bei den alten Damen so beliebt. Gerade als er das dachte, kam Erich Hanussen – es konnte niemand anders sein – hinter einer Trennwand hervor, die den Ausstellungsraum von den Büros abschirmte, in denen die Kunden Fragen des guten englischen Geschmacks entweder mit Hanussen selbst oder mit einer streng blickenden grauhaarigen Dame vom Typ Lehrerin besprechen konnten.

Erich Hanussen war mittelgroß, wirkte jedoch kleiner. Schädel und Knochenbau unter der Oberfläche seiner gesunden braunen Haut wirkten bereit zum Sprung – energisch, einnehmend, aggressiv, finster. Seine Haut war wie auf Hochglanz poliert. Vielleicht ein bisschen zu mahagonifarben. An strategisch wichtigen Stellen wuchs Haar – auf dem Kopf goldene Ringellöckchen, die an den Schläfen silbrig wurden, aus der Nase wucherten drahtige Borsten, aus den Ohren kamen ganze Büschel hervor. Der Mund schien etwas klein geraten für die Zähne, die weiß hinter den Lippen aufblitzten. Die Augen waren kornblumenblau und glänzten, wie alles an ihm. Er erschien als wandelnde Werbung für makellos reine Ideale.

Mit beiden Händen drückte er Pauls Hand, zerquetschte sie fast und rief aus: «Ich bin ja so froh, dass Sie mich besuchen kommen. Ich habe von Heinrich viel von Ihnen gehört. Ich wollte Sie immer so gerne kennenlernen. Kommen Sie in meine kleine Höhle, *my little den*, wie ein Engländer vermutlich sagen würde, nehmen Sie einen Augenblick Platz und trinken Sie einen Kaffee, während wir uns ein bisschen unterhalten. Fräulein Gulp, bitte Kaffee für uns!», bellte er eine Hilfskraft an. Paul schaute sich kurz nach Joachim um, der nicht mit ins Büro kam und geringschätzig eine hölzerne Hundehütte betrachtete.

Hanussen schob Paul in einen Stuhl vor dem Schreibtisch, hinter dem er selbst Platz nahm. «Wie lange sind Sie schon in Hamburg, ach, erst eine Woche, ach, aber Sie kennen Hamburg von einem früheren Besuch, habe ich gehört. Wie ich sehe, haben Sie exzellentes Deutsch von unserem lieben Freund Joachim Lenz gelernt, der Heinrich im Sommer 1929 ein so guter Freund war und so viele schöne Dinge mit ihm unternommen hat, Schwimmen, Bootfahren, Segeln. Und von Heinrich weiß ich, dass Sie alle drei eine Wanderung am Rhein gemacht haben, wo er Sie kennengelernt hat. Exzel-lent!»

Er machte eine Pause, während Fräulein Gulp den Kaffee hereinbrachte. Dies schien für Hanussen das Zeichen zu sein, zur Sache zu kommen. Kaum war Fräulein Gulp wieder draußen, räusperte er sich und setzte wie zu einer Ansprache vor einer Versammlung an: «Mister Paul Schoner, wenn ich richtig informiert bin, sind Sie Schriftsteller, sehr begabt und für England sehr wertvoll. Ich bin hocherfreut, dass Sie in Deutschland sind, und hoffe auf ihre Mitwirkung bei einem großen politischen Werk, das heute vielleicht noch wichtiger ist als Gedichte, sosehr ich Rilke schätze. Ich habe bereits Begegnungen mit Engländern gehabt und bin offen für weitere Begegnungen, da ich meine, dass Deutsche und Engländer gerade jetzt viele gemeinsame Interessen haben. Ich führe hier in Hamburg nicht nur mein Geschäft, das ist, wenn Sie so wollen, mehr fürs Dekor. Wichtiger ist meine Funktion als Leiter eines Komitees, das Deutsche, Engländer, Skandinavier und sogar Holländer zusammenbringen will. Das Ziel ist, Bindungen zwischen Angehörigen dieser Völker zu schaffen – vor allem natürlich zwischen Deutschen und Engländern –, die den anderen rassisch überlegen sind. In Deutschland bilden sich jetzt viele solcher Komitees. Das erste, wofür wir uns verbünden müssen, ist die Annullierung des Versailler Vertrags, nicht – ich sage, nicht – damit Deutschland gegenüber England die Oberhand gewinnt, sondern damit es gemeinsam mit England dem Rest der Welt überlegen ist.»

Paul spürte die heftigste Abneigung gegen Hanussen, obwohl er sich dessen Formulierungen einzuprägen versuchte, um sie Bradshaw bei nächster Gelegenheit Wort für Wort wiederholen zu können. Sie würden schallend darüber lachen. Dass er wie Hanussen den Versailler Vertrag für ungerecht hielt, verstärkte seinen Widerwillen nur noch. Es war abscheulich, echte Missstände zur Rechtfertigung übler Zwecke zu missbrauchen.

Irgendwann hörte er Hanussens Sätzen nicht länger zu. Hinter den grotesken Phrasen loderte die sengende Flamme einer apokalyptischen Vision auf, deren Glut Hanussens Worte verdorren ließ. Diese Vision prophezeite einen letzten Krieg zwischen den Mächten der Finsternis und denen des Lichts, den Goldhaarigen und den Olivhäutigen, zwischen denen, in deren Adern arisches Blut floss, und den Juden. Hanussens prophetischer Blick sah die gesammelten

Armeen der blonden Krieger in feurigen Streitwagen über die Ebenen des Ostens dahinjagen und mit ihren geflügelten Maschinen, die Metall und Feuer vom Himmel fallen ließen, Städte und Völkerschaften vernichten, die ihren Vormarsch behinderten. Er sah die Eroberung weiter östlicher Landstriche, wo die Überlebenden, sofern es welche gab, Sklaven der reinblütigen Sieger sein würden. Diese würden Städte erbauen, gewaltige massive Festungen, die in den nächsten tausend Jahren jedem Angreifer widerstehen könnten.

In düstere Täler und unterirdische Schächte würden die Arier – in einem gnadenlosen Akt der Reinigung – alles unreine Leben werfen, das das deutsche Blut seit dem Dolchstoß von 1918 besudelt hatte: Juden, Bolschewiken, Entartete, Expressionisten, Homosexuelle. Alles, was nicht nordisch war, würde ausgelöscht werden.

Paul hörte Hanussen nicht zu. Was er sah, war, dass der groteske, kleine, geistig verkrüppelte Athlet eine saphiräugige, goldhaarige Kraft war, eine dämonische Flamme reiner Rache, eine Geißel für alle Welt, die nicht seinem Reich selbstgerechter Empörung angehörte.

«Herr Hanussen», sagte er schließlich und erhob sich von seinem Stuhl, «ich habe versäumt, Ihnen gleich zu Anfang mitzuteilen, dass ich nach Ihrer Definition Jude bin.» Obwohl diese Geste rückblickend mutig schien – oder zumindest eine gute Geschichte für William und Simon abgeben würde –, wusste er doch zum damaligen Zeitpunkt, dass sie nicht mehr Sinn hatte, als in den Wind zu spucken. Als Engländer hatte er nichts zu befürchten, ein Faktum, das ihm erst richtig zu Bewusstsein kam, als er Hanussens «Höhle» verließ und zu Joachim in den Ausstellungsraum zurückkehrte. Heinrich, der am Eingang stand, drückte ihm herzlich die Hand und sagte mit ironischer Höflichkeit: «Auf

Wiedersehen, bis bald einmal.» Joachim ignorierte er vollkommen.

Draußen gingen Joachim und Paul schweigend ein paar Schritte. Dann fragte Joachim: «Wie war es?»

«Grausig, ungeheuerlich, dumm, erschreckend.»

«Das ist Deutschlands Zukunft, und dem hat Heinrich sich angeschlossen, um auf Seiten der Gewinner zu sein. Vielleicht hat mein Vater recht, dass ich mich auf den Kaffeehandel beschränken sollte.» Dann fügte er hinzu: «Schon jetzt wäre es hier in Deutschland nicht sehr klug von mir als Deutschem, Erich Hanussen zu erzählen, dass ich nach seiner Definition vermutlich Jude bin. Bei dir macht es nichts, du bist Engländer – aber meine Großmutter ...»

«Wie eine Mönchszelle», sagte Ernst. Er stand mitten in Pauls Zimmer, im schwarzen Nadelstreifenanzug, über dem Arm einen hellgrauen Regenmantel, in der linken Hand einen Filzhut. Er sah rundlicher, aber zugleich irgendwie knochiger aus. In seinem Gesicht spielte ein leicht gönnerhaftes, amüsiertes Lächeln, während er sich diskret in Pauls Zimmer umsah. Seine Sekretärin hatte an diesem Morgen angerufen, um mitzuteilen, dass der Herr Doktor Paul um sieben Uhr in der Pension Alster mit dem Wagen abholen und mit ihm bei sich zu Hause zu Abend essen würde. Ernst hatte jetzt ein eigenes Auto.

«Bist du hier wirklich zufrieden?», fuhr Ernst mit einem Blick auf die stockfleckige Decke fort. «Falls du nämlich zu mir übersiedeln wolltest – ich lebe jetzt allein in dem Haus –, könntest du den ganzen Tag in einem größeren Zimmer arbeiten, und kein Mensch würde dich stören.»

«Das ist sehr nett von dir, Ernst, aber ich kann besser arbeiten, wenn ich allein bin.»

«Hier also schreibst du deine Gedichte», sagte Ernst und betrachtete den Tisch aus Kiefer, auf dem Pauls Notizbuch ziemlich auffällig lag (er hatte vergessen, es wegzuräumen). «Aber du kannst hier wohl kaum Freunde empfangen. Ich versichere dir, falls du ... jetzt, wo ...» Er geriet in Verlegenheit und ließ den Satz unvollendet.

«Nur einmal ist ein Freund hier gewesen», sagte Paul und zog die – sehr von Joachim Lenz beeinflussten – Fotos von Lothar hervor.

Ernst setzte die Brille auf und betrachtete sie eingehend. «Ich scheine dieses – äh – Gesicht zu kennen», sagte er in seiner alten spröde-anzüglichen Art. «Es ist Lothar, oder? Der Junge, den wir damals – vor drei Jahren, oder? – im *Drei Sterne* getroffen haben. Ich habe ihn seither nicht gesehen.»

«Ja, Lothar.»

«Er hat dich also hier besucht? Ich sehe, das Zimmer hat auch seine Vorteile!»

«Ich habe Lothar hierher gebeten, um die Fotos zu machen.»

«Ah ja. Hast du bei Joachim Unterricht in Fotografie genommen? Mein Eindruck von Lothar war damals, dass er ein besonders netter Junge ist, allerdings auch etwas beschränkt. Triffst du dich oft mit ihm?»

«Ich hätte es tun können. Er passt gerade in diesen Raum, wie man aus den Fotos ersehen kann. Und er ist sehr nett, ganz wie du sagst. Aber dumm. Gestern jedenfalls tauchte er hier auf und erzählte, er habe seine Stelle im Vergnügungspalast verloren und wolle nach Stuttgart zu Verwandten fahren, die ihm angeblich einen neuen Job besorgen könnten.»

«Wollte er von dir das Fahrgeld haben?»

«Er hat mich nicht direkt darum gebeten, aber ich habe es ihm gegeben.»

«Merkwürdig, ich habe ihn letzte Nacht im *Drei Sterne* gesehen. Mich hat er auch um das Geld für die Fahrkarte nach Stuttgart gebeten. Und ich habe es ihm gegeben.»

«Ich dachte, du hättest ihn nicht gesehen.»

«Nicht bis gestern Nacht.»

«Vielleicht fährt er heute oder morgen nach Stuttgart.»

«Vielleicht!» Ernst lächelte taktvoll.

Ernst ging zur Tür und sagte: «Wenigstens hast du dich einverstanden erklärt, zum Abendessen mit in mein Haus zu kommen. Vielleicht sollten wir jetzt unsere Schritte dahin lenken.»

Sie gingen die Treppe hinunter auf die Straße, wo Ernsts eleganter Bugatti-Zweisitzer stand. Paul erinnerte sich, wie er zuletzt mit Ernst in Altamünde gefahren war. Aber damals fuhr Ernst einen Mietwagen. Jetzt war er der stolze Eigentümer eines Bugatti.

Sie stiegen ein. Unterwegs entschuldigte sich Paul, dass er Ernst nicht zum Tod seiner Mutter kondoliert hatte. Er erklärte ihm, er habe erst vergangene Woche durch Willy davon erfahren.

Ernsts Augen waren auf die Straße gerichtet.

«Hat meine Sekretärin dir nicht die Todesanzeige geschickt?»

«Falls ja, hat der Brief mich nicht erreicht.»

«Ich werde Fräulein Bohm darauf ansprechen.»

Sie kamen zur Stockmannschen Villa. Es war schon dunkel. Im Hintergrund hoben sich die schwarzen Zweige der Trauerweiden wie verschlungene Eisenstäbe von dem metallisch glänzenden Wasserspiegel der Alster ab.

Ernst schloss die große Eichentür auf, und sie gingen

durch den Vorraum in den Salon. Alles schien genauso, wie es bei Pauls Ankunft vor dreieinhalb Jahren gewesen war: an den Wänden der frühe Matisse-Akt, van Goghs Stillleben mit Iris, das Selbstbildnis des jugendlich grinsenden Desnos, der schwere Eichentisch an der einen Seite des Raums, die brokatbezogenen Polstermöbel, die Treppe, die in den ersten Stock hinaufführte. Dass nichts umgestellt oder verändert war, gab dem Raum bei all seiner Überfrachtung mit kostbaren Gegenständen etwas Trostloses. Grund dieser Leere war natürlich das Fehlen von Ernsts Mutter mit ihren ernsten schwarzen Augen und ihrer schrillen Stimme. Vergeblich hielt Paul Ausschau nach einem neuen Bild, einem fehlenden Stuhl oder auch nur einem umgestellten Tisch als einer Art Angelpunkt, um den sich Ernsts neues Leben drehen könnte.

Wie der Geruch von Staub schien eine Atmosphäre beginnenden Verfalls über allem zu liegen. Bestimmt war das Treppengeländer aus Eiche nicht ganz so glänzend poliert wie vor drei Jahren, ein Zeichen, dass die Dienstboten sich nach Hannis Tod weniger Mühe gaben.

Als sie ihren Sherry getrunken hatten, stand Ernst auf und schlug vor, ins Esszimmer hinüberzugehen. Wie er so dastand, im schwarzen Nadelstreifenanzug, leicht vorgebeugt, kam Paul der boshafte Gedanke, dass der Mann vom Bestattungsinstitut beim Begräbnis seiner Mutter genau so ausgesehen haben musste.

Bei der Suppe sagte Ernst: «Ich vermisse meine Mutter sehr. Wir hingen so sehr aneinander. Ich fühle mich jetzt ziemlich allein, weil mein Vater inzwischen leider ganz hilflos ist und nicht mehr selbst für sich sorgen kann, er ist in einem Heim, wo er natürlich gut versorgt wird. Das bedeutet aber auch, dass die Geschäfte der Familie jetzt großenteils von mir geführt werden. Durch den Tod meiner Mutter und die Erkrankung meines Vaters gab es einiges Durcheinander, aber jetzt, denke ich, kommt alles nach und nach in Ordnung.»

Paul murmelte etwas Mitfühlendes.

«Übrigens glaube ich», fuhr Ernst fort, «dass ich jetzt besser dran bin als zuvor. Ich sehe mehr Sinn und Zweck in meinem Leben, seit ich so viel Verantwortung habe. Solange mein Vater noch aktiv war, konnte ich keine Initiative entwickeln. Aber zurück zu meiner Mutter. Sie hat dich durchaus bewundert, Paul. Sie hat immer gesagt, sie wünschte, ihr hättet Freunde werden können. Du seist schließlich noch sehr jung, sagte sie, und angesichts dessen sei das, was du schreibst, sehr vielversprechend, wenn auch noch ziemlich unreif.»

«Aber hattest du mir nicht gesagt, sie habe niemals etwas von mir gelesen?»

«O doch, das eine oder andere schon. Hast du nicht am Anfang deiner Studienzeit ein paar Sachen in *Isis* veröffentlicht?»

«Ja.»

«Na also, die habe ich ihr gezeigt. Für sie war das völlig ausreichend, um sich eine Meinung über deine Arbeiten zu bilden. Sie hatte ein außergewöhnliches Gespür für künstlerische Qualität. Sie sagte immer, du seist ein vielversprechender Journalist. Gewisse Passagen in deinem Notizbuch schienen Talent zu beweisen.»

Paul fühlte Gewissensbisse. Ernst wechselte das Thema, ließ ihn aber deutlich spüren, dass er Gnade vor Recht ergehen ließ: «Und wie geht's dem guten alten England?»

«Unverändert.»

«Das ist es, was ich an England so schätze. Es verändert

sich nicht, das macht seinen Charme aus. Ich wünschte, man könnte von diesem Land auch sagen: ‹unverändert›.»

«Hast du in Deutschland Schwierigkeiten?»

Sein Lächeln zeigte einen Anflug von Überheblichkeit. «Entsinnst du dich noch der Scharfschützen, die wir im Wald bei Altamünde gehört haben? An dem Wochenende, als wir beide zusammen da waren – du erinnerst dich hoffentlich noch daran? Damals waren sie tief im Wald, jetzt wagen sie sich schon sehr viel weiter vor. Unsere Firma hat jüdische Geschäftsverbindungen, und daher hören wir ziemlich viel von ihnen.»

«In welcher Form?»

«Nun ... ich bekomme jede Woche irgendwelche Schmähbriefe, weil ich, rechnerisch gesehen, teilweise Jude bin.»

Nach einer Pause fragte Paul: «Heißt das, dass du Deutschland verlassen musst?»

Ernst blies die Backen auf, als bliese er eine gedachte Pusteblume fort: «Nicht im geringsten. Nichts dergleichen. Diese Briefe stammen von dummen Fanatikern, die von unserer Situation nichts verstehen.»

«Von eurer Situation?»

«Hat meine Mutter dir das damals nicht erzählt? Die Stockmanns sind Deutsche, die seit Jahrhunderten in diesem Land leben. Ein Onkel von mir ist im letzten Krieg für Deutschland gefallen.»

«Und ein Onkel von mir fiel für England», warf Paul ein. «Ich trage seinen Überzieher. Auch er war, rechnerisch gesehen, Jude.»

«Mein Onkel war ein ebenso guter Patriot wie Joachims Onkel, General Lenz. Joachim hat ebenfalls jüdisches Blut, durch die brasilianische Linie der Familie seiner Mutter, obwohl er meines Wissens kaum darüber spricht.»

«Warum verfolgen sie dich dann?»

«Rüpel! Wie die Scharfschützen, die wir bei Altamünde gehört haben. Kein ernstzunehmender politischer Faktor, Leute von der Sorte gibt es bei uns immer reichlich. Sei froh, dass ihr in England kein solches Gesindel habt.»

«Warum habt ihr sie?»

«Es hat in Deutschland zwischen 1918 und 1920, unmittelbar nach dem Krieg, einen Zustrom von Juden aus Polen und Litauen gegeben, bettelarm – meine Mutter hat dir doch erzählt, wie sie einigen von ihnen geholfen hat, nicht wahr? –, denen man einiges von dem in die Schuhe schob, was in Deutschland schiefgelaufen ist. Obgleich viele von ihnen deutsche Staatsbürger wurden – die Politik der Weimarer Republik war darin vielleicht allzu liberal –, sind sie wohl doch irgendwie ein Fremdkörper geblieben und werden nach wie vor von vielen Deutschen so empfunden. Mit den Stockmanns ist es etwas ganz anderes. Wir sind Deutsche. Darüber hinaus stellen wir einen wesentlichen Wirtschaftsfaktor dar. Meine Firma bringt eine Menge Devisen ins Land. Die Führer der nationalistischen Parteien wissen das sehr wohl. Ihr Antisemitismus ist nur Propaganda. Sollten die Nazis an die Macht kommen, gibt es vielleicht ein paar Opfer unter den osteuropäischen Einwanderern. Das wäre natürlich höchst bedauerlich, aber nicht zu ändern. Meine Mutter machte sich auf ihrem Totenbett Sorgen wegen der jüdischen Angestellten unserer Firma. Aber es könnte für sie wie für uns schlechter aussehen.»

Paul fühlte den perversen Drang, gegen so viel Selbstzufriedenheit anzugehen. «Joachim hat mir erzählt, dass Heinrich Nazi geworden ist. Er hat eine SA-Uniform entdeckt, die Heinrich in seinem Studio versteckt hatte. Und er hat herausgefunden, dass Heinrich an den Wochenenden an militärischen Übungen teilnimmt, die in der Nähe von Erich Hanussens Haus bei Altamünde abgehalten werden, da, wo wir vor drei Jahren die Scharfschützen gehört haben.»

«Ich glaube nicht, dass Heinrichs Aktivitäten irgendeine Bedeutung haben.»

«Und Willy ist mit einem Zopfmädchen verlobt, die eine Art Nazi-Mädchenführerin ist, wie er mir gesagt hat.»

«Willy! Heinrich! Soll das heißen, dass du dich mit ihnen triffst? Ich hätte gedacht, dass du darüber hinaus wärst. Und Erich Hanussen ist einfach eine Null, ein Fanatiker, vollgestopft mit rassistischen Theorien und anderem Blödsinn. Mit Joachim ist es etwas anderes, der ist ein Mensch, den man ernst nehmen muss. Aber wenn ich so sagen darf, das alles hört sich sehr typisch für Joachim an und zeigt seine Verantwortungslosigkeit. Wie er selbst zugibt, versteht er nichts von Politik. Er macht sich nicht einmal die Mühe, zur Wahl zu gehen, also glaube ich nicht, dass seine Ansichten Gewicht haben. Er nimmt Heinrich und Erich Hanussen als Maßstab für die politische Lage in Deutschland. Es stimmt, es laufen eine ganze Menge Geistesgestörter von Hanussens Sorte herum, einige schreiben sogar Bücher, und einige dieser Bücher werden sogar veröffentlicht, aber sie zählen nicht wirklich. Angenommen, die Nazis kämen an die Macht, würden solche Leute schnell von der Bühne verschwinden. Vorstellbar wäre allenfalls, dass die Konservativen, die Wirtschaft und gewisse Adelskreise Hitler irgendwann an die Macht bringen. Aber sie wüssten, was sie tun. Sie sind Leute, die Verantwortung tragen, und Hitler könnte nur zu ihren Bedingungen an die Macht kommen. Sie würden dafür sorgen, dass er sich von den Fanatikern und Extremisten lossagt. Er wäre der Gefangene dieser Kreise. Es ist ganz unglückselig, dass Joachim aus dem Benehmen Heinrichs und den Aktivitäten von Hanussen solche Schlüsse zieht.»

Paul hörte nicht zu. Er konzentrierte seine ganze Aufmerksamkeit auf das Stillleben von Courbet mit seinen smaragd- und zinnoberfarbenen Äpfeln auf dem grauen Tischtuch vor korallenbraunem Hintergrund.

Ernst sagte heiter: «Wenn du vor anderthalb Jahren hergekommen wärst, hättest du das Bild nicht sehen können. Es hing nicht da.»

«Wo war es?»

«Meine Mutter hatte es für eine Ausstellung französischer Kunst in München hergeliehen. Während es dort hing, schrieb ein Kunstkritiker, der alles andere als ein Freund unserer Familie war, es sei eine Fälschung. Meine Mutter war sehr aufgebracht, nicht bloß, weil das Bild dann wertlos gewesen wäre und weil wir es eine Zeitlang hatten abhängen müssen, sondern auch, weil es eine ihrer kleinen Schwächen war, sich etwas auf ihr scharfes Urteil einzubilden, darauf, dass sie in Paris ein echtes Meisterwerk erstanden hatte, als sie noch ein junges Mädchen war.»

«Und wie ist es dann wieder an seinen alten Platz gelangt?»

«Es lief eigentlich sehr gut für uns. Meine Mutter und ich brachten das Bild im Anschluss an die Ausstellung zu einem Experten in Paris, und der stellte uns ein Zertifikat aus, dass es ein echter Courbet sei. Das machte meine Mutter auf dieser Reise – es war unsere letzte gemeinsame – sehr glücklich. Und deshalb kommen mir immer, wenn ich jetzt den Courbet ansehe, die schönsten Erinnerungen.»

Paul sagte, dass ihn das freue.

«Es gibt ein neues Lokal, in das wir gehen könnten», sagte Ernst am Ende der Mahlzeit. «Es heißt *Bar Modern*. Ein

Freund von mir, den ich gern mit dir bekanntmachen möchte, spielt dort Geige. Er ist Litauer und ein begabter ... nun ja, Amateur. Aber sein eigentliches Interesse gilt nicht der Geige. Er heißt Janos Soloweitschik.»

Die *Bar Modern* war ziemlich klein und witzig gestaltet, ganz neu in einer Art futuristischem Stil. Auf karminrote Wände waren blaue und gelbe Rechtecke gemalt, die sich überschnitten wie Spielkarten. Glänzend schwarze Tupfer saßen knapp unter der Decke. Die Tische standen so eng, dass Paul Schwierigkeiten hatte, seine Beine unterzubringen.

Das Musikensemble, nur ein Trio, befand sich auf einem niedrigen Podium an einer Schmalseite des Raumes. Ein kahlköpfiger Pianist in speckigem Stresemann saß am Klavier. Eine imposante Dame, die wie ein senkrecht hochgestelltes Sofa aussah, spielte die Trompete. Ernsts Freund Janos, der Geiger, unterschied sich nicht nur durch sein Alter – er war neunzehn oder zwanzig – von seinen Mitspielern. Er hatte langes schwarzes Haar, das ihm, wenn er *appassionato* spielte, was er fast immer tat, in die Stirn fiel und fast die Augen verdeckte. Energische Fröhlichkeit ging von ihm aus. Für ihn schien das Ganze ein Riesenjux zu sein.

Ernst bestellte Champagner und ließ auch den Musikern etwas zu trinken bringen, wofür diese sich dankend verneigten und für Ernst ein blumiges Prosit spielten. Ernst antwortete darauf, indem er, ohne aufzustehen, lächelte und das Glas in Richtung der Musiker hob. Das Publikum der *Bar Modern* schien einigermaßen solide, wenn auch halbseiden, besser jedenfalls als das Stammpublikum im *Drei Sterne*. Ernst war ganz in seinem Element. Dies war sein Ideal. Ernst war glücklich.

Während einer sehr langen Spielpause kam Janos an ihren

Tisch. Wenn er sprach, hielt er den Kopf auf eine fast scheue Art gesenkt, und seine Augen lächelten den Gesprächspartner an wie die eines beflissenen Zeremonienmeisters. Seine üppigen, wohlgeformten Lippen erinnerten Paul an die Melonenschnitze des jungen Desnos auf dem Bild im Hause Stockmann. Janos wirkte leichtfertig; er äußerte überraschend ernsthafte Ansichten mit leichter Ironie, als wäre alles nur zum Spaß gesagt. «Ich bin ein schrecklich schlechter Geiger», sagte er kokettierend zu Paul, kaum dass Ernst sie bekannt gemacht hatte. «Ich hoffe doch sehr, dass Ernst Sie nicht ohne Ohrenstöpsel hierher verschleppt hat.»

«Sie spielen jedenfalls sehr temperamentvoll.»

«Sie meinen dieses Gekratze und Gequietsche? Na schön, ich will versuchen, es in der zweiten Hälfte zu reduzieren. Ich spiele eben nur noch Triller.»

«Ich sehe Ihnen gern zu.»

«Aber gern zuhören tun Sie nicht? Macht nichts, ich habe ja auch nicht die Absicht, Geiger zu bleiben.»

«Was wollen Sie dann werden?»

«Oh, ich studiere etwas völlig anderes, genau das Gegenteil, könnte man sagen. Ich fürchte, es wird Ihnen nicht gefallen. Es ist so widerlich erdverbunden, das Letzte für einen Geiger!»

«Was ist es denn?»

«Sie werden lachen, ich studiere Landwirtschaft, da liegt mein eigentliches Interesse.»

«Und warum studieren Sie das?»

«Es mag Ihnen seltsam vorkommen, aber ich habe ein absurdes Ziel, nur dafür melke ich die Pfennige aus diesem Bordell, und zwar will ich nach Palästina und dort in einem Kibbuz leben und säen und ernten.»

«Wieso Palästina?»

«Ich glaube, dass unser Volk in Europa keine Zukunft hat. Ich kann hier nicht für eine Zukunft kämpfen. Ich kann kein Kommunist oder Sozialist sein, was mir noch am nächsten läge, weil mir die Vorstellung eines Sozialismus, der den ganzen Staat verwaltet, eines Sozialismus im Riesenmaßstab, nicht gefällt. Man müsste zu viele Formulare ausfüllen! Ich glaube, dass ein Sozialismus, der die Menschen glücklich macht, weil er sie Individuen bleiben lässt, nur in kleinen Gemeinwesen funktioniert, wo jeder jeden mit Namen kennt und für sich selbst arbeitet – aber eben nicht nur für sich selbst, auch für Familie und Freunde, mit denen er sich nach des Tages Mühen abends gemeinsam zum Essen setzt. Das ist wie eine große Familie, mit vielen Brüdern und Schwestern und hoffentlich möglichst wenig Vätern und Müttern. Vom Staat als einer Familie zu sprechen ist Heuchelei, weil im Staat nicht jeder jeden kennt, und damit wird das Ganze zu einem Problem der Massenlenkung. Leuten, die sich nicht gegenseitig kennen, das Konzept Familie aufzuerlegen heißt sie unterdrücken. Jedenfalls nach meiner Vorstellung. Ich gehe davon aus, dass Sie mich für einen Spinner halten.»

Er lachte, als wäre ihm das alles nicht ernst. Paul lachte auch: «Ich höre Ihren Reden lieber zu als Ihrem Geigenspiel.»

«Sie müssen mit mir kommen!», sagte Janos impulsiv, er beugte sich vor, plötzlich ganz eindringlich, halb spöttisch, aber vielleicht auch halb ernst.

«Ich glaube nicht, dass ich das könnte. Aber wo gehen Sie denn überhaupt hin? Wohin würde ich Sie begleiten?», fragte Paul, den es jäh durchfuhr: Ich könnte es tun – um mit ihm zusammen zu sein!

«Sie haben nicht richtig zugehört, mein Bester. Ich habe

ganz klar gesagt, ich gehe nach Palästina, in ein Kibbuz. Dort wäre ich bei meinem Volk, aber wie einer, der zur Familie gehört. Das klingt verrückt, oder? Wollen Sie mein Bruder sein?»

Ein machtvoller Trompetenstoß beendete die Pause. Mit einem atemberaubenden Abschiedslächeln lief Janos zurück aufs Podium, nahm seine Geige, klemmte sie sich unters Kinn, hob den Kopf und legte mit einem wilden Triller los, dem Auftakt eines Stücks, das irgendetwas mit Mephisto zu tun hatte.

Ernst fragte: «Wie findest du Janos?»

«Hinreißend! Geht er wirklich nach Palästina?»

«Im Augenblick», Ernst lächelte herablassend, «scheint er das zu glauben. Jedenfalls betreibt er sein Landwirtschaftsstudium ganz ernsthaft, und darauf kommt es an.»

«Möchtest du, dass er nach Palästina geht?»

«Wenn es ihm wirklich ernst damit ist, ja. Wer weiß, vielleicht komme ich nach.» Er machte eine geheimnisvolle Miene.

«Heißt das, dass du alles hier aufgeben würdest?»

«Vielleicht nicht alles. Meine Verantwortung ist hier. Im Übrigen beschränken sich meine Interessen nicht auf Deutschland. Nicht ganz.» Er schien sich an der Vielzahl seiner Interessen zu weiden. Er sagte: «Vielleicht hat es mit dem Tod meiner Mutter zu tun, scheinbar mache ich gerade eine Phase durch, in der ich ziemlich unsicher bin, welcher Nation ich angehöre.»

«Aber es war doch deine Mutter, die immer darauf bestanden hat, dass ihr Deutsche seid.»

Er legte den Kopf zur Seite, wägte ab, zog dies und das in Betracht: «Das hängt davon ab, was man unter Deutschsein versteht. Es hat zu verschiedenen Zeiten immer verschiedenes bedeutet. Es hat Augenblicke gegeben, in denen Goethe sich in Deutschland als Fremder – nämlich als Franzose – fühlte und die Deutschen hasste. Wie Hölderlin, der sich als Athener des fünften vorchristlichen Jahrhunderts sah. Wie Nietzsche. Wie Rilke, der darauf beharrte, Böhme zu sein. Wenn die große Mehrheit der Deutschen sich sehr deutsch fühlt, wird die Minderheit beginnen, sich etwas fremd vorzukommen.»

«Welcher Nation fühlst du dich denn zugehörig?»

«Du weißt ja, ich bin zweisprachig – mit Französisch sogar dreisprachig. Manchmal denke ich, dass ich von der Sprache her mehr Engländer als Deutscher bin. Obwohl ich vielleicht die französische Sensibilität habe. Ich bin *nuancé*. In jüngster Zeit scheine ich zunehmend auf Englisch zu denken.»

«Auch auf Französisch?»

«Nein, eigentlich nicht. Obschon ich manchmal etwas *rive gauche* bin.»

«Und fühlst du dich jemals als Jude?»

«Nur manchmal, obwohl vielleicht immer ein bisschen. Ich glaube, es gibt zwei Arten, Jude zu sein. Die eine Art ist die Reaktion darauf, was einem die nichtjüdischen Nachbarn antun. Die andere Art resultiert aus der eigenen Abgrenzung von seinen nichtjüdischen Nachbarn. Im Deutschland von heute tun die nichtjüdischen Nachbarn den Juden eine Menge an. Und manche Juden beginnen, mehr und mehr Trennendes zwischen sich und ihren nichtjüdischen Nachbarn zu sehen.»

Janos spielte ein Solo, sehr ungarisch, sehr zigeunermäßig, sehr herzzerreißend. Ernst sagte: «Janos bringt mich auf den Gedanken, dass es noch eine dritte Art gibt, Jude zu sein – in ein Kibbuz nach Palästina zu gehen. Wenn er geht, gehe ich eines Tages vielleicht auch. Das ist eine Möglichkeit. Aber allein dahin gehen – nein, da wäre mir England lieber. Ich habe Janos auch deshalb so gern, weil ich glaube, dass meine Mutter ihn gemocht hätte. Sie war durchaus stolz auf ihr litauisches Blut und mochte ihre litauische Verwandtschaft, vor allem einen Großneffen, der ganz ähnlich aussah wie Janos. Du kannst es für eine Ausgeburt meiner Fantasie halten, aber es gibt Augenblicke, wenn ich mit Janos zusammen bin, da fühle ich meine Mutter auf uns herablächeln, und einmal habe ich sie sogar flüstern hören: ‹Ernst, warum adoptierst du Janos nicht? Dann hätte ich einen Enkel!›»

Aus Pauls Notizbuch: 4. Dezember 1932.
Lothar tauchte gestern Abend um sieben Uhr hier auf. Er erklärte, er sei, nachdem ich ihm das Geld für die Fahrkarte nach Stuttgart gegeben hatte, direkt zum Hauptbahnhof gegangen. Der Zug sollte um Mitternacht abgehen. Da es erst neun Uhr abends war, habe er sich auf eine Bank gelegt, unter dem Kopf ein improvisiertes Kissen aus seiner zusammengelegten Jacke und seiner Mütze. Um halb zwölf sei er aufgewacht, seine Mütze habe am Boden gelegen, jemand musste sie ihm unter dem Kopf weggezogen haben, und Fahrkarte und Geld waren verschwunden. Er hatte jetzt weder Arbeit noch Geld noch Fahrkarte. Ob ich ihm noch mal das Fahrgeld geben würde? Nur das Geld für die Fahrkarte, sagte er. Er würde zum Bahnhof gehen und den ganzen Abend nichts essen. Er wolle nur das Fahrgeld, wiederholte er, nur das Fahrgeld.
Ich sagte, ich glaubte ihm nicht, weil ich mich am Tag, nachdem ich ihm das Geld gegeben hatte, mit Ernst getroffen und von ihm gehört hätte, dass Lothar am Vorabend im *Drei Sterne* gewesen sei.

«Das ist eine Lüge, das ist nicht wahr», sagte Lothar.
«Was meinst du damit?»
«Ich habe Herrn Dr. Stockmann an dem Abend nicht im *Drei Sterne* gesehen.»
«Wann hast du ihn denn dann gesehen?»
Lothar schien schnell an seinen Fingern nachzuzählen.
«Am Abend davor», sagte er.
«Hat auch er dir Geld für deine Fahrkarte gegeben?»
«Das ist auch eine Lüge», sagte Lothar. «Alle im *Drei Sterne* wissen, dass Doktor Stockmann niemals jemandem etwas gibt.»
Ich hatte keine Lust, Ernsts Persönlichkeitswandel nachzugehen, und sagte: «Es fällt mir einfach schwer zu glauben, dass dir die Fahrkarte und das Geld, das ich dir gegeben habe, aus der Mütze gestohlen worden sind.»
Für zwei Minuten verfiel Lothar in eindrucksvolles Schweigen. Dann sagte er: «Ich hatte gedacht, du wärst mein bester Freund, anders als alle anderen.»
«Ich bin noch immer dein Freund. Nur finde ich deine Geschichte nicht sehr glaubhaft ...»
Er ging vom Schreibtisch zum Bett und blieb dort sehr still und aufrecht stehen, als hielte er Wache. Genauso hatte er neben mir gestanden, als ich mir die pornografischen Bilder durch den Guckapparat ansah, in dieser stieren Reglosigkeit, die ich so seltsam rührend finde. Aus unerfindlichen Gründen ging mir durch den Kopf, wie seine Unterhaltung sich weitgehend darauf beschränkte, die Hand zu heben oder fallen zu lassen und in seinem norddeutschen Platt «Ja» oder «Nee» zu sagen, wie unser biblisches *Yea* oder *Nay*.
Dann sagte er: «Hast du die Fotos da, die du von mir gemacht hast? Du wolltest mir Abzüge davon geben.»

«Ja.» Ich ging zum Schreibtisch hinüber und legte ihm im Vorbeigehen die Hand auf die Schulter. Ich nahm die Fotos aus der Schublade und reichte sie ihm. Dabei warf ich einen kurzen Blick darauf und empfand sie auf einmal als schön, weil Lothar schön war. Wie kann eine Statue mies und berechnend sein?

Ich gab ihm die Fotos. Er hielt sie vor sich hin und sah eins nach dem anderen an. Und dann zerriss er sie, Stück für Stück, und ließ die Fetzen zu Boden fallen. Danach hielt er die längste und ernsteste Rede, die ich je von ihm gehört habe: «Wenn du meinem Wort nicht glaubst, sollst du auch keine Bilder von mir haben. Ich bitte dich jetzt nur noch darum, die Negative zu vernichten» – als wäre dies sein letzter Wille.

Paul erkannte, dass für Lothar *Wahrheit* nichts damit zu tun hatte, ob er wegen der Fahrkarte und des Geldes gelogen hatte. *Wahrheit* war für ihn an *Freundschaft* gekoppelt, an seinen Glauben, Paul, der Engländer, sei sein *Bester Freund*. Diese Begriffe waren wie eine Medaille, wie ein Schwert der Ehre – Dinge, die einer völlig anderen Kategorie angehörten als die kleinlichen Sorgen um eine Fahrkarte und ein bisschen Bargeld. *Wahrheit*, das waren die Fotos von ihm, die jetzt in Fetzen am Boden lagen. Paul hatte alles verdorben, indem er den Widerspruch zwischen *Wahrheit* und einer unwichtigen, halbwegs von Not diktierten Lüge ans Licht gezerrt hatte.

Paul sagte: «Die Negative gebe ich dir nicht. Ich lasse neue Abzüge machen und schicke sie dir, wenn du in Stuttgart bist.»

Lothar, der zu Boden gesehen hatte, hob nur leicht den Kopf.

«Nicht, wenn du mir nicht vertraust.»

«Ich vertraue dir», sagte Paul und fügte hinzu: «Diesmal gehe ich selbst mit dir zum Bahnhof, setze dich in den Zug und gebe dir etwas Geld und eine Fahrkarte. Während wir auf den Zug warten, können wir am Bahnhofsimbiss zusammen etwas essen und trinken.»

Drei Stunden später stand Paul auf dem Bahnsteig und sah das Zugende wie den Schwanz eines Drachen um die Kurve ins Dunkel entschwinden.

Er ging zur Treppe, wo er vor drei Jahren Ernst Stockmann hatte auf ihn warten sehen, dann aus dem Bahnhof hinaus auf die Straße. Keine Tributzahlungen mehr an Lothar, nie wieder! Doch plötzlich überkam ihn ganz unerwartet die Einsamkeit wie ein heftiges Schwindelgefühl, das ihm den Halt raubte.

Er konnte jetzt nicht in sein Zimmer zurück, das wusste er. Er musste durch die Straßen wandern, immer fort und fort. Der typische Wahnsinn des jungen englischen Dichters: der einsame Wanderer auf dürrer Heide, an wilder Küste, vor sich hin murmelnd, Obszönitäten in den Wind rufend, Engelschöre aus Sturmwolken singen hörend. Im Gehen stieg Paul manchmal eine Melodie ins Ohr, die er dann summte und zu der er Variationen improvisierte, langsam und schnell, traurig und rasend.

Im Gehen versuchte er, Problemstellungen für seinen Roman zu entwickeln.

Die eine Frage, die ihm seit seinem Gespräch mit Joachim in der vegetarischen Gaststätte (nein, seit dem Tag, an dem Joachim Heinrich auf ihrer Rheinwanderung gepackt und zu Boden geworfen hatte) keine Ruhe ließ, war: Warum war er insgeheim immer auf Heinrichs Seite gewesen, gegen Joachim, obwohl Heinrich doch nicht nur dumm war, sondern auch Ansichten äußerte, die Paul verabscheute? Plötzlich wusste er die Antwort. Joachim war auf die eigene Person bezogen, verschlossen bis zum Eigensinn. Er wollte, dass Heinrich den Spiegel für jenes bösartige, sinnliche, animalische Wesen abgab, als das er sich selbst zuinnerst sah, ohne es sich einzugestehen. Indem er für Heinrich bezahlte, subventionierte er das Spiegelbild seines dunkelsten Selbst. Doch sollte Heinrich nach seinem Wunsch nicht nur bösartig sein, sondern auch ein Individuum bleiben – wie er selbst ein Individuum war –, ein schöner Fuchs oder Luchs. Für Joachim war es unerträglich, dass Heinrich in die anonyme Masse seiner verbrecherischen Genossen – der SA-Männer – absinken sollte. Und doch hatte Joachim ihn dazu gebracht, diese Wahl zu treffen.

Paul erreichte den Fußweg, der neben der Straße an der Alster entlanglief. Jenseits des Geländers sah er die Wellen wie weiße Zähne an den senkrechten Spiegelungen entfernter Türme nagen.

Paul überquerte die Straße und bog in eine Nebenstraße ein, die durch eine ziemlich düstere Gegend mit immer enger werdenden Straßen in Richtung der Pension Alster führte. «Schwachkopf! Idiot! Heuchler!», beschimpfte er sich selbst. «Du weißt, dass Heinrich ganz genauso wäre, egal, wie Joachim sich verhalten hätte. Da es die Nazis gab, hätte er sich ihnen in jedem Fall angeschlossen. Die Wahrheit ist, dass er sich an ihrem Niveau orientiert. Er hat sich der Masse derjenigen angeschlossen, die nichts sind, wie er selbst, und zu denen er schon immer gehört hat, nur dass es sie vor drei Jahren in dieser Form noch nicht gab. Sicher sind er und seinesgleichen Opfer: Opfer des Friedensvertrags, Opfer der Reparationen, Opfer der Inflation, Opfer ihrer ausgehungerten, zusammengeschossenen Kindheit; aber sie wären ohnehin geworden, was sie sind, die meisten jedenfalls (vielleicht gab es Ausnahmen), weil sie von Anfang an so waren. Das historische Unrecht dient nur dazu, Entschuldigungen dafür zu liefern, dass sie sind, was sie längst waren, Entschuldigungen dafür, dass sie, der Bodensatz der Welt, nach oben steigen und die Oberfläche mit braunem Schleim überziehen.»

Und galt dies nicht für ganz Deutschland, für das ganze deutsche Volk? All das, was Erich Hanussen über den Friedensvertrag gesagt hatte – den Paul ja ebenfalls für ungerecht hielt –, waren Entschuldigungen, Entschuldigungen für die Entstehung einer uniformierten Karikatur gerechter Empörung – für Erich Hanussens Schwadronieren und seine SA-Mannen.

Phrasen ergossen ihren Dreck in Pauls Gemüt, vulgär, populistisch, verabscheuungswürdig wie diejenigen, gegen die sie sich richteten. Auch er könnte ins öffentliche Leben eintreten, Reden halten, Briefe an die Zeitungen schreiben, immer wutentbrannt, immer selbstgerecht.

Seine Freunde waren nicht so. Wilmot und Bradshaw verachteten alles, was mit Öffentlichkeit, Politik und Journalismus zu tun hatte.

Wilmot sprach und schrieb als Individuum, ohne rhetorischen Pomp. Er sah, dass die Gesellschaft, da sie aus Individuen bestand, nur durch Heilung jedes Individuums hätte geheilt werden können, dass dies aber ein geradezu groteskes Vorhaben war. Er konnte über die Absurdität lachen und über sich selbst, dass er etwas so Absurdes äußerte. Es war absurd, dass es für die SA-Leute von Altamünde keine andere Behandlung gab, als jeden von ihnen individuell zu heilen. Paul blieb auf der Straße stehen und lachte hysterisch, als er sich vorstellte – angeregt von einem Gedicht Wilmots –, wie Scharen von Rettern in weißem Krankenhausdress per Fallschirm im Wald um Erich Hanussens Haus bei Altamünde landeten (einige blieben in den Kiefernzweigen hängen) und Heinrich samt seinen Kameraden kurierten, indem sie die unglückliche Kindheit aus jedem Unterbewusstsein herausschaufelten und jedem die Freiheit zu surrealistischen Liebesspielen gaben. Als Anführer im Blinde-Kuh-Spiel verkleidet, kam Erich Hanussen daher und blies die Pfeife zu Orgien der seelisch befreiten SA-Männer, deren gesamter Hass in Liebe verwandelt war. Er sah sie unten am Strand vögeln, dort, wo er mit Irmi gelegen hatte.

Die Häuser traten zurück, und die Straße, die Paul hinunterlief, kreuzte sich mit einer breiten Allee. Die musste er überqueren, um zu der engen Straße zu gelangen, in der die Pension Alster lag. Eine gleißend helle Straßenlampe, die am Schnittpunkt zusammenlaufender Oberleitungen hing, leuchtete über der Kreuzungsmitte wie der Stern von Bethlehem. Auf der anderen Seite der Allee sah er dunkle Figuren schattenhaft entlanglaufen. Er blieb stehen. Es waren zwei Gruppen: Die vordere, in Nazi-Uniform, wurde von den Roten gejagt, die Mützen mit Abzeichen trugen, Jacken oder grobe Wollpullover anhatten und Hosen, die aussahen, als wären sie dunkelblau oder dunkelgrau. Alle wirkten zerknittert und speckig. Beide Gruppen riefen Losungen, er hörte das bekannte *Deutschland, erwache* heraus, dem die zweite Gruppe ihr *Rot Front* entgegenschmetterte. Die Roten, die die Braunhemden verfolgten, hatten sie jetzt eingeholt und stürzten sich auf sie. Paul sah ein Messer aufblitzen. Einer der Nichtuniformierten, der dadurch schon fast ergreifend unsoldatisch aussah, ging zu Boden. Die Gruppe der Braunhemden rannte weiter. Die Roten hielten inne, um ihrem verletzten Kameraden zu helfen. Sie hoben ihn auf und schienen ihn ins Dunkel zu schleifen. Beide Gruppen waren jetzt für Paul unsichtbar. Einige Augenblicke später hörte er einen fernen Schuss.

Paul erreichte die Pension Alster, ging auf sein Zimmer, zog sich aus und legte sich ins Bett. Nach zehn Minuten hörte er die Sirenen von Krankenwagen und Polizei durch die Straßen gellen und dann anhalten. Da wusste er, dass er nicht würde schlafen können. Er sah Joachims Augen vor sich, wie er sie in der vegetarischen Gaststätte gesehen hatte, als Joachim ihm gegenübersaß und ihm sein Leben mit Heinrich beschrieb: Die Augen eines Filmregisseurs, der hinter der Kamera steht und die Schauspieler lenkt. Es war eine Szene, in der zwei Jugendbanden einander durch die Dunkelheit jagten. Das Licht der Straßenlampen über den Kreuzungen war zerfranst, nicht mehr so kompakt wie der Stern von Bethlehem, es sandte Lichtfäden aus, die sich an die Jungen hefteten und sie in ein düstergraues Spinnennetz wickelten. Die Häuser an den Straßenenden schienen jetzt wie ein Truppenaufmarsch in Schlachtordnung. Immer wieder sah Paul, wie der Haufen uniformierter Jungen von dem nichtuniformierten Haufen verfolgt wurde – Jungen in Jacken, Pullovern, mit Stoffmützen und so etwas wie Armbinden. Dann blitzte ein Messer auf, der Junge stürzte, und das Nazipack rannte weg, während die Roten ihren Kameraden aufhoben.

Wenn er nicht die Sirenen von Polizei und Krankenwagen gehört hätte, würde er meinen, geträumt zu haben, was er doch zweifelsfrei gesehen hatte.

Das erste Tageslicht, das auf die Wand über seinem Bett fiel, war wie die sanfte Hand eines Freundes, die sich ihm auf die Schulter legte und ihn in den Schlaf beförderte, anstatt ihn zu wecken. Paul schlief bis zum Mittag. Er stand auf und las ein Gedicht, das er in der vorigen Woche geschrieben hatte. Alles schien matt. Was er geschrieben hatte, taugte nichts. Er nahm das Notizbuch und beschrieb seinen Abschied von Lothar. Das Wetter draußen war so schön wie lange nicht mehr. Das Zimmer füllte sich mit Licht. Er beschloss, das auszunutzen und sich selbst zu fotografieren – «Porträt des jungen Dichters an seinem Arbeitstisch». Sein Fotoapparat hatte einen Selbstauslöser.

Er schraubte den Apparat auf das Stativ und stellte die Entfernung auf Tisch, Stuhl und Notizbuch ein. Er betätigte den Selbstauslöser, ging zum Tisch, setzte sich auf den Stuhl und schrieb in sein Notizbuch. Er versuchte, sich auf seine Sätze zu konzentrieren, damit sein Gesicht inspiriert aussah. Die Kamera gab einen Summton von sich. Genau in dem Augenblick, als es klickte und die Aufnahme erfolgte, wurde nachdrücklich an seine Tür geklopft, und er hörte die ärgerliche, laute Stimme seiner Wirtin: «Sie haben Besuch, Herr Schoner!» Dann stieß eine Hand – nicht ihre – die Tür auf. Wildes Gelächter, William Bradshaw trat ein. «Genau wie ich es erwartet habe», sagte er. «Der Künstler beim Selbstporträt.»

Bradshaw hatte ein Tweedjackett an, einen grauen Jerseypullover und graue Flanellhosen. Er trug einen schweren dunkelblauen Mantel über dem Arm. In seiner Begleitung war ein junger Mann mit gedunsenem Gesicht, Stupsnase, vollen Lippen und Schweinsäuglein. Sein Haar war mit viel Brillantine nach hinten frisiert, und er trug einen auffallend neuen Anzug, an dem jede Bügelfalte so scharf war wie die Spitze eines Dreiecks. Die braunen Schuhe, die er dazu trug, waren spiegelblank. «Du gestattest, dass ich dir Otto vorstelle!», sagte Bradshaw in einem Ton, der darauf hindeutete, dass Otto unter seinem ausdrücklichen Schutz stand. Paul schüttelte Otto überschwenglich die Hand. Otto gab seinen einzigen englischen Satz von sich: «How do you do?»

«Wie seid ihr hergekommen? Warum habt ihr mich nicht benachrichtigt? Wann seid ihr angekommen?», fragte Paul.

«Wir sind seit gestern Abend hier. Wir haben gleich angerufen, aber du warst nicht da. Wir haben uns gestern ganz plötzlich entschlossen loszufahren.»

«Warum so plötzlich?»

«Um dir die absolute Wahrheit zu gestehen, wir hatten vorletzte Nacht einen fürchterlichen Krach. Otto und ich teilen uns ein Zimmer in der Wohnung von Ottos Eltern am Halleschen Tor, das ist im Südosten von Berlin. Wenn ich ‹Zimmer› sage, meine ich in Wirklichkeit ein sehr schmales Bett, das rundum noch etwa zwanzig Zentimeter Platz hat. Dein Zimmer hier ist geradezu fürstlich dagegen», sagte er und warf lächelnd einen abschätzenden Blick auf Decke und Wände von Pauls Zimmer. «Ein Krach, wie wir ihn hatten, weckt das gesamte Hallesche Tor auf, was einen bei den Nachbarn nicht gerade beliebt macht. Ich hielt es für das Beste, schnell zu verschwinden, vorübergehend zumindest. Zu diesem historischen Zeitpunkt ist die Berliner Polizei nicht das, was man fremdenfreundlich nennen könnte, und wenn meine Aufenthaltserlaubnis für Deutschland widerrufen würde, könnten wir einpacken. Also haben wir Otto nagelneu ausstaffiert und uns in den Zug nach Hamburg gesetzt, um dich zu besuchen. Ich hatte dich ja gewarnt, dass wir unangemeldet kommen könnten. Wir haben ein Zimmer, wenn man es so nennen kann, im Bahnhofshotel. Ich hoffe, wir sind nicht zu früh gekommen.»

William stand in der Mitte des Zimmers. Grinsend hob er

in gespielter Hilflosigkeit die Arme und ließ sie dann mit einem Lachen wieder fallen. Er umarmte Paul.

«Es ist schön, dass ihr da seid», sagte Paul. «Wie lange könnt ihr bleiben?»

«Das ist das Unverzeihliche daran, Paul. Wir können nur zwei Nächte bleiben. Aber der Zweck unseres Besuchs ist, dich zu überreden, nach Berlin zu kommen.»

«Müsst ihr wirklich morgen fahren?»

«Ja, ich fürchte, es ist ein Kurzbesuch. Ich muss für Herrn Fischl, meinen Filmregisseur, nicht nur Szenen schreiben, sondern er besteht auch darauf, dass ich ihm Englischunterricht gebe. Und zwar muss ich ihm diese ganze Woche Stunden geben. Es ist eine Art Schnellkurs für den reichen Kerl, weil er übernächste Woche nach Hollywood muss. Wir können es uns beide nicht leisten, auch nur eine einzige Stunde auszulassen, ich schon gar nicht, nachdem ich Otto den neuen Anzug gekauft habe. Vielleicht muss ich übrigens in ein paar Monaten auch nach Hollywood, wer weiß? Selbstredend würde ich nur dahin gehen, wenn Otto mitkönnte. Nur dann lasse ich mich darauf ein, und Fischl muss diese Bedingungen annehmen oder ohne mich zurechtkommen.» Er sah Otto an, der seinerseits Paul anlachte und ihm einen freundschaftlichen Rippenstoß versetzte.

William setzte sich auf Pauls Bett, gab ein glucksendes Lachen von sich und sagte bestätigend: «Hmm!»

Obwohl William ihm erzählt hatte, dass sein Zimmer in Berlin kleiner war als dieses, hatte Paul das Gefühl, dass gemessen an so viel Dramatik dieses Zimmer gerade auf Stecknadelkopfgröße geschrumpft war, .

«Paul», sagte Bradshaw, «ich muss leider gestehen, dass dieser Besuch seinen Preis hat. Ich habe dir, glaube ich, schon geschrieben, dass Ottos Vater Hafenlotse in Hamburg war.

Naja, und ich habe Otto nur zum Mitkommen überreden können, indem ich ihm eine Hafenrundfahrt versprochen habe, damit er all das sieht, was Hamlet die Spukstätten von seines Vaters Geist genannt hätte. Ich habe Fischl auch versprochen, dass ich eine Szene im Hafen für ihn schreibe.»

«St. Pauli», sagte Paul. «Da gehe ich gern wieder hin. Ich will sehen, dass ein paar von meinen Freunden mitkommen und wir Otto und dir alles zeigen können.»

«Ja, herrlich, das müssen wir unbedingt noch machen. Von diesem Rotlichtbezirk hat Wilmot mir so viel erzählt, er hat Hamburg ja schon 1927 für sich entdeckt. Was ich gemeint habe, war allerdings nicht St. Pauli, sondern der richtige Hafen – Teer, Schiffe, Trockendocks, Speicher, Kräne, Wasser, Öl, Fische, Seeleute, alles, was dazugehört.»

Im Taxi, das sie zum Hafen brachte, sagte Paul: «Letzte Nacht oder vielmehr heute sehr früh morgens habe ich einen ziemlichen Schock bekommen. Ich habe gesehen, wie eine Nazibande unter meinem Fenster einen aus einer Gruppe von Roten umgebracht hat.»

Das war keine genaue Wiedergabe dessen, was passiert war, aber Paul hatte das Gefühl, alle Information auf kleinstem Raum zusammendrängen zu müssen, um Williams Aufmerksamkeit zu erringen.

«Was sagst du da?», fragte William. Paul erzählte die Geschichte ausführlicher. «Einfach schrecklich. Diese Schweine! Aber in Berlin passiert so etwas die ganze Zeit. Unser täglich Brot sozusagen. Erst letzte Woche ist auf der Uhlandstraße ein Junge vor meinen Augen erschossen worden. Die Mörder saßen in einem Auto, und sie fuhren so schnell weiter, dass ich nicht einmal sehen konnte, welcher Seite sie angehörten. Und natürlich – keine Polizei, keine Verhaftungen, nichts. Ich nehme an, er war Kommunist, aber man kann nie mit absoluter Sicherheit sagen, ob es nicht andersherum ist – ich meine, dass die Kommunisten einen Nazi erschießen. So verschieden sind sie nicht, und sie wechseln alle Augenblicke die Seite.»

Er sah in die Ferne, die Stirn gefurcht, die Augen, von den borstigen Brauen überdacht, glänzend und starr, den Mund geöffnet, als probierte er eine gallebittere Medizin. «Es läuft alles auf eine unaussprechliche Katastrophe zu», sagte er, als genösse er mit Grausen den Geschmack der Zukunft. «Der Zusammenbruch all dessen, was wir kennen. Das Ende!»

Als sie zum Hafen kamen, lag der Quai verlassen da bis auf ein paar Arbeitslose und Streuner, einige Matrosen der Handelsmarine und einige Boten, die Pakete austrugen. Sie sahen weder Touristen noch irgendwelche Ankündigungen von Hafenrundfahrten. Eine Weile spazierten sie ziellos am Ufer entlang, und Paul spürte dieses Gefühl von Leere, diese Alltagsverzweiflung, Gästen, die etwas Bestimmtes unternehmen wollen, ihren speziellen Wunsch nicht erfüllen zu können. Otto sah mürrisch aus, und William machte den Eindruck, als wollte er auf der Stelle nach Berlin zurück. Dann sah Paul einen Mann auf sie zukommen, dessen Gesicht ihm irgendwie bekannt vorkam. Plötzlich erinnerte er sich: Es war der Mann mit dem eckigen Kinn und den Mussolini-Augen, der Besitzer des Lokals *Die Back*, wo er vor drei Jahren mit Ernst, Joachim und Willy an seinem ersten Abend in St. Pauli gewesen war. Er erinnerte sich an die mit grotesken Dingen vollgestopfte Kneipe – an die großen Fledermäuse, die wie Wappenschilde an die Wand genagelt waren, den ausgestopften Alligator, den Wandschirm aus getrocknetem Pampasgras am Ende der Bar. Er erinnerte sich, dass ihn die absolute Gleichgültigkeit beeindruckt hatte, mit der der alte Schurke auf das Gelächter über diese

Kuriositäten und ihre obszöne Beschriftung reagierte. Mit wiegenden Seemannsschritten ging der Alte jetzt bis ans Ende des Quais vor und starrte mit Besitzerblick auf ein Motorboot, das dort am Fuß einer rostfleckigen Betontreppe vertäut war.

«Ist das Ihr Boot?», fragte Paul.

Der Mann kreuzte die Arme vor der Brust und starrte Paul schweigend an – wie hätte er ihn auch wiedererkennen sollen.

«Ist das Ihr Boot?», fragte Paul noch einmal.

Der alte Seebär knurrte etwas Bejahendes.

William Bradshaw war näher getreten und fragte mit übertriebener Höflichkeit, die ihm im Deutschen leichter fiel als im Englischen, ob der Herr nicht die Freundlichkeit haben wolle, für ihre kleine Gruppe – zwei englische Studenten und ihren jungen deutschen Freund, die aus Berlin zu Besuch waren – eine Hafenrundfahrt auf seinem so außergewöhnlich schönen Schiff zu machen, gegen Entgelt natürlich.

«Nein», sagte der Kneipenwirt.

Aber vielleicht war der Herr vor langer Zeit mit dem Vater dieses jungen Deutschen (hier schob er Otto nach vorne) bekannt gewesen, der sich ganz besonders wünschte, den Schauplatz der bedeutenden Tätigkeit seines Vaters als Hafen- und Elblotse vor zwanzig Jahren kennenzulernen, gab William zu bedenken.

«Nein.»

William zog einen Fünfzigmarkschein aus der Tasche und hielt ihn hoch.

Der Kneipenwirt sagte: «Warten Sie zehn Minuten.» Dann ging er den Quai zurück, betrat durch eine Seitentür ein kleines Haus, das Paul als *Die Back* wiedererkannte, und war zehn Minuten später mit einem Benzinkanister im Arm zurück. Ohne ein Wort zu William und Paul nickte er Otto zu, der ihm die Betonstufen hinunter über eine Planke in die Kajüte folgte. Die Eingeweide des Bootes gaben einen zischenden Laut von sich. Otto und der Mann tauchten wieder auf, Otto mit einer Flasche und einem Glas. Währenddessen waren William und Paul an Bord geklettert und an der Kajütenluke vorbei zum Bug gegangen. Ein Dröhnen, und das Motorboot glitt in den Hafen hinaus. Im Heck stand der Alte und steuerte es mit der Ruderpinne. Otto hatte sich mit Glas und Flasche wieder nach unten in die Kajüte verzogen.

«Ich vermute, dass Otto sein Erlebnis alleine auskosten möchte», sagte William. «Es tut ihm besser, wenn wir nicht auf ihn einquatschen.» Ein rostiger Anker lag auf dem gelbgestrichenen dreieckigen Deck vor einer Winde. Während das Boot von der Anlegestelle in den Hafen hinausfuhr, stand William da, das Gesicht dem Wasser zugewandt, die Stirn leicht gerunzelt, und schaute angestrengt in die Ferne. Sein Profil mit der unter den Augenbrauen vorspringenden Nase war wie der Schnabel eines Albatros, der nur ein, zwei Meter über dem Deck eines Walfängers in der Luft schwebt. Die Falten um seinen Mund verrieten Anspannung. Paul sagte lachend: «William, du siehst aus, als lenktest du das Boot durch reine Willenskraft.»

William lachte. «Wenn ich nicht meine ganze Willenskraft darauf konzentriere, dass sich das Boot über Wasser hält, würde es wie ein Stein auf den Grund sinken, und zwar AUF DER STELLE.» Er sagte dies in Wilmots Tonfall, indem er die Worte «auf der Stelle» von den übrigen isolierte. Dann bellte er mit einer Stimme, die ganz und gar seine war:

DA
Damyata: es fügte das Schiff sich
Fröhlich der kundigen Hand mit Segel und Ruder

«Hmm», schloss er. Dann bellte er wieder los: «DA! *Damyata!*» und in absichtlich schlecht ausgesprochenem Italienisch: «*Poi s'ascose nel foco che gli affina.*» Gefolgt von: «Hmm! Grauses Wagen der Hingabe – ein Augenblick – millionenfach habe ich das erlebt. Hingabe! Als wüsste ich nicht, wie!»

Obwohl einige Kräne verrostet, die Fensterscheiben in manchen Gebäuden zerbrochen und einige Docks verlassen schienen, war im Hafen viel Betrieb. Ein Tanker lief aus, ein Schiff aus Caracas löschte Ballen an einem Quai. William, der das alles aufmerksam beobachtete, sagte: «Ja, ich sehe jetzt, was es mit Hamburg auf sich hat. Wilmot hatte recht, wie gewöhnlich.»

«Nach allem, was du mir geschrieben hast, kann Hamburg lange nicht so aufregend sein wie Berlin.»

«Nichts, absolut nichts auf dieser Welt kann sich vergleichen mit dem erregenden Reiz eines großen Hafens mit all seinen Anlagen – Kränen, Tanks, Trockendocks, die wie Kanonen aufs Wasser gerichtet sind. *The ports have names for the sea!* Hmm», sagte er und warf einen Blick in die Runde auf die fraglichen Objekte. «Diese ganzen Bauten und Maschinen! Dein Gedicht *Der Hafen* hat mir sehr gefallen. Der Hafen, der die randvoll beladenen Schiffe ausspeit und einsaugt. Wie eine große tutende, heulende, dampfende Möse, in die die fremdsprachigen Spermatozoen der ganzen Welt EINSCHIESSEN; und ein Arschloch, das all seinen Müll und Abfall in den Ozean ausstößt», fügte er hinzu.

Er gellte die Worte komisch übertrieben hinaus, wie es bei

seiner Clique üblich war – Wilmot, er selbst und höchstens noch zwei andere.

«Aber die Berliner sind doch sicher aufregender als die Menschen in Hamburg», beharrte Paul.

«Die Menschen! Genau! Ja, aber die Menschen reduzieren die Stadt auf ihre menschlichen Dimensionen, während der Hafen etwas ist vom Ausmaß – ja, vom Ausmaß des Mondes. Hamburg ist ein Ort steinerner Speicher und gigantischer Kräne – hmm! Stahlvögel! Berlin ist eine gewaltige Schleuse, ein Abwasserrohr.» Er stieß dies mit einem heftigen Bellen heraus, ließ ein «Hmm!» folgen und fuhr dann fort: «In Berlin sind alle gleich, richtig gleich als Individuen, nicht als eine Art gesellschaftlicher Einheit oder als gemeinsamer Nenner. Es gibt Nazibanden, und es gibt Kommunistenbanden. Aber kein Berliner kümmert sich in Wahrheit darum. Sie stehen über der Politik, so wie man über Gut und Böse stehen kann. In Berlin redet jeder mit jedem, wenn auch unausgesprochen. Aber jeder weiß mit einem Blick alles vom anderen. Arm und Reich, Professoren und Studenten, Intellektuelle und Barmixer sind alle gleich vulgär. Es läuft alles auf Sex hinaus. Es ist eine Stadt ohne Jungfrauen. Nicht einmal die Kätzchen und Welpen sind jungfräulich. Der Tempel Berlins, in dem sich alle zum Götzendienst treffen, ist die Pension, und Priesterin ist die Wirtin, die allen Schmutz von allen ihren Mietern weiß. Wie wahr ist das, was einer dieser alten Griechen gesagt hat – Homer, Aischylos, Platon oder sonst wer, dieses *Panta rhei*: Alles fließt. Er muss dabei an Berlin gedacht haben. Und Goethe natürlich, der hat das auch schon gesehen: Und was uns alle bindet, das Gemeine – auch damit kann nur Berlin gemeint sein.»

«Und wie heißt das auf Englisch?»

«Woher soll ich das wissen? Ich bin doch kein Professor!»

Er krähte vor Lachen, endete wieder mit einem «Hmm!», schlug sich die Arme um die Brust, umarmte sich selbst.

«Wenigstens ungefähr!»

«Genau, nur ganz ungefähr also, so ungefähr, dass du es auf Englisch noch weniger verstehst als auf Deutsch! Ich habe doch selbst nicht die leiseste Idee, was es bedeutet. Ich habe dieses Zitat ein einziges Mal von Wilmot gehört, ich fand, dass es fabelhaft klang, und habe es mir gemerkt.»

«Ganz, ganz ungefähr wenigstens!»

«Ich kann dir nur sagen, was ich mir in etwa vorstelle, und das kann restlos falsch sein. Also, für mich heißt das: Was uns alle verbindet, ist, dass wir alle vulgär sind.» Er betonte die englischen Worte so, als würde er den Klang der deutschen Worte parodieren, die er zitiert hatte. «Vulgär! Unheilbar, unabänderlich vulgär! Hmm! Gewöhnlich! Ordinär! Minderwertig!»

Das Boot hatte inzwischen wieder an der Stelle angelegt, wo sie es bestiegen hatten. Sie fischten Otto aus der Kajüte. Er schien ziemlich benebelt. «Offenbar hat Otto hier irgendeine große Erleuchtung gehabt», sagte William. «Er will uns nichts darüber erzählen, und ich werde ihn nicht fragen. *Le retour à Hambourg* für ihn. Wie bei Proust. Das Wiederfinden der verlorenen Zeit seines Vaters, bevor er selbst geboren wurde. Sein Neuanfang, der ihn aus dieser Sackgasse hinausführt.»

Sie nahmen ein Taxi zu dem Hotel am Bahnhof, in dem William und Otto wohnten. William lief in das Zimmer hinauf, um das Anfangskapitel seines Romans *Die Nordwestpassage* zu holen. Er überreichte es Paul, der seinerseits sechs maschinengeschriebene Gedichte aus der Jackentasche zog und sie William gab.

Sie machten aus, dass sie sich zu zweit um sechs Uhr

abends im Hotelcafé treffen würden, um über ihre Arbeiten zu diskutieren. Otto brauchte viel Ruhe, er könnte bis zum Abendessen durchschlafen.

Paul rannte in die Pension zurück, kaufte unterwegs schnell etwas zu essen, um nicht durch die Teilnahme an der Mittagstafel eine Stunde Lesezeit zu verlieren. Er legte sich auf sein Bett, riss den Umschlag auf, der das Manuskript der *Nordwestpassage* enthielt, und begann fieberhaft zu lesen. Williams Handschrift war winzig, klar lesbar wie gedruckt und dennoch sehr persönlich ausgeprägt. Sie hatte Augen, die zu Paul sprachen, während er las. Die Darstellung war so klar wie die Handschrift. Mit grausam liebevollem Skalpell legte der Roman das Innenleben seiner Berliner Personen offen.

Zwei Stunden später saßen sie im Café, und Paul sagte William, wie aufregend er die *Nordwestpassage* finde. Ebenso erregt lobte und kritisierte William einzelne Zeilen in Pauls Gedichten. Dann sprachen sie über Wilmots Gedichte.

Es war der Überschwang junger Schriftsteller, die miteinander sympathisierten, die spürten, dass ihr Werk bei aller Individualität darin übereinstimmte, die Lebenshaltung ihrer Generation auszudrücken. Zwar waren sie sich bewusst, wie sehr sich ihr Schreiben und Leben unterschied, dennoch identifizierten sie sich miteinander in ihren Ambitionen, ihren Fehlschlägen und Triumphen. Jeder empfand einen Erfolg des anderen so stark, als wäre es der eigene. Für Paul waren Wilmots Lyrik und Bradshaws Prosa wie das eigene Blut, das in seinen Adern floss. Der Roman über sein Leben in Hamburg, den er im Geiste schrieb, war ein Brief an Wilmot und Bradshaw.

William bestand darauf, in einem ganz billigen Lokal in der Nähe des Bahnhofs zu essen. Er machte gerade seine enthaltsame Phase durch: Wie seine Romanfigur Karl, deren Vorbild Otto war, lebte er immer am Rande des Hungertods – wenn auch der wahre Otto immer so gut lebte, wie es sich auf Williams Kosten einrichten ließ. William nahm das billigste Gericht auf der Karte, Lungensuppe. Er hatte noch ein weiteres Motiv für seine Essenswahl: Er wollte Otto damit in einer Art Scharade demonstrieren, dass er sich stillschweigend anständige Nahrung versagte, um ihm aufopferungsvoll Anzug und Schuhe zu bezahlen. Jede weitere Forderung Ottos – das sollte dieses Verhalten besagen – bedeutete Williams Tod. Otto, der sich Schweinekotelett bestellt hatte, schien für diese Art Theater unempfänglich zu sein. Teils um William aufzupäppeln, und teils um Ottos Aufmerksamkeit auf Williams schlechten Zustand zu lenken, versuchte Paul, ihm die Hälfte von dem Seeaal, den er für sich bestellt hatte, aufzudrängen. Mit dem Blick des Gekreuzigten lehnte William ab. «Was ich gegessen habe, habe ich gegessen», sagte er. Er konnte sich gleichzeitig komisch und tragisch geben.

Nach diesem furchtbaren Essen machten sie sich auf den Weg zum *Drei Sterne*, wo sie sich mit Joachim und Ernst treffen wollten. Die beiden waren schon da. Joachim schüttelte William herzlich die Hand. «Ich freue mich sehr, Sie kennenzulernen. Paul hat so viel von Ihnen erzählt.» Als er Ottos ausgestreckte Hand ergriff, starrte er ihn und den übertriebenen Glanz von Anzug und Schuhen mit unverhohlenem Staunen an. William erstarrte. Ernst folgte dem Kanon unaufdringlichen Benehmens, den er in Cambridge gelernt hatte, und gab niemandem die Hand, schenkte William und Otto jedoch ein zurückhaltendes Lächeln. William zu Ehren trug er den Blazer des Downing College.

William sah sich in dem kargen Saal mit kirchenähnlicher

Bestuhlung um und betrachtete das Ganze mit Missvergnügen: das bürgerliche Publikum beiderlei Geschlechts, das an den Tischen saß, das Orchester an der einen und die lange Bar mit den Barhockern an der anderen Schmalseite. Schweigen trat ein, William stierte teilnahmslos auf die leere Wand gegenüber und vermied es, einem der anderen in die Augen zu sehen. Dann sagte Ernst zu William: «Ich habe gehört, dass Sie in Cambridge studiert haben. Es würde mich interessieren, ob wir vielleicht zur selben Zeit dort waren.»

«Wann waren Sie in Cambridge, Herr Dr. Stockmann?», fragte William mit einer Höflichkeit, die einem dünnen Wasserrinnsal über einem Gletscher glich.

«Ich war leider nur ein Jahr dort, 1927, nachdem ich mein Studium in Heidelberg beendet hatte.»

«Ach, 1927. Das war das Jahr, in dem man mich in Cambridge rausgeworfen hat. Es ist leider höchst unwahrscheinlich, dass sich unsere Wege gekreuzt haben.»

«Sie wurden relegiert? Das muss doch sicher ein Missverständnis gewesen sein?»

«Nicht im Mindesten, es war die völlig logische Konsequenz ganz bewusster Provokation meinerseits.»

«Dann war es bestimmt ein Studentenulk, ein Streich, wie er für die Anfangssemester typisch ist? Manchmal bin ich von denen nicht allzu freundlich ausgelacht worden, fand ich. Ich habe also großes Verständnis für Sie.»

«Nun ja, als Ulk könnte man es bezeichnen.»

Ernst war so aus der Fassung, dass ihn sein Englisch verließ und er auf Deutsch fragte: «Was war es denn, wenn ich fragen darf?»

«Ich habe die Geschichtsarbeit im ersten Teil der Bachelor-Prüfung in Limericks geschrieben.»

Ernst richtete sich auf, seine Augen funkelten, der Sammler in ihm war wieder erwacht: «Das ist ja unglaublich interessant! Was ist aus dem Originalmanuskript geworden? Ist es zugänglich?»

«Man hat mir gesagt, dass es sich in der Universitätsbibliothek befindet, in der Abteilung ‹Zutritt verboten. Nur zu Forschungszwecken›, mitsamt einer Locke meines Haares.»

Schweigen. Dann fragte William mit noch größerer Höflichkeit: «Und Sie selbst, Herr Dr. Stockmann, wie fanden Sie die Universität, wenn ich fragen darf?»

«Das Jahr am Downing College war die glücklichste Zeit meines Lebens.»

«Da kann ich Ihnen nur gratulieren. Vielleicht hätten Sie es anders empfunden, wenn Sie länger als ein Jahr geblieben wären. Für mich war es eine unsagbar elende Zeit, das unglücklichste Jahr meines Lebens.»

Joachim war Zuschauer bei diesem Wortwechsel gewesen, dessen Verlauf ihm inniges Vergnügen bereitete. Jetzt sagte er: «Also, ich habe all die Institutionen gehasst, in die man mich zu Bildungszwecken gesteckt hat. Am meisten die Universität. Ich habe all diese Studenten verabscheut, die Mensuren fochten und sich Schmisse im Gesicht zuzogen, um sich damit ihre Männlichkeit zu beweisen.»

William vergab Joachim auf der Stelle den skeptischen Blick, mit dem er Ottos Aufzug begutachtet hatte. «Haben Sie Ihr Leben genossen, seit Sie die Universität verlassen haben?»

«Meine Tätigkeit im Kaffeehandel gefällt mir nicht besonders. Aber vieles andere macht mir Spaß, Dinge vor allem, die man in Hamburg im Sommer unternehmen kann. Und ich genieße St. Pauli, ich gehe gern ins *Drei Sterne*, wo wir gerade sind. Wie finden Sie es hier im Vergleich zu den Bars, in die Sie in Berlin gehen?»

«Es kommt mir alles so viel größer vor als die Bars, die ich in Berlin aufsuche. Das sind alles ganz kleine Lokale, sehr zwanglos. Dies hier kommt mir wie ein riesiger Bierkeller vor, den eine Menge Leute aus der ganzen Stadt besuchen. Und, um die Sache direkt anzusprechen, wo sind die jungen Männer?»

«Die jungen Männer?» Joachim lachte, seine Augen weiteten sich. «Ich glaube, überall, wenn Sie sich umsehen. Ein paar stehen da hinten an der Bar herum.»

«Mir scheint, dass du einen von ihnen kennst», sagte Ernst zu Paul, als ein junger Mann in einem neuen dunkelblauen Strickhemd am anderen Ende des Raumes auftauchte. «Ist das nicht Lothar?»

Lothar gesellte sich zu der Gruppe von Seeleuten und anderen jungen Männern an der Bar. Er hatte Paul offenbar nicht bemerkt. «Ich bin wütend», sagte Paul.

«Du und wütend, Paul?», fragte Joachim stichelnd. «Ich habe dich noch nie zornig gesehen. Irgendwie passt es nicht zu dir.»

«Ist das etwa nicht Lothar, der da drüben steht? Gestern bin ich mit ihm zum Bahnhof gegangen, habe ihm eine Fahrkarte nach Stuttgart gekauft und ihn in den Zug gesetzt!»

«Bist du sicher, dass der Zug abgefahren ist, Paul?», stichelte Joachim weiter. «Bist du hundertprozentig sicher?»

«Ja, ich habe ihn abfahren sehen, mit ihm.»

«Es gibt in Hamburg noch eine Station etwas weiter südlich. Vielleicht ist er da wieder ausgestiegen», sagte Ernst, der guten Grund hatte, ebenfalls über Lothar verärgert zu sein. «Vor einer Woche habe ich Lothar ebenfalls das Fahrgeld für Stuttgart gegeben.»

«Wieso immer Stuttgart?», fragte Joachim. «Kennt er keine andere Stadt? Vielleicht sollten wir ihm eine Deutschlandkarte schenken.»

«Sag mir, welcher ist Lothar?», fragte William Paul, wobei er Ottos Blick mied. Paul zeigte auf ihn. «Stuttgart hin oder her, Fahrkarte hin oder her, jedenfalls ist er der leuchtendste Stern in dieser Galaxis. Wo er ist, geht das Licht an», verkündete William.

Dass Lothar William gefiel, heiterte Paul auf. «Ich muss gestehen», sagte Ernst affektiert, «dass ich von Lothar ein wenig enttäuscht bin. Als ich ihn vor drei Jahren das erste Mal sah (ich habe ihn zwischenzeitlich nur zweimal gesehen), hielt ich ihn für besonders nett. Ich hätte nicht von ihm erwartet, dass er unehrlich ist, wenn auch nur in kleinem Maßstab.»

Währenddessen hatte William ihre Unterhaltung für Otto ins Deutsche übersetzt. Otto, der ziemlich schläfrig gewesen war, wachte nun mit einem Ruck auf. «Unerhört!», rief er so laut, dass es bis zu Lothar dringen musste. «Dieser schamlose Schwindler! Dieses Schwein! Und das mit Paul, der so nett ist, so ein erstklassiger Kumpel.» Er stülpte sich den Hut auf, reckte die Schultern, glotzte in Lothars Richtung und wollte vom Tisch aufstehen.

«Otto reagiert immer so, wenn er das Gefühl hat, ein Freund von mir sei betrogen oder auch nur mies behandelt worden», sagte William. «Er hat große Zuneigung zu dir gefasst, Paul.» Dann machte er Otto in schnellem Deutsch klar, falls er Lothar angriffe, würden die anderen ihn als Berliner Jungchampion ansehen, der Hamburg herausforderte. Laut murrend setzte Otto sich wieder hin.

Joachim legte den Arm um Pauls Schulter und sagte liebevoll: «Paul würde jede Geschichte glauben, die man ihm erzählt. Im Grunde ist es deine Schuld, Paul. Du hast Lothar in Versuchung geführt. Also sollte man ihn nicht dafür tadeln, dass er dich ausgenutzt hat.»

«Da bin ich anderer Meinung», sagte Ernst.

William, der zwar kein Wort mit Lothar gewechselt hatte, ihn aber aus der Ferne attraktiv fand, sagte: «Ich finde nicht, dass Paul hereingelegt worden ist. Ganz abgesehen davon, dass Lothar eines Tages sicher wirklich nach Stuttgart fährt, ist sein Gerede darüber nur eine Art Höflichkeitsfloskel, so wie die Personen bei Tschechow sagen, sie wollten nach Moskau fahren. Es liegt nur an Tschechows hochgradiger Bewunderung für den Landadel, dass er nicht zugeben kann, dass die Mädchen in den *Drei Schwestern* ganz einfach versuchen, sich von ihrem Bruder das Geld für die Fahrkarten nach Moskau zu pumpen.»

Joachim sagte: «Lothar gibt alles Geld, das er sich pumpt, irgendwelchen Huren. Ich weiß das zufällig.»

«Na also, was könnte ritterlicher sein? Er gibt es nicht für sich aus. Er gibt es den Damen. Schließlich bin ich auch von meinem Onkel William finanziell abhängig, dessen langweiligen Vornamen meine Mutter mir gegeben hat, um mich ihm als Erbe anzudienen. Onkel William ist so furchtbar knickerig. Deswegen komme ich immer wieder in die Situation, ihm schreiben zu müssen und ihn um das zu bitten, was man das Fahrgeld nach Stuttgart nennen könnte. Wenn ich es mir recht überlege – wenn ich ihm schriebe, ich bräuchte Geld, um Lothar die Fahrt nach Stuttgart bezahlen zu können, würde mein Onkel dieser Forderung durchaus verständnisvoll gegenüberstehen. Es würde ihn und mich weniger anöden, als wenn ich so tun müsste, als habe meine Wirtin die Miete erhöht», sagte er mit einem Blick auf Ottos neuen Anzug. «Ausreden wie ‹meine Fahrkarte nach Stuttgart› sind wirklich Höflichkeitsformeln und beweisen, dass Lothar keine massiven und offensichtlichen Forderungen an Paul stellen will. Sie zeigen, dass Lothar Paul liebt.» Er war betrunken.

Paul, der ebenfalls eine Menge getrunken hatte, war von dieser Rede so gerührt, dass er zu Lothar hinging und ihm herzlich die Hand gab. Lothar sagte bloß: «Tag», ohne irgendeine Erklärung für seine Anwesenheit in Hamburg abzugeben. Letztlich ging es Paul nichts an.

Paul sagte: «Ich bin mit Freunden hier. Wir können jetzt nicht miteinander reden. Komm in zwei Stunden in die Pension Alster, wie damals, als ich dich fotografiert habe.» Er zog Geld für das Taxi heraus.

«Nein.»

«Warum nicht?»

«Du vertraust mir nicht.» Lothar gab Paul das Taxigeld zurück. «Ich möchte von dir kein Geld mehr annehmen.»

«Du musst aber ein Taxi nehmen, um hinzukommen. Bitte nimm das Geld.»

«Ich komme nur unter einer Bedingung in die Pension.»

«Und die wäre?»

«Dass du mir niemals wieder für irgendetwas Geld gibst.»

«Ich gebe dir kein Geld. Das ist doch nur für deine Auslagen. Also gut, ich bin damit einverstanden, dir nur deine Auslagen zu ersetzen – Fahrgeld und so etwas.»

Lothar steckte das Taxigeld ein und sagte: «Einverstanden.» Und um die Abmachung zu besiegeln, gab er Paul die Hand. «Wir treffen uns in zwei Stunden in der Pension Alster.»

Als Paul Lothar um ein Uhr nachts zur Haustür der Pension hinausließ, fühlte er sich rätselhaft erregt, weil er Lothar nach langem Hin und Her dazu hatte überreden können, zwanzig Mark für seine Auslagen anzunehmen.

Am nächsten Morgen stand Paul früh auf und ging zum Bahnhofshotel, um ein Abschiedsfrühstück mit William und Otto einzunehmen und sie dann in den Zug nach Berlin zu setzen. William saß schon im Speiseraum an einem schmierigen Tisch ohne Tischdecke und mit rostigem Besteck. Der Kaffee war scheußlich, die Brötchen altbacken und die Marmelade eine dünne blutrote Flüssigkeit. William saß da wie ein Wüstenheiliger auf einem flämischen Bild, um sich herum Messer, Nägel und Ruten – das ganze Märtyrerarsenal. Er machte daraus eine Komödie. Unglückseligerweise war Otto nicht da, um Williams Opfer für seinen Anzug zu würdigen. Er schnarchte noch in seinem Bett.

«Lass diesen Kelch an mir vorübergehen», sagte William, die Lippen gegen den Becherrand gepresst. Er nippte an dem bittern Kaffee und schob ihn angewidert zur Seite. Und mit einem Blick auf die altbackenen Brötchen fügte er hinzu: «Unsagbar, undenkbar, ungenießbar.» Er halbierte ein Brötchen, bestrich die Hälften mit Marmelade – ganz Düsternis, ganz Schmerzensmann – und sagte laut kauend mit lebhafter Stimme: «Ich habe mir die ganze Nacht überlegt, wie wir es machen, wenn du nach Berlin kommst. Ich sehe jetzt alles ganz deutlich vor mir! Ich bin sicher, du bist mit mir einer Meinung, dass wir nicht zu eng aufeinander hocken, aber doch nah genug beieinander wohnen sollten, um uns jederzeit sehen zu können. Ich habe die Absicht, das Hallesche Tor alsbald zu verlassen, da Ottos Mutter meine Beziehung zu ihrem Sohn nicht gänzlich gutzuheißen scheint – in Wirklichkeit schert sie sich einen Dreck darum. Es ist lediglich die Formel, nach der sie die Miete erhöht.

Meine Vorstellung wäre, ins Berliner Westend zu ziehen. Oder an den Nollendorfplatz, wo ich eine Pension mit einer herrlich sturmfreien Wirtin kenne. Für dich würden wir dann eine Bude in der Nähe suchen.

Wenn wir es so einrichten, kann jeder für sich den ganzen Vormittag arbeiten, mittags können wir in meiner Pension zusammen essen, dann mit der Bahn zum Grunewald fahren, dort spazieren gehen und uns über unsere Arbeiten unterhalten, die wir am Vortag ausgetauscht haben. Abends würden wir entweder getrennter Wege gehen oder gemeinsam etwas unternehmen. Wenn wir zusammen ausgehen, dann könnten wir bei Aschinger essen, das ist ein Lokal, das etwa einem Lyons Corner House entspricht, und anschließend ins Kino oder ins Theater gehen. Es gibt tolle russische Filme von Leuten wie Eisenstein, Dowschenko und anderen – *Zehn Tage, die die Welt erschütterten, Panzerkreuzer Potemkin, Mat, Zemlya, Menschen-Arsenal, Turksib*. Und fantastische deutsche Filme von Regisseuren wie Lang und Pabst, *M* ist haarsträubend und *Kameradschaft* großartig. Und neben dem Kino gibt es noch das Theater. Aus Konzerten mache ich mir weniger, aber das weißt du ja (ich kann den verzückten Gesichtsausdruck der deutschen Musikliebhaber nicht ausstehen), dahin wirst du also vermutlich allein gehen müssen, das gleiche gilt für die Museen, von denen meine Freunde allerdings behaupten, sie seien kolossal interessant, du findest da einfach alles – Altertum, Moderne und was dazwischen ist. Und am Kurfürstendamm gibt es eine Buchhandlung, die dir gefallen wird, Wittenborn. Und Cafés, in denen du arbeiten kannst, wenn dir in deiner Bude die Decke auf den Kopf fällt.»

William schüttete vor Pauls Augen das Füllhorn der Berliner Möglichkeiten aus. Es ließ sein Hamburger Leben schon zur Vergangenheit schrumpfen, während sie noch dasaßen und in diesem schäbigen Speisesaal miteinander redeten.

«Ich habe Joachim versprochen, dass ich ihn heute in einer Woche in seinem Studio besuche.»

«Aber natürlich», sagte William in hörbar frostigem Ton. «Ich verstehe Joachims Anziehungskraft absolut und dass du ihn nicht im Stich lassen kannst. Er ist ein bemerkenswerter Typ, und ich möchte unbedingt seine Fotos sehen. Dagegen sehe ich mich außerstande, die außerordentlichen Verdienste von Dr. Stockmann zu würdigen.»

«Oh, Ernst werde ich nicht mehr sehen – nie mehr, hoffe ich.»

«Und was ist mit Lothar?»

«Ach ja, Lothar! Eines Tages wird er wirklich nach Stuttgart fahren. Oder vielleicht entdeckt er in einer Woche, dass ich auch mein Stuttgart habe – und dass es Berlin heißt.»

«Weißt du, Paul, obwohl ich Berlin London bei weitem vorziehe und obwohl ich mich natürlich völlig an Otto gebunden fühle und obwohl ich in Berlin ein paar sehr intelligente Freunde habe, gibt es doch etwas, das mir dort wahnsinnig fehlt – ein Freund, der zugleich Kollege ist, jemand, der in derselben Sprache schreibt wie ich.»

«Genau das brauche ich auch. Und darum komme ich in einer Woche oder zehn Tagen nach Berlin. Ich schicke dir ein Telegramm.»

«Sei dir aber darüber im klaren», sagte William, als sie auseinandergingen, «dass Otto und ich zu Weihnachten auf jeden Fall nach London fahren, damit ich Otto meiner Mutter vorstellen kann.»

Eine Woche später, am Abend vor seiner Abreise nach Berlin, läutete Paul an der Tür von Joachims Studio. Nach einer, wie ihm schien, ungewöhnlich langen Zeit öffnete Joachim die Tür. Das erste, was Paul bemerkte, war das große Pflaster auf seiner linken Wange.

«Joachim, was ist passiert?»

Die Tür war nicht ganz offen.

«Ach, das!» Joachim fasste mit den Fingern ans Pflaster. «Bloß ein kleiner Schnitt. Ein Abschiedsgeschenk von Heinrich.» Das Pflaster war mindestens fünf Zentimeter breit.

Joachim öffnete die Tür nun ganz und blieb in dem kleinen Vorraum stehen, von dem aus drei Stufen in den Hauptraum des Studios hinunterführten. Er lehnte sich an die Wand und ließ seinen Blick über das Bild der Verwüstung schweifen, das sich ihnen bot.

Das Studio wurde nur noch von vier Glühbirnen erhellt, die weißen Glaswürfel darum waren abgerissen. Der Raum wirkte wie das Innere eines Schiffswracks, das unter den stürmischen Wellen eines düsteren Tages in tiefer Stille auf dem Meeresgrund lag.

Paul stand da und ging nicht weiter: «Was ist passiert? Warum hast du mir nichts davon gesagt, Joachim?»

Joachim ging die Stufen hinunter ins Studio. «Vor zwei Tagen ist es passiert», sagte er. «Ich habe dich nicht angerufen, weil ich mir dachte, wenn du hierherkommst, wirst du auch so begreifen, was passiert ist, ohne dass ich es dir am Telefon erzählen muss. Außerdem dachte ich, wenn ich dir alles erzählte, würdest du vielleicht nicht mehr kommen und mit mir zu Abend essen wollen. Mein Studio ist nicht mehr so hübsch wie vor drei Jahren. Und allmählich komme ich auch zu der Ansicht, dass man in Deutschland vorsichtig sein muss mit dem, was man am Telefon erzählt. Die Dinge hier ändern sich, wie du vielleicht bemerkt hast.»

Die vier Lampen waren die einzigen, deren Fassungen

nicht herausgerissen waren. Drähte hingen von Wänden und Decke. Die Bespannungen der Stahlrohrsessel waren gewaltsam verdreht. Bücher lagen auf den heraustehenden Sprungfedern der Couch. Von mehreren waren die Einbände abgerissen.

«Gestern hat alles noch viel schlimmer ausgesehen. Die Bücher lagen im ganzen Raum verstreut, auf einigen war herumgetrampelt worden. Willy war so nett und hat heute Morgen für mich aufgeräumt. Gertrud, sein Fräulein Braut, hat auch angeboten, zu kommen und mir zu helfen. Aber ich dachte, das hier würde sie ganz außerordentlich befriedigen, und deshalb habe ich abgelehnt.»

In der Mitte des Studios waren ein Tisch und zwei Stühle aufgestellt. Auf dem Tisch standen Weinflaschen, Gläser, Platten mit Brot und Käse, Rollmops und westfälischem Schinken.

Joachim ging zum Tisch hinüber. «Ich glaube, wir können das brauchen», sagte er und schenkte jedem ein Glas Wein ein. «Ich habe Rheinwein da, zur Erinnerung an unsere Wanderung vor drei Jahren.»

«Als wir Heinrich das erste Mal sahen?»

«Als wir Heinrich das erste Mal sahen!»

«Du hast es mir noch immer nicht erzählt. Bist du schlimm verletzt?»

Wieder fuhr er mit dem Finger über das Pflaster. «Nein, nicht schlimm. Ich schätze, ich werde für den Rest meines Lebens eine Narbe haben, einen Schmiss wie die Studenten in den schlagenden Verbindungen, von denen ich deinem Freund Bradshaw neulich im *Drei Sterne* erzählt habe. Ich habe ihm gesagt, wie sehr ich sie *verabscheue*. Die Leute werden denken, dass ich mir die Narbe bei einer Mensur während meines Studiums in Marburg zugezogen habe.

Auf meinen Onkel, General Lenz, wird sie vermutlich einen positiven Eindruck machen.»

«Du hast mir immer noch nicht gesagt, was passiert ist.» Joachim breitete die Hände aus und blickte sich mit dem Lächeln eines Showmasters im Raum um: «Siehst du nicht, was passiert ist? Muss ich es dir erst erzählen? Heinrich hat sich verabschiedet, das ist passiert. Für immer verabschiedet, nehme ich an. Er wird kaum in dieses Chaos zurückkommen können und mit mir wieder gut Freund sein wollen. Oder vielleicht doch? Bei Heinrich weiß man nie.»

«Hat er das angerichtet?»

«Ich glaube, wir sollten jetzt essen. Setz dich hin, ich erzähle dir dann alles.»

Er schenkte nach und schnitt einige Scheiben Brot ab. Als erstes aßen sie den Rollmops. Sie prosteten einander zu. «Weißt du noch, wie ich dir bei unserem Lunch in der vegetarischen Gaststätte erzählt habe, ich erwartete, Heinrich werde noch denselben Abend seine Sachen hier abholen, weil er wusste, dass ich zum Abendessen bei meiner Mutter war, um sich nicht verabschieden zu müssen?»

«Ja, ich erinnere mich.»

«Nun, ich habe mich geirrt. Er kam zwar an dem Abend hierher, aber er nahm seine Sachen nicht mit. Ich weiß, dass er dagewesen sein muss und gesehen hat, was ich mit seiner schönen SA-Uniform gemacht hatte.»

«Dass du sie über und über bespuckt hattest?»

«Genau. Er muss die Uniform gesehen haben. Ohne mir etwas davon zu sagen. Am nächsten Tag rief er an und sagte sehr freundschaftlich, er würde seine Sachen gern an einem Abend holen, an dem ich da wäre, damit wir uns voneinander verabschieden könnten. Er sagte auch noch, ein Freund von ihm namens Horst werde etwas später dazukommen –

nach unserem Abschied –, um ihm zu helfen, seine Sachen zu tragen, die zu schwer für ihn allein seien. Er sagte, es sei ihm besonders daran gelegen, dass wir uns allein voneinander verabschiedeten, bevor Horst komme.

Ich sagte Heinrich, ich würde mich mit ihm im Studio treffen. Sollte er vor mir da sein, könne er ja mit seinem Schlüssel hinein. Den Schlüssel wollte ich erst zurückhaben, wenn er endgültig ging – um auf Dauer bei Erich Hanussen in Altamünde zu bleiben, wie ich annehme.

Als ich eine halbe Stunde danach ins Studio kam, war er schon da, was mich überraschte, weil ich selbstverständlich angenommen hatte, dass er zu spät kommen würde, denn er verspätete sich immer noch mehr als ich es tue, wenn ich mit dir verabredet bin. Als ich eintraf, war er sehr zornig, warf mir vor, ich käme zu spät, obwohl wir keine feste Zeit ausgemacht hatten. Er sagte, er sei ganz durcheinander, weil er sich allein von mir habe verabschieden wollen, und dass er Angst habe, Horst könnte erscheinen und uns davon abhalten. Es war wirklich völlig irre, vor allem im Hinblick darauf, was Horst und er geplant hatten. Vielleicht empfand er noch einen Rest von Zuneigung für mich, vielleicht schämte er sich für das, was sie vorhatten. Ich weiß es nicht. Jedenfalls wünschte er sich eine rührende Abschiedsszene.»

«Seid ihr denn noch zum Abschiednehmen gekommen?»

«Das erste, was ich zu ihm sagte, als er seinen Zorn hinuntergeschluckt hatte, war: ‹Was immer in Zukunft geschieht, ich werde nie jenen ersten Abend vergessen, als wir uns in Bingen am Rhein begegnet sind.›»

«Und was hat er darauf gesagt?»

«Er reagierte, als hätte ich ihm etwas vorgeworfen.»

«Was denn? Undankbarkeit etwa?»

«Wie sollte ich das wissen? Er sagte, ich sei sentimental. Er fing an, solche Tiraden von sich zu geben, wie er es bei Hanussen gelernt hat. Er sagte, ich hätte nie der Wirklichkeit ins Auge sehen wollen. Er erklärte, Hanussen sage, ich sei ein Eskapist – eines dieser Wörter, die er von seinem neuen Freund gelernt hat.»

«Was hast du gesagt?»

«Na ja, ich habe gesagt, ich sei mir darüber im Klaren, dass wir uns jetzt trennten, aber dass mir dies die Vergangenheit sehr stark vergegenwärtige – meine Art sei, die glücklichen Momente unserer Beziehung im Gedächtnis zu behalten, weil sie auch in Zukunft gelten würden, und zu versuchen, die unglücklichen zu vergessen.»

«Völlig richtig und angemessen. Und wie hat er das aufgenommen?»

«Er war so hysterisch, dass er gar nichts kapierte. Er sagte, ich sei derjenige, der die Trennung wolle, und er habe nicht gedacht, dass wir uns hier zum letzten Mal sahen. Das sei typisch für mich, sagte er, dass ich für ihn diese Entscheidung getroffen hätte und so täte, als wäre es seine. Er fing sogar an, von irgendwelchen Zukunftsplänen zu reden, die wir gemacht hätten. Er sagte, wir hätten vorgehabt, dich in London zu besuchen.»

«Wir haben zwar davon gesprochen, bevor wir uns in Boppard voneinander verabschiedeten, aber ich hätte nie angenommen, dass das ernst gemeint war.»

«Er sagte, ich hätte ihm versprochen, mit ihm nach Venedig und Afrika zu fahren. Das Verrückteste von allem war, dass er nach ein paar Drinks so zu reden anfing, als ob wir an dem Abend noch ausgehen und uns mit Freunden in einer Bar treffen würden. Er sah aus dem Fenster und beklagte sich über das Wetter. ‹Wir kriegen nie ein Taxi›, sagte er.»

«Wahrscheinlich gibt es in ihm eine Seite, die dich nicht

verlassen möchte. Letztendlich hatte er doch ein viel leichteres Leben bei dir, als er es bei Hanussen haben wird.»

«Die meiste Zeit hat er sich natürlich darüber beschwert, dass ich sein Leben ruiniert hätte. Hanussen habe ihm gesagt, erzählte er, bevor ich ihn verdorben hätte, sei er ein gesunder, unschuldiger, ausschließlich Bier trinkender junger Bayer gewesen. Dann hätte ich ihn getroffen und verdorben, ihn daran gehindert, sich normal zu entwickeln, ihn dazu gebracht, zu viel Geld auszugeben, so dass er seiner Mutter keins mehr schicken konnte. Ich hätte ihm beigebracht, Wein, Schnaps und anderes zu trinken, und hätte seinen Lebensstandard angehoben, sodass er sich seiner Klasse entfremdete. Er redete ziemlich viel über seine Klassenzugehörigkeit: Er sei ein einfacher Bauer und auch stolz darauf, obwohl ich ihn wahrscheinlich so verdorben hätte, dass er nicht mehr in den Zustand der Unschuld zurück könne, aus dem ich ihn gerissen hätte. Gleichzeitig prahlte er damit, er sei jetzt ein ehrbarer Bürger geworden und beabsichtige, eine von Hanussens Töchtern zu heiraten – Helmwige oder Wighelme –, sie sind natürlich nach Wagners Walküren benannt.»

Sie tranken weiter Rheinwein. Paul sagte: «Aber ganz kann ich immer noch nicht folgen. Hatte Heinrich denn gemeint, dass sein Freund Horst, der beim Gepäcktragen helfen sollte, mit euch beiden ausgehen würde?»

«Horst? Der Freund? Ausgeschlossen! Du hättest ihn sehen müssen. Heinrich hatte Horst wahrscheinlich längst vergessen, als er all dies verrückte Zeug von sich gab.» Joachim stand vom Tisch auf und ging zur Tür. Dann wandte er sich um und umfing mit seinem Blick den gesamten Raum. «Dieser Freund war keiner von der Sorte, mit denen man in eine Bar oder einen Nachtklub geht, um sich zu amüsieren.»

«Wie war er denn?»

«Oh, er war *wunderbar*! Er war wie der dunkle Engel der Verwüstung. Sieh dich in diesem Raum um, und du weißt, wie er war.» Joachim stellte sich auf den Treppenabsatz am Eingang zum Studio. Er hob den Arm zu einer Parodie des Nazigrußes. Mit glühendem Blick sah er in die Runde – ein Regisseur, ein Entertainer.

«Soll das heißen, dass er dies alles zusammengeschlagen hat?»

«Ja. Das ist es, was ich dir erzählen muss. Während Heinrich und ich noch miteinander redeten, läutete es an der Tür. Ich wollte hingehen und aufmachen, aber Heinrich kam mir zuvor. Wer immer da kam, hatte es irrsinnig eilig, durch die Tür zu kommen, als rechne er damit, ich würde ihm die Tür ins Gesicht schlagen, um ihn nicht hereinzulassen. Bevor ich sehen konnte, wer es war, stand er schon mitten im Raum.» Joachim ging in die Mitte des Studios und blieb dort stehen. «Genau hier.»

«Wie sah er aus?»

«*Wunderbar*!», sagte er wieder. Seine Augen waren weit geöffnet, als könnte er Horst vor sich stehen sehen.

«Er war in schwarzes Leder gekleidet, und er hatte schwarzes Haar und einen sehr blassen Teint, wie Elfenbein. Er sah wie ein Ritter in voller Rüstung auf einer Federzeichnung von Dürer aus. Als er ins Studio kam, sagte er zunächst kein Wort zu seinem Freund Heinrich, schien ihn nicht einmal anzusehen. Dann sagte er ‹Heil!› zu ihm, und beide hoben den Arm und grüßten einander mit dem Nazigruß. In meinem Studio, stell dir das vor! Aber selbst in dem Moment fand ich das furchtbar komisch, wenn ich an die schönen Partys und die Leute dachte, die hier gewesen waren. Dann ging er mit steifen Schritten auf Heinrich zu und sagte: ‹Hol die beschädigte Uniform.› Heinrich lief zu dem Wandschrank, in dem er seine Kleidung hatte, und zog die Uniform hervor, die ich bespuckt hatte. Natürlich konnten sie nicht erkennen, was damit passiert war, außer dass sie ziemlich verschmutzt aussah. Heinrich wusste nicht sicher, was ich damit angestellt hatte, er konnte es nur erraten. Vielleicht waren an der einen oder anderen Stelle noch Schleimspuren. Ich konnte es nicht sehen. Ich will es hoffen. Jetzt schien Horst mich zum ersten Mal wahrzunehmen. Er wandte den Kopf mit einer einzigen ruckartigen Bewegung wie bei einer Militärparade und starrte völlig ausdruckslos in meine Richtung. Es war, als schaute er mich an, ohne dabei etwas zu sehen. Dann schrie er mit offizieller, unpersönlicher Stimme, als wäre ich eine Menge oder eher noch ein Begriff, ein Abstraktum: ‹Ich klage Sie der *Parteiuniformschändung* an!› Ich dachte, was für eine wundervolle Sprache das Deutsche ist, wenn jemand ein solches Wort sagen kann.»

«Parteiuniformschändung. Ich nehme an, es ist eine strafbare Handlung. Wie hast du auf die Anklage reagiert?»

«Zunächst überhaupt nicht. Mir fiel nichts ein, was ich antworten konnte. Vielleicht war ich zu sehr damit beschäftigt, Horst anzusehen. Seine Uniform war zu schwarz, um irgendeiner Nazi-Uniform zu gleichen, die ich je gesehen hatte. Sie passte zu seinem Haar, seinen Augen und dem geraden kleinen Schnurrbart, als hätte er sie selbst dafür entworfen. Ich fragte mich auch, ob ich mich von Horst angezogen fühlte und ob es nicht faszinierend sein könnte, ihn näher kennenzulernen, nachdem es nun mit Heinrich aus war. Es wäre jedenfalls amüsant, sich auf diese Weise an Heinrich zu rächen. Heinrich hatte Horst die besudelte Uniform gebracht und hielt sie ihm unter die Nase, als handelte es sich um ein obszön entweihtes Altartuch. Horst sah hin, warf mir einen wilden Blick zu und fragte: ‹Haben Sie das getan?›

Mir kam der Gedanke, dass Horst keinerlei Befugnis hatte, mich ins Verhör zu nehmen, und dass ich ihm besser nicht antwortete. Schließlich war ich nicht einmal sicher, ob Heinrich und er Mitglieder der Nazipartei waren. Ebenso gut konnten sie Rollen spielen, die sie sich selbst ausgedacht hatten oder die der verrückte Hanussen für sie erfunden hatte. Horst konnte einfach ein Geisteskranker sein, der in einer selbstentworfenen Uniform herumlief. Ich hatte sogar die Idee, sie nach ihren Parteiausweisen zu fragen. Dann wieder dachte ich, selbst wenn sie echte Parteiausweise hätten, verfügten sie damit nicht über irgendwelche Amtsgewalt. Die Nazis sind weder die Regierung noch die Polizei – noch nicht ganz. Ich sagte: ‹Ich habe nicht vor, Ihre Fragen zu beantworten. Bitte verlassen Sie meine Wohnung, sonst rufe ich die Polizei.›

Zum ersten Mal seit Horsts Ankunft sagte nun auch Heinrich etwas. Er sagte: ‹Es ist meine Uniform, die du entweiht hast, und ich habe ein Recht auf Antwort.›

Ich war der Meinung, dass Heinrich vielleicht wirklich Anspruch darauf hatte zu erfahren, warum ich seine schöne Uniform entweiht hatte. Ich sagte zu ihm – und versuchte, dabei deutlich zu machen, dass ich ihm und nicht Horst antwortete: ‹Diese Uniform ist obszön und böse. Wenn du sie nicht von hier wegbringst, werde ich sie zerstören.›

Horst fasste diese Antwort als an ihn, den Vertreter der ‹Partei›, gerichtet auf. Er sagte: ‹Da Sie die Parteiuniform entweiht haben, werden wir nun Ihr Studio entweihen.› Er stürzte in die Küche, nahm einen Hammer aus einer Schublade und gab Heinrich ein Klappmesser, vielleicht dasselbe, das du ihm einmal zum Abschied geschenkt hast. Dann fegte Horst herum wie ein rasender Derwisch, zerschlug sämtliche Lampen hier im Studio, den Spiegel im Badezimmer und die Bücherregale. Dann fing er an, die Stühle zu verbiegen. Er muss *wunderbar* stark sein. Er schrie irgendwelche Obszönitäten über entartete jüdische Kunst. Heinrich rannte ihm nach und zerschlitzte mit seinem Messer die Decken auf Bett und Couch. Er schrie nicht sehr viel. Ja, ich dachte noch, wie still er eigentlich war. Zum Schluss ließ er sich auf einen Teppich fallen und fing an zu wimmern wie ein Tier.»

«Was hast du die ganze Zeit gedacht?»

«Ich habe eigentlich gar nicht richtig gedacht. Das war ja das Komische. Zuerst habe ich ihnen zugesehen, wie man im Theater oder bei Dreharbeiten zusieht. Ich fühlte mich weit weg von alledem. Ich dachte nicht: ‹Das sind meine Sachen, die sie zerstören.› Ich hatte beinahe kein Gefühl dafür, dass es meine Sachen waren, die sie zerstörten», wiederholte er. «Ich war nur froh, dass ich meine Fotos zufällig vor ein paar Tagen in mein Zimmer im Haus meiner Eltern gebracht hatte, so dass sie die nicht auch noch zerstören konnten. Die wunderschönen Aufnahmen, die ich von Heinrich am Rhein gemacht hatte! Als Heinrich zusammenbrach, nahm Horst das Messer an sich, und das veränderte alles. Horst fing an, auf die Bücher einzustechen, Einbände abzureißen, Seiten aufzuschlitzen und Illustrationen herauszureißen. Bis dahin waren mir alle meine Besitztümer wie Requisiten in einem Film vorgekommen, in einem Film, den ich eines Tages drehen würde. Ich hatte nicht das Gefühl, dass diese Dinge mir gehörten, bis Horst die Bücher angriff. Und selbst dann empfand ich zunächst nur Empörung, weil sich Horst wie ein Vandale aus schlimmer Vergangenheit aufführte, indem er Literatur zerstörte – ich war überrascht, wie viel die Literatur mir bedeutete, aber ich dachte noch immer nicht: ‹Das sind meine Bücher.› Erst als er mit seinem Messer anfing, eine wunderbare Ausgabe von *Grimms Märchen* zu zerschneiden – mit schönen alten Holzschnitten, ein Buch, das ich schon als Kind gelesen hatte und in dem ich jetzt noch manchmal lese –, erst da hatte ich das Gefühl, dass er meine Seele *ermordete*. Bis dahin hatte ich ihm bloß zugesehen. Jetzt aber rannte ich quer durch das Zimmer auf ihn los und riss ihm das Buch aus der Hand. Ich hatte nicht eine Spur von Angst, im Gegenteil, ich hatte das Gefühl, ungeheure Macht zu haben und alles tun zu können, was mein Verstand oder vielmehr mein Zorn mir zu tun gebot. Ich schaffte es, ihm das Buch abzunehmen – da auf der Couch liegt es, nur der Einband ist abgerissen, die Holzschnitte sind unversehrt.»

«Was tat er dann?»

«Er ging mit dem Messer auf mein Gesicht los.»

«Du musst maßlose Angst bekommen haben!»

«Vorher, als ich passiv dabeistand und ihn meine Sachen kaputtmachen sah, habe ich mich mehr gefürchtet als in dem Moment. Als er mich mit der Messerklinge angriff, war ich mehr neugierig als erschrocken. Ich war interessiert – wie ein Wissenschaftler, wie ein Chirurg, der eine Operation durchführt, obwohl der Chirurg mein Mörder war und die Operation mein Gesicht betraf. Neugierig, geradezu hypnotisiert, habe ich darauf gewartet, was passieren würde.»

«Nachdem er dich im Gesicht verwundet hatte, ist er da noch weiter auf dich losgegangen? Wie hast du es fertiggebracht, dass er von dir abließ?»

«Offen gestanden», sagte Joachim langsam, «war es Heinrich, der ihn aufhielt. Wäre Heinrich nicht gewesen, hätte er weiter auf mich eingestochen. Man könnte also sagen, dass

Heinrich mir das Leben gerettet hat, obwohl das an meinen Gefühlen für ihn nichts ändert.»

«Wie hat er dir das Leben gerettet?»

«Ich hatte im Grunde nichts mehr von ihm wahrgenommen, als dass er sich am Boden zusammenkrümmte und wimmerte. Meine ganze Aufmerksamkeit war auf Horst gerichtet. Aber als Heinrich Blut über mein Gesicht laufen sah, kam er auf die Beine. Er war furchtbar erschrocken. Er schrie nicht. Er konnte nur völlig verängstigt flüstern: ‹Horst, hör auf!› Und Horst hörte auf. Es war absurd und *unfasslich!*»

«Und dann?»

«Beide schienen sich zu erinnern, weshalb sie gekommen waren. Sie gingen zu Heinrichs Alkoven und holten seine Koffer, bis obenhin voll mit meinen Sachen, nehme ich an. Ich habe mir noch nicht die Mühe gemacht nachzusehen. Sie verließen die Wohnung wie Einbrecher, die Säcke voll Diebesbeute hinter sich her schleifen. Heinrich hatte sich die Uniform, die natürlich nicht eingepackt war – er hatte sie ja als Beweisstück gebraucht –, über die Schulter geworfen. Als er an mir vorbeiging, schien er sie plötzlich loswerden zu wollen – wahrscheinlich weil sie ruiniert war und ihm jetzt widerlich vorkam, und daran war ich schuld. Jedenfalls schleuderte er sie mir ins Gesicht, in das Blut, das mir über das Gesicht lief und sie noch schlimmer verschmutzte, als der Schleim es getan hatte. Es war kein sehr freundliches Verhalten angesichts dessen, dass er mir gerade das Leben gerettet hatte. Vielleicht zeigte es, dass er mir gar nicht das Leben hatte retten wollen.»

«Hat er irgendetwas gesagt, als er dir die Uniform ins Gesicht warf?»

«Ja, und seitdem frage ich mich, was er damit meinte.»

«Was hat er denn gesagt?»

«Ein einziges Wort – ‹Scheiße›.»

«Und hast du irgendetwas darauf gesagt?»

Zum ersten Mal an diesem Abend lachte Joachim wirklich. «Ich war mir nicht im Klaren, ob er meinte, dass ich auf seine schöne Uniform geschissen hätte, und habe deshalb geantwortet: ‹Nicht Scheiße, *Spucke*!›»

«Oder vielleicht hat er gemeint, dass du Scheiße seist?», sagte Paul lachend.

Beide lachten weiter. Ihrem Gelächter folgte eine Stimmung, die schlimmer war als eine Depression: Die Vision, dass unter und hinter allem die Verzweiflung lauerte – eine Vision der Welt.

«Hast du übrigens die Polizei gerufen?»

«Nein. Es war besser, es nicht zu tun. Hätte die Polizei Heinrich zu fassen bekommen, hätte sie alles geglaubt, was er auf Hanussens Rat gegen mich vorgebracht hätte. Die Polizei ist ein Erich Hanussen mit legalen statt illegalen Waffen.»

«Was hast du also gemacht?»

«Was ich gemacht habe? Ich bin zu meinem Arzt gegangen. Er ist ein sehr guter Arzt. Er ist Jude.»

Joachim legte das Gesicht in die aufgestützten Hände und verharrte etwa fünf Minuten in dieser Stellung. Dann hob er den Kopf, blickte starr in die Runde und nahm den Anblick des Trümmerhaufens in sich auf. Paul erinnerte sich, mit welchem Stolz er sein Studio betrachtet hatte. «Ja, Paul, ich glaube, die Party, die vor drei Jahren begonnen hat, als Ernst dich das erste Mal mitbrachte, ist vorbei.»

«Du kannst die zerbrochenen Dinge ersetzen. Du kannst neue Partys geben. Du hast viele Freunde. Schließlich hat Willy, der erste deiner Freunde, die ich in Hamburg kennengelernt habe, dir gerade beim Aufräumen geholfen, so wie er dir bei dem ersten Fest geholfen hat aufzuräumen.»

«Habe ich dir nicht erzählt, dass Willy heiratet? Außerdem weißt du doch, dass Willy zu nett für mich ist. Ich glaube, ich fände es interessanter, mit jemandem wie Horst zusammen zu sein. Ich denke ganz gern an seine dunkle Welt.»

«Willy selbst hat mir erzählt, er werde heiraten. Seine Nazibraut. Glaubst du, dass Willy auch Nazi wird?»

«Nein, nie. Nicht im Geringsten. Er hat nichts Nazimäßiges an sich, selbst wenn er in die Partei eintreten sollte. Was zählt, ist die eigene Persönlichkeit. Das Schreckliche heutzutage ist, dass es so viele Menschen gibt, die im Herzen Nazis sind, ohne darum in der Partei zu sein.»

«Jedenfalls wird ein anderer Freund von uns niemals zu den Nazis gehören, nämlich Ernst.»

«Ernst redet nicht mehr mit mir. Er ist zu *bedeutend*. Er schwebt in höheren Sphären.» Joachim deutete mit einer Hand himmelwärts. «Er kreist und kreist und fragt sich, wo er landen kann. In Deutschland nicht mehr lange, glaube ich. Vielleicht landet er in England. Dann kannst du ihn täglich besuchen und dir seine aus Hamburg mitgebrachte Sammlung ansehen.»

Sie tranken jeder noch ein Glas. Joachim hob seines und sagte: «Auf deinen Aufenthalt in Berlin. Dein Freund William Bradshaw hat mir sehr gefallen. Er ist wirklich klug und amüsant. Seinen Freund mochte ich weniger.» Dann fragte er: «Kommst du noch einmal nach Hamburg? Wie lange bleibst du in Berlin?»

«Ich weiß es nicht. William und ich wollen unsere Arbeiten miteinander besprechen. Wir haben vor, uns täglich zu treffen.»

«Ach so, deine Gedichte! Wollt ihr beide für immer und ewig zusammen arbeiten?»

«Bestimmt nicht. William und ich werden ein Leben lang Freunde sein, das weiß ich. Aber wir werden nicht immer zusammen sein.»

Eine lange Pause trat ein. Joachim beendete sie, indem er begann: «Weißt du noch die langen Gespräche über Leben, Dichtung, Fotografie und Liebe, die wir ganz *ernsthaft* geführt haben, während Heinrich sich auf dem Felsen sonnte?»

«Mein Gedächtnis für Tatsachen ist sehr schlecht. Aber ich weiß noch alles, worüber wir damals geredet haben.»

«Hattest du je den Wunsch, es möge immer so bleiben? Empfindest du es auch so, dass du und ich zwei Menschen sind, die immer allein sein werden und die, gerade weil sie diese Einsamkeit zutiefst gemein haben, auf eine Art und Weise miteinander reden können wie mit niemandem sonst, wie nah andere uns auch stehen mögen?»

«Auf der Rückfahrt nach England, nachdem ich euch in Boppard zurückgelassen hatte, habe ich mir vorgestellt, dass unsere Wanderung und unser Gespräch ewig andauere.»

«Könnten wir jetzt nicht zu dieser Tür hinausgehen und nach Athen, nach Rio de Janeiro (dort habe ich letztes Jahr die Firma meines Vaters vertreten, ich könnte es dir zeigen), nach Mexiko und Peru reisen und uns jeden Tag eine Stunde oder mehr unterhalten?»

«Und wovon sollten wir leben?»

Joachim zog das alles ernsthaft in Betracht: «Ich würde bessere Fotos machen als bisher, und du würdest Reisebücher schreiben, die mit meinen Fotos illustriert würden.»

«Und das würde immer so weitergehen? Was würde passieren, wenn wir alt geworden sind?»

«Im Vergleich zu unserer Jugend wären wir im Alter grotesk, wie alle, aber wir würden weiter miteinander reden, würden fotografieren und schreiben. Wir wären ein berühmtes Gespann. Unser Ruhm würde unsere Hässlichkeit kompensieren. Immer noch würden schöne junge Leute mit uns schlafen.»

Paul schenkte sich noch ein Glas Rheinwein ein, leerte es in einem Zug, setzte es ab und sagte mit veränderter Stimme: «Was ist übrigens aus Irmi geworden?»

«Ich nehme an, sie hat geheiratet. Sie hat zwei Kinder. Ihr Mann ist Arzt. Sie wohnen irgendwo in einem Vorort. Sie sind entsetzlich langweilig. Ich sehe sie nie mehr.»

«Als ich mit Ernst in Altamünde war, bin ich an einem Morgen sehr früh aufgestanden und habe sie am Strand geliebt.»

«Ah ja.» Joachim hörte nicht zu.

«Ich ... egal. Ich wollte dich noch nach jemand anders fragen, nach Leuten, die Ernst und ich auf diesem unsinnigen Ausflug besucht haben, Castor und Lisa Alerich hießen sie, soviel ich weiß.»

«Er hat sie nach der Geburt ihres Kindes verlassen. Er konnte es nicht ertragen, Vater zu sein. Er ist jedenfalls ein schrecklicher Kerl und wird wahrscheinlich schon bald als Gauleiter dieses Bezirks unser Leben planen.»

«Ich habe Lisa nur auf dem Balkon stehen sehen, wie sie auf das Feuer hinunterschaute, das wir im Garten gemacht hatten. Es war sehr schön.»

«Das Feuer?» Er war müde.

«Lisa, wie sie auf dem Balkon stand und auf die Funken herabsah, die überall umhersprühten. Sie war schwanger.»

«Alle meine Freunde ändern sich», sagte Joachim und schenkte sich noch einmal ein. Schwankend hob er das Glas auf seine Freunde, auf die Nacht vor drei Jahren in St. Pauli im *Drei Sterne*. «Aber ich bleibe derselbe. Ich werde immer allein sein, weil die Menschen, die ich mag, Menschen wie Horst (ich fürchte, ich werde versuchen, ihn aufzuspüren), keine Menschen sind, mit denen ich reden kann. Aber ich bleibe nicht mehr im Kaffeehandel. Ich will nicht mehr in diesem Studio wohnen bleiben und Partys für Heinrichs oder Horsts Liebhaber geben. Ich will nicht mehr in dieser Stadt und in diesem Land leben. Ich weiß nun, was ich tun werde. Ich werde nach Potsdam fahren und meinen Onkel besuchen.»

«Den feuerspeienden Drachen, General Lenz?»

«Er ist der einzige Mensch, von dem ich sicher bin, dass er wirklich hasst, was jetzt vor sich geht. Er hasst die Nazis. Ich werde meine Fotos mitnehmen. Ich werde nett zu ihm sein und ihn bitten, seinen Einfluss geltend zu machen, dass ich der deutschen Armee als Fotograf attachiert werde. Ich will kein Kunstfotograf in einer Stadt sein und für Kunstzeitschriften künstlerische Fotos machen. Ich werde Soldaten im Manöver fotografieren, in Panzern, wie sie Maschinengewehre schleppen, und auch, wie sie nackt in Seen, Flüssen oder im Meer schwimmen. Ich glaube, mein Onkel wird sich freuen, meine Fotos zu sehen. Ich glaube, ich werde viel reisen. Ich bin der festen Überzeugung, dass das deutsche Heer in den nächsten Jahren viele Reisen zu vielen fremden Orten vor sich hat. Aber dafür bin ich jetzt *schrecklich* betrunken, betrunkener als ich je zuvor in meinem Leben gewesen bin. Und du auch, Paul. Du bist auch *schrecklich* betrunken.»

1929–1931
1986–1987

EPILOG

1929

I
Der Zeitgeist, dieser allgemeine Richter,
Verlangt aus Laune Liebe, nicht den Tod der Freunde,
Unter dem Himmelsdom, der starken Sonne
Stehen drei nackt: der braungebrannte neue Deutsche,
Der Kommunist und ich, aus England.

Doch dreh das Rad zwölf Jahre nur zurück –
Zu Waffen greifen zwei und nehmen Haltung an.
Oder es rollt um weitere zehn voran.
Dann baut der Kommunist, die Augen weltgekränkt,
Mit roten Händen seinen Himmel:
Nimmt unsre Knochen als Gerüst des Friedens her.

II
Ich glaub', die Toten, neidisch einst,
Haben des kühlen Lehms gestrenge Lehren
Nun wohl gelernt, und sie erscheinen uns nicht mehr
Im Kirchhof oder bei den Hecken
Und heulen nicht am Stadtrand als Gespenster,
Hinter den Schrebergärten, nah der neuen Fabrik.

Unsre Väter töteten. Und doch lebt keine Rache
Wie die des Hamlet, auf der Schlosstreppe souffliert:
Kein Schatten fällt auf unser leeres Blatt des Friedens.
Wir drei zusammen, hingeschlagen über unsren Pfad,
Kein Finger einem von uns drohend.

III
Das Elend unsrer Väter, ihres Geists Geheimnis,
Die Grausamkeit des Zynikers – sie weben diese Weisheit:
Menschheitsgeschichte, aus dem Staub gelesen, heißt
Aus leeren Augenhöhlen toter Schädel trinken
Oder der Krieg – ein jeder von uns drein des andern Mörder.

Die Leben, kurze Zeit im Licht, gemeinsam oder einzeln,
Sie fallen schwer, sind dann getrennt für immer,
Ein Kluten Lehm, gehoben, umgedreht, und wieder mit dem Spaten festgeklopft.

NACHBEMERKUNG DES AUTORS

Vor zwei Jahren erzählte mir John Fuller (dem ich nun danke), dass er bei einem Besuch der Vereinigten Staaten in der Handschriftenabteilung des Humanities Center der University of Texas das Manuskript eines Romans von mir gelesen hatte. Es hieß *Der Tempel* und war mit 1929 datiert. Auf der Stelle schrieb ich an die Bibliothek und bat um eine Fotokopie. Einige Wochen danach erschien bei mir in London eine junge Dame mit einem Bündel unter dem Arm, das eine Kopie des Romans enthielt. Ich hatte völlig vergessen, dass ich 1962 in einer jener Finanzkrisen, wie sie bei Dichtern vorkommen, das Manuskript an die University of Texas verkauft hatte.

Es umfasste 287 Seiten und war eher ein Entwurf als ein fertiger Roman. Geschrieben war es als Tagebuch in der Ich-Form, und es war autobiografisch. Es handelte davon, wie der Erzähler (genannt S.) nach Hamburg reiste, um bei der Familie eines jungen Deutschen namens Ernst Stockmann den Sommer 1929 zu verbringen. Im ersten Teil beschrieb der Erzähler verschiedene Personen, denen er in jenem Sommer in Hamburg begegnete. Ein anderer Teil handelte von einer Rheinwanderung, die er mit einem Freund namens Joachim unternahm, den er in Hamburg kennengelernt hatte. Andere Teile waren experimenteller Natur, Versuche in «innerem Monolog», die die innersten Gedanken von Ernst und Joachim offenlegten. Auch von dem Ausflug an die Ostsee wurde berichtet, den S. und Ernst gemeinsam unternahmen. Im letzten Teil kehrte S. nach Hamburg zurück, jedoch im Herbst 1929 und nicht, wie ich jetzt geschrieben habe, im November 1932.

Bei der Überarbeitung des Anfangs und der Rheinwanderung habe ich mich weitgehend auf das Manuskript gestützt. Aber auf den Rest habe ich kaum einen Blick geworfen, weil meine eigene Erinnerung – gepaart mit erzählerischen Zwängen und der Perspektive nachträglicher Erkenntnis – den größten Teil des Buches für mich schrieb oder umschrieb.

Ich erinnere mich, dass ich eine etwas spätere Fassung des *Tempels* abtippte und mehrere Durchschläge an Freunde verschickte, unter anderem bestimmt an Auden, Isherwood und William Plomer, um ihre Meinung zu hören; ein Exemplar ging an meinen Verleger Geoffrey Faber. Dieser machte mir klar, dass die Veröffentlichung eines Romans, der nicht nur verunglimpfend, sondern nach geltendem Recht auch noch pornografisch war, nicht in Frage kam.

Ende der zwanziger Jahre machten sich junge englische Schriftsteller mehr Sorgen wegen der Zensur als wegen der Politik. Der New Yorker Börsenkrach, der Stoßwellen von wirtschaftlichen Zusammenbrüchen und Arbeitslosigkeit auslösen sollte, ereignete sich erst 1929. 1929 war das letzte Jahr jenes seltsamen Spätsommers – der Weimarer Republik. Vielen meiner Freunde und auch mir kam Deutschland vor wie ein Paradies, in dem es keine Zensur gab, und die jungen Deutschen führten ein außerordentlich freizügiges Leben. Im Gegensatz dazu war England das Land, in dem der *Ulysses* von James Joyce verboten war, ebenso Radclyffe Halls *The Well of Loneliness*, ein Roman über eine lesbische Beziehung. England das war das Land, wo die Polizei auf Anweisung von Mr Mead, einem Londoner Stadtrat, bei einer Ausstellung in der Warren Gallery die Bilder von D. H. Lawrence von der Wand nahm.

Es war in erster Linie die Zensur, die in den Köpfen junger englischer Schriftsteller ein Bild von England als einem Land prägte, dem man möglichst den Rücken kehrte: Etwa so wie junge Amerikaner wie Hemingway und Scott Fitzgerald in den frühen zwanziger Jahren Amerika auf Grund der Prohibition verlassen hatten und nach Frankreich oder Spanien gegangen waren. Für sie war es der Alkohol; für uns der Sex.

Eine weitere Folge der Zensur war, dass wir über genau die Themen schreiben wollten, derentwegen man unsere Bücher verbot. Die jungen englischen Schriftsteller standen geradezu unter dem Zwang, sich zu solchen Themen literarisch zu äußern, die zu veröffentlichen gesetzlich verboten war.

All dies dürfte den *Tempel* weitgehend erklären. Es ist ein autobiografischer Roman, in dem der Autor seine Erlebnisse im Sommer 1929 wahrheitsgetreu zu berichten versucht. Als ich ihn schrieb, hatte ich das Gefühl, meinen Freunden und Kollegen Depeschen von der vordersten Kampflinie unseres gemeinsamen Krieges gegen die Zensur nach Hause zu schicken.

Dass ich wirklich so empfand, zeigen wohl einige Zeilen aus einem Brief an John Lehmann, den ich ihm etwas später als 1929 aus Berlin schrieb und den er in seinem postum veröffentlichten Buch *Christopher Isherwood – A Personal Memoir* zitiert:

> Es sind vier oder fünf Freunde, die zusammenarbeiten, obwohl nicht jeder jeden kennt. Es sind W. H. Auden, Christopher Isherwood, Edward Upward und ich ... Was immer einer von uns schreibend, reisend oder sonstwie arbeitend treibt, ist eine Art Forschungstätigkeit, die von den anderen weitergeführt werden kann.

Als ich den *Tempel* schrieb, fühlte ich mich sehr stark meiner Generation zugehörig, die ein neues Lebensumfeld erkundete und sich in einer neuen Literatur wiederfand. Es war die Zeit, in der nahezu jeder Titel einer Anthologie oder Literaturzeitschrift das Epitheton «neu» enthielt.

Die Oden in Audens *The Orators*, die jeweils einem Freund gewidmet sind und deren erste einen Hinweis auf «Stephen» und den «Tempel» enthält, unterstreichen dieses Gefühl gemeinschaftlich erlebten Abenteuers.

Dies war 1929, unmittelbar vor den dreißiger Jahren, in denen alles politisch wurde – faschistisch oder antifaschistisch. Im ersten Teil des *Tempels* meint Paul, mit seinen deutschen Freunden ein «neues Leben» zu teilen – eine Glückseligkeit, die für ihn im Deutschland der Weimarer Republik zu finden ist. Es liegt eine bittere Ironie darin, dass er sie in jenem Land findet, in dem binnen vier Jahren die Nazis die Macht ergreifen sollten, die ihm durch ihre Tyrannei die härteste Zensur auferlegten.

Doch gibt es schon in der ersten Hälfte des Romans einige Vorahnungen der künftigen Schrecknisse, die ihre Schatten auf meine jungen deutschen Romanhelden fallen lassen.

Bei der Überarbeitung habe ich den Gegensatz zwischen

sommerlich strahlender Helligkeit und winterlicher Düsternis verstärkt, indem ich den zweiten Teil in das Jahr 1932 verlegt habe (ursprünglich spielten beide 1929). Die lähmende politische Finsternis, die sich auf das ganze Land legt, ist die Nacht, der meine deutschen Personen entgegengehen. Hätte ich den zweiten Teil 1933 spielen lassen, wäre das eine Veränderung gewesen, die sie effektiv ausgelöscht hätte. Die politische Interpretation all dessen, was vor 1933 geschah, durch all das, was folgte, hätte sie und die deutsche Jugend der Weimarer Republik irrelevant erscheinen lassen für dieses gewalttätige Jahrhundert, das seit 1914 vom Krieg zerrissen wurde. *Der Tempel* spielt vor den dreißiger Jahren, und er ist vorpolitisch.

In dem vorliegenden Buch überschneiden sich einige Seiten über Hamburg mit meinem Erinnerungsband *Welt in der Welt*. Als ich dafür die Abschnitte über diese Stadt schrieb, schlachtete ich das Manuskript des *Tempels* aus, und als ich den *Tempel* überarbeitete, habe ich gelegentlich *Welt zwischen Welten* herangezogen. Mir wurde klar, dass ich keine völlig fiktiven Personen gestalten und in einen autobiografischen Roman einbauen konnte. Ich konnte mich nur auf Erinnerungen stützen – Erinnerungen an Menschen, die ich kannte – und die Personen nach den Erfordernissen der Romanhandlung und den nachträglichen Erkenntnissen gestalten. So ist «Simon Wilmot» eine Karikatur des jugendlichen W. H. Auden und «William Bradshaw» die des ein bisschen weniger jugendlichen Christopher Isherwood. Beide Charaktere sind hier sehr verändert, und eine Passage ist völlig erfunden, als nämlich Paul mit Ernst, der ihn vor Langeweile rasend macht, im Speisesaal eines Ostseehotels sitzt und sich vorstellt, die beiden kämen herein.

In Hamburg freundete ich mich mit Herbert List an, der

das «Original» ist, nach dem ich das Porträt des Joachim Lenz gezeichnet habe. List war damals ein junger Kaffeeimporteur. Später wurde er als Fotograf berühmt. Zwischen 1929 und den frühen fünfziger Jahren habe ich List nicht gesehen. Die späteren Passagen über Joachim sind Erfindung.

Der Tempel ist also ein komplexes Gebilde aus Erinnerung, Fiktion und nachträglicher Erkenntnis. Die nachträgliche Erkenntnis ist sicher das entscheidende Element, denn sie ließ mich beim Lesen des Manuskripts erkennen, wie sehr der Roman auf 1918 und den Ersten Weltkrieg bezogen war und nun wieder rückblickend von 1933 und 1939 aus betrachtet wurde. 1929 war der Wendepunkt der Zwischenkriegszeit, und in meinem Gedicht *1929*, das ich in jenem Jahr schrieb, schien ich mir dessen prophetisch bewusst gewesen zu sein. Dieses Gedicht und das Streitgespräch darüber zwischen Joachim und Paul bilden den Mittelpunkt des *Tempels*. Den Sommer 1929 kann man als letzten Vorkriegs-, weil Vor-Hitler-Sommer ansehen, der zum Februar 1933 in derselben Beziehung steht wie der Juli 1914 zum August 1918.

Die Geografie Hamburgs und des Rheins ist hier unbestimmt gelassen, weil dieses Deutschland im Grunde zu Pauls fiktiver Autobiografie gehört. Es gibt Verdrehungen der Geschichte, die eine Entsprechung zu dem jugendlichen Gemüt des Autors darstellen, wie wir ihm im *Tempel* begegnen.

London, den 20. April 1987

EDITORISCHE NOTIZ

Stephen Spenders Roman *Der Tempel* erschien in deutscher Sprache erstmals 1991 im R. Piper Verlag. Für diese Neuauflage wurde die Übersetzung gründlich überarbeitet.

Der Piper Verlag hatte es seinerzeit für richtig befunden, die vom Autor in seinem Nachwort angesprochenen geografischen Unbestimmtheiten zu korrigieren; sie betreffen die Rheinwanderung, in deren Beschreibung Spender Niederwalddenkmal («Germania») und Deutsches Eck miteinander vermengt, ebenso Lorelei und Rheintöchter. In St. Pauli bezeichnet Paul Schoner eine fiktive Straße namens „Freiheit" als Zentrum des Vergnügungsviertels, und er erwähnt eine U-Bahnstation, die erst in den 1970er Jahren (als S-Bahn-Station) gebaut wurde. Wir haben in allen diesen Fällen die Beschreibungen der englischen Fassung wiederhergestellt.

Offenbar haben sich bei der Bearbeitung des Entwurfs von 1929 Ende der 1980er Jahre zwei kleine Unstimmigkeiten eingeschlichen: Thomas Manns Roman *Der Zauberberg* erschien auf Deutsch im Jahr 1924, auf Englisch im Jahr 1927. Insofern ist es kaum möglich, dass Ernst Stockmann das Buch schon als Heranwachsender gelesen hat, und Paul Schoner im ersten Trimester in Oxford, wie beide behaupten. Und als William Bradshaw 1932 Hamburg besucht, deklamiert er mit Blick auf den Hafen: «The ports have names for the sea.» Diese Zeile entstammt einem Gedicht von W. H. Auden, das dieser jedoch erst 1936 auf der Reise nach Island geschrieben hat. Die ebenfalls während der Hafenrundfahrt von William Bradshaw zitierten Verse aus *Das wüste Land* von T. S. Eliot werden hier in der deutschen Übersetzung von E. R. Curtius wiedergeben.

Wer sich für authentische Informationen über Hamburg in den 1920er und 1930er Jahren interessiert, sei auf das Buch *Hamburg auf anderen Wegen* von Bernhard Rosenkranz und Gottfried Lorenz verwiesen. Dort findet sich auch eine Kurzbiografie von Emil Erwin Kugelmann, dessen Familie offenbar die Vorlage für die Beschreibung der Familie Stockmann gegeben hat. Emil Kugelmann starb 1939 an den Folgen der Gestapo-Haft wegen «widernatürlicher Unzucht», sein Bruder erschoss sich 1942 nach Erhalt des Deportationsbefehls.

INTERNATIONALE ERZÄHLER

TONY DUVERT
ALS JONATHAN STARB

Der junge Maler Jonathan lebt allein und abgeschieden auf dem Land. Immer wieder wird Serge zu ihm «abgeschoben», der Sohn einer Freundin aus Paris ...

ANITRA FIGENSCHOU (HG.)
HAPPY ENDINGS

13 ungewöhnliche Liebesgeschichten aus Norwegen: von bekannten AutorInnen wie Gudmund Vindand, Gerd Brantenberg und Odd Klippenvåg, Beate Nossum und vielen anderen.

E. M. FORSTER
DAS KÜNFTIGE LEBEN

Die Erzählungen aus dem Nachlass des Autors handeln von dem, was er zu Lebzeiten nicht zu thematisieren wagte: der Freundschaft und Liebe zwischen Männern.

MARTIN FRANK
ARUNS GESCHICHTE

Indien: Der Musikstudent Arun wird aus Geldnot zum Dolmetscher des Europäers Ernst. Ein großer Roman über die Ökonomie der Beziehungen, postkoloniale Strukturen und die Macht der Liebe.

WWW.MAENNERSCHWARM.DE

INTERNATIONALE ERZÄHLER

SAMI HILVO
DIE SCHNAPSKARTE

Die Tagebücher des Großvaters erzählen von einer romantischen Liebe im Zweiten Weltkrieg. Der Enkel lebt in einer spießigen Gegenwart, in der er so etwas noch nicht erlebt hat.

ODD KLIPPENVÅG
DER STAND DER DINGE

Seit 40 Jahren sind Simon und Annar ein Paar. Was bleibt aber von einer Beziehung, in der einer der beiden wesentlich älter ist und schließlich in ein Pflegeheim ziehen muss?

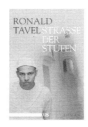

RONALD TAVEL
STRASSE DER STUFEN

Tanger 1960: Ein junger Amerikaner lebt unter Taxifahrern, Kellnern und Dieben, taucht ein in ein gänzlich anderes Marokko, als wir es von Gide, Bowles oder Burrough kennen.

BENNY ZIFFER
ZIFFER UND DIE SEINEN

Ein Paar in Tel Aviv. Jo als Hausmann und Ziffer als Kulturmensch verkörpern das Nebeneinander großer Ziele und trivialer Ärgernisse: mal schräge Satire, mal bitterer Ernst.

WWW.MAENNERSCHWARM.DE